Frank Ritter

Kill deinen Stress

Frank Ritter

Kill deinen Stress

Wirkungsvolle Methoden für ein entspannteres Leben

REDLINE | VERLAG

Bibliografische Information der Deutschen Nationalbibliothek
Die Deutsche Nationalbibliothek verzeichnet diese Publikation in der Deutschen Nationalbibliografie.
Detaillierte bibliografische Daten sind im Internet über http://dnb.d-nb.de abrufbar.

Für Fragen und Anregungen:
info@redline-verlag.de

1. Auflage 2020

Nymphenburger Straße 86
D-80636 München
Tel.: 089 651285-0
Fax: 089 652096

Redaktion: Silvia Kinkel, Rednitzhembach
Umschlaggestaltung: Marc Fischer, München
Umschlagabbildung: shutterstock.com/Black creator
Illustrationen: Jan Bintakies
Grafiken und Satz: Müjde Puzziferri, MP Medien, München
Druck: GGP Media GmbH, Pößneck
Printed in Germany

ISBN Print 978-3-86881-768-3
ISBN E-Book (PDF) 978-3-96267-158-7
ISBN E-Book (EPUB, Mobi) 978-3-96267-159-4

Weitere Informationen zum Verlag finden Sie unter
www.redline-verlag.de
Beachten Sie auch unsere weiteren Verlage unter www.m-vg.de

Inhalt

Einleitung

Vorwort

STRESSKILLER

Stress – ist es eine Modeerscheinung oder ein ernst zu nehmendes Problem, Esoterik oder Wissenschaft, real existierend oder nur eingebildet? Über kaum ein Gesundheitsthema gibt es so unterschiedliche Ansichten wie über Stress.

Haben Sie dieses Buch in der Hand, weil Sie überfordert sind, ständig unter Zeitdruck stehen, zu viele Dinge auf der To-do-Liste haben und gar nicht wissen, wo Sie anfangen sollen? Sitzt Ihnen dabei immer die Angst im Nacken, all den Anforderungen nicht gerecht zu werden, nicht gut genug zu sein und am Ende zu scheitern? Fühlen Sie sich ausgebrannt, sehen Sie kein Licht am Ende des Tunnels und zieht Ihr Leben trist und grau an Ihnen vorüber? Möchten Sie einfach mal wieder innehalten, einen kurzen Moment der Ruhe genießen und endlich einmal durchatmen können? Möchten Sie ein für alle Mal Licht in das Dunkel zum Thema Stress bringen?

Fakt 1: Stress wird in Fachkreisen als die Krankheit des 21. Jahrhunderts diskutiert - kontrovers diskutiert. Und immer mehr wissenschaftliche Studien, Erhebungen unabhängiger Institute und Auswertungen der großen Krankenkassen weisen darauf hin – anscheinend zurecht.

Fakt 2: Stress ist ein Killer. Er ist auf Dauer Auslöser, Mitverursacher oder manchmal sogar »das Zünglein an der Waage« vieler todbringenden Zivilisationskrankheiten. Studien besagen, dass hinter 75 Prozent aller Arztbesuche chronischer Stress steckt.

Es wird dringend Zeit, Ihren Stress zu killen, bevor er Sie killt.

Damit Sie Stress zukünftig die Stirn bieten und Ihren Stressoren einen nach dem anderen den Garaus machen können, erlernen Sie in diesem Buch die von mir entwickelte EMR-Methode.

Die EMR-Methode ist ein ganzheitlicher, einfacher und pragmatischer Ansatz, um bereits entstandenen Stress abzubauen sowie neu aufkommende Stressreize schon im Keim zu ersticken.

E Erkennen: Dieses Buch soll Ihnen helfen, das komplexe Thema Stress zu verstehen und Ihren persönlichen Stress zu erkennen. In welchen Situationen kommt bei Ihnen Stress auf und warum ist das so? Ist das immer gleich? Von welchen Faktoren hängt es genau ab, ob Sie Stress empfinden? Nur wenn Sie die Auslöser in stressigen Situationen wahrnehmen, können Sie sie zukünftig ändern.

M Messen: Diese Methode wird Sie dazu befähigen, Ihren persönlichen Stress zu messen, damit Sie wissen, wo Sie auf Ihrer Stressleiter stehen. Sind Sie entspannt, ist es schon 5 vor 12 oder befinden Sie sich bereits im freien Fall?

R Reduzieren: Dieses Buch gibt Ihnen Werkzeuge und Techniken an die Hand, um künftige Belastungen zu minimieren und so neuen Stress zu vermeiden. Des Weiteren hilft es Ihnen, bereits entstandenen Stress gezielt abzubauen. Sie werden lernen, Ihrem Stress auf 3 Ebenen entgegenzutreten: der rationalen Ebene – abgeleitet aus der Wissenschaft, der mentalen Ebene – mit wirkungsvollen Techniken aus dem Leistungssport – und der körperlichen Ebene, die uns allen in die Wiege gelegt ist und die Sie nur zu nutzen brauchen.

Über viele Jahre, erst als Personal Trainer und später als Coach und Referent für Gesundheit, habe ich bestehende Ansätze, Werkzeuge und Techniken zum Thema Stressmanagement erlernt, ausprobiert, zusammengeführt und weiterentwickelt.

Aus meinen Erfahrungen aus Einzelcoachings und Seminaren vieler Jahre habe ich die EMR-Methode entwickelt. Diese Methode soll nun auch Sie unterstützen, die für Sie richtigen nächsten Schritte zu gehen – raus aus Ihrem Stress.

Franky, der STRESSKILLER

Stress ist für Sie wahrscheinlich ein ernstes Thema, denn sonst würden Sie dieses Buch nicht in den Händen halten.

Wir wissen heute aus der Lernforschung, dass wir mit Spaß und Freude besser, entspannter und einfacher lernen können. Die Stresswissenschaft hat ferner festgestellt, dass ein bisschen Spaß und ein kleines Lächeln positiv auf den Stresslevel und das Wohlbefinden wirken. Ein Lächeln bewirkt, dass das Gehirn über Nervenimpulse die Ausschüttung von Hormonen in unterschiedlichen Bereichen des Körpers anstößt. Das beeinflusst Ihre Emotionen und wirkt auch auf den Stresslevel. All das wird vom autonomen Nervensystem gesteuert. Das ist kein »Quatsch«, sondern messbar.

Für mich sind das gute Gründe, das Thema Stress in diesem Buch mit einer Prise Humor und alltagstauglichen Praxisbeispielen darzustellen. Darf ich vorstellen:

»Ich bin Franky, der *STRESSKILLER*
und werde Sie unterstützen.«

Da Ihr Erfolg unser beider Ziel ist, habe ich mich dafür entschieden, Ihnen in diesem Buch immer wieder Praxistipps zu geben. Diese Tipps sind Kleinigkeiten. Da ich aus dem Leistungssport komme, weiß ich, dass häufig Kleinigkeiten (Zentimeter oder Millisekunden) über Sieg oder Niederlage entscheiden. Ich möchte, dass Sie zu den Siegern gehören.

Nehmen Sie sich selbst beim Lesen dieses Buches nicht so ernst. Wenn Sie sich, andere oder Situationen aus Ihrem Alltag in meinen Beispielen wiederfinden, dürfen Sie gerne schmunzeln und sich dabei kritisch hinterfragen. Das schlimmste, was Ihnen passieren kann: Das dunkelgraue Bild in Ihrem Kopf hellt sich schon ein bisschen auf.

Das Erfolgsmodell der Veränderung

Sie haben sich entschieden, das Thema Stress in Angriff zu nehmen. Sie möchten etwas verändern, um Ihren Stresslevel zu senken, entspannter zu sein und sich wohler zu fühlen.

Haben Sie schon mal etwas zum Thema Gesundheit verändert? Die Ernährung umgestellt, versucht, etwas wegzulassen (z. B. Süßes), mehr Bewegung in den Alltag eingebaut, regelmäßige Entspannungspausen in den Arbeitsalltag integriert bzw. eine Entspannungstechnik erlernt und regelmäßig praktiziert? War das einfach? Hat das langfristig funktioniert oder sind Sie irgendwann in alte Gewohnheiten zurückgefallen?

Selbst kleine Veränderungen sind in unserem vollgepackten Alltag gar nicht so einfach umzusetzen. Sie sind damit nicht allein, denn viele teilen dieses Problem. In den Kapiteln *Bewusstsein/Unterbewusstsein* sowie *Ziele* gibt es hierzu noch detaillierte Informationen. Vorab möchte ich an dieser Stelle einen kleinen Einblick geben, damit Sie von Beginn an zielführend mit diesem Buch arbeiten können.

Veränderung ist nicht einfach, sonst könnte es ja jeder. Das soll Sie jetzt nicht abschrecken oder Druck aufbauen. Es ist eine Tatsache. Daran ist noch nichts Positives oder Negatives. Gehen Sie aus der Bewertung raus. Wir bewerten viel zu schnell und stehen uns damit häufig selbst im Weg.

Hundertausende haben es geschafft, sich zu verändern, und damit ihr Leben bereichert. Noch mehr Menschen haben schon probiert, etwas in ihrem Leben zu ändern und sind gescheitert. Zu welcher Spezies Sie gehören möchten, entscheidet nur ein Einziger – Sie! Sie entscheiden! Sie haben die Macht!

Sie haben mit diesem Buch ein Werkzeug in der Hand, dass Ihnen Schritt für Schritt erklärt, wie nachhaltige Veränderung funktioniert. Wenn Sie die beschriebenen Prinzipien der Veränderung für andere Themen anwenden möchten, nur zu. Sie funktionieren nicht nur beim Thema Stress.

Die 4 Säulen der Veränderung

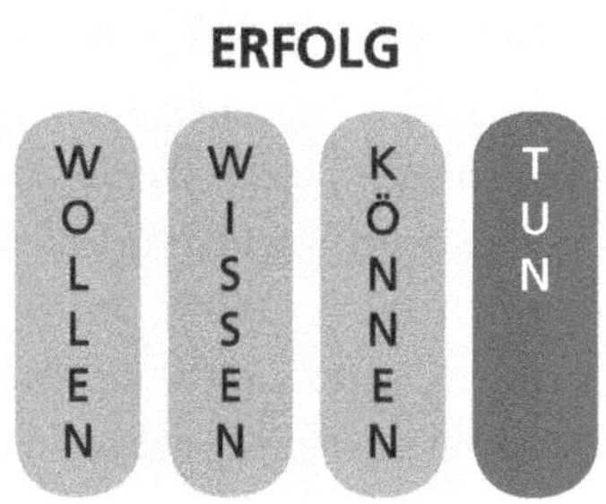

Grafik 1: Das Erfolgsmodell

Die erste Säule ist das **Wollen**. Sie haben erkannt, dass Sie etwas verändern wollen, und mit diesem Buch bereits damit begonnen. Das ist toll!

Die Kunst besteht darin, dieses Wollen langfristig aufrechtzuerhalten. Die Entscheidung zu treffen, den eigenen Stresslevel nun aktiv in die Hand zu nehmen und zu senken, und sich dann dieses Buch zu kaufen, ist recht einfach. Man glaubt gar nicht, wie viele ungelesene Bücher in deutschen Regalen verstauben. Dieses Buch jedoch kontinuierlich durchzulesen, damit zu arbeiten, die für Sie passenden Übungen regelmäßig in den Alltag einzubauen – das ist schon eine ganz andere Sache. Und deshalb liegt es mir am Herzen, Ihnen das Erfolgsmodell schon hier an die Hand zu geben. Sie sollen jetzt bereits einige Zusammenhänge verstehen, auch wenn noch wesentliche Basisinfos zum Themenkomplex

»Veränderung« fehlen. Für eine nachhaltige Veränderung benötigen Sie noch die drei anderen Säulen.

Die zweite Säule ist das **Wissen**. Wenn Sie nicht wissen, wie etwas funktioniert, können Sie es nur schwer in die Praxis umsetzen. Wir Menschen haben in uns den Anspruch, Dinge zu verstehen. Unser Gehirn versucht immer, logische Zusammenhänge herzustellen, damit ein Sinn entsteht. Ohne Sinn ist unser Gehirn verwirrt, und das mag es gar nicht. Das Wissen, wie Stress überhaupt funktioniert, was im Körper dabei geschieht und wie man den Stresslevel verändert, bekommen Sie in diesem Buch. Das wird Ihnen bei der Umsetzung helfen.

Wenn ich in einem Stressmanagement-Seminar für Führungskräfte – das sind häufig ZDF-Menschen *(Zahlen-, Daten-, Fakten-Menschen)*–, ohne Vorwarnung eine Atemtechnik zum Stressabbau durchführe, dann gucken mich mindestens 50 Prozent der Teilnehmer an, als käme ich von einem anderen Stern. Statt die Übung zu machen, fangen sie an, auf Ihren Smartphones zu tippen. (Ich habe das probiert und das Ergebnis war nicht schön).

Erkläre ich vorher jedoch den Zusammenhang zwischen Atmung und dem autonomen Nervensystem *(ANS)* sowie die biochemischen Auswirkungen auf unser Stresssystem – gebe den Teilnehmern also Wissen an die Hand –, dann verleihe ich der Übung einen Sinn. Folgt nun noch ein Praxisbeispiel zur Atemtechnik aus dem Leistungssport, machen alle plötzlich interessiert mit und merken: »Huch, das funktioniert ja.«

Das Wissen allein und das einmalige Ausprobieren reichen für eine nachhaltige Veränderung leider nicht aus. Denn mit Wissen allein kommt man in einem Veränderungsprozess nicht weit, vor allem nicht im Themenkomplex Gesundheit. Es gibt viele intelligente Menschen, die ihr Wissen nicht anwenden und scheitern. Kennen Sie den Spruch: »Wissen ist Macht!«? Das stimmt nicht ganz für die Praxis. Wissen ist nur dann Macht, wenn man es auch anwendet.

Als unsere Tochter gerade 1 Jahr alt war, sind wir für ein paar Jahre aus der Hamburger City in den Speckgürtel von Hamburg gezogen, ein kleines Dorf im Grünen. Hier spielen die Kinder noch draußen. Es gibt Pferdehöfe, und jeder kennt jeden. Als die Neuen lernte man nach und nach die Nachbarn kennen. Eine Straße weiter wohnt bei uns der Grillmeister, so ist er im Dorf bekannt. Er grillt das ganze Jahr über und lädt dazu auch immer gerne ein. Als ich ihn kennenlernte, erzählte er, was er beruflich macht. Da hatte ich einen dieser Momente im Leben, wo es mich von den Beinen holte und ich ihn fassungslos anstarrte. Er ist Professor der Kardiologie *(Herzspezialist)* in einer großen Klinik. Was ist daran so ungewöhnlich? Der Professor ist ein kleiner untersetzter Mann, der aussieht, als hätte er eine Melone verschluckt. Er hat keinen Hals. Er ist nicht dick. Nein, er ist fett! Er hat Bluthochdruck. Ab einem gewissen Level kann man das sehen, ohne es messen zu müssen. Er ist kurzatmig und außer Puste, wenn er die fünf Treppenstufen aus dem Keller mit der Fleischplatte hochkommt. Er trinkt gerne und viel Weizenbier und Whisky. Das Motto »Fleisch ist das Gemüse des Mannes« könnte von ihm stammen. Auf seinen Fleischplatten ist von guten Steaks über Rippchen, fettem Bauchfleisch und Würstchen in unterschiedlichen Variationen alles dabei. Er kostet von allem, um sicherzugehen, dass es auch seinen Gästen gut schmeckt. Er bewegt sich in seiner Freizeit so wenig wie möglich. Er raucht nicht. Das ist aber auch so ziemlich der einzige Risikoparameter für Herz-Kreislauf-Erkrankungen, den er nicht im Gepäck hat. Noch einmal, er ist Professor der Kardiologie und im Krankenhaus der Chefarzt. Er operiert täglich todkranke Menschen am Herzen, sieht dieses Leid, und trotz seines Rufs, ein sehr guter Arzt zu sein, holt ihm der Sensenmann regelmäßig Patienten vom OP-Tisch. Als Professor weiß er über das Herz-Kreislauf-System bestimmt zehnmal mehr als ich. Und was bringt es ihm für seine eigene Gesundheit? Er ist Risikopatient Nr. 1 und bei seinen Grillfesten unter allen Gästen statistisch am nächsten dran, auf seinem eigenen OP-Tisch zu landen. Sein Wissen hat ihm für seine eigene Gesundheit nichts gebracht, denn er wendet es nicht an.

Bitte, bitte, bitte. Machen Sie es besser als der Professor. Wenden Sie das Wissen an, das Sie schon haben und das Ihnen dieses Buch vermittelt.

Frankys Tipp:
»Wissen ist Macht?!« Da sage ich: »Blödsinn!« Wissen ist nur dann Macht, wenn man es auch anwendet. Angewandt führt das Wissen zum Ziel. Wenden Sie Ihr Wissen ab jetzt konsequent an.

Die dritte Säule ist das **Können**. Viele meiner Seminarteilnehmer haben Probleme mit dieser Säule. Sie trauen sich selbst zu wenig zu, haben Angst zu scheitern, empfinden Scham oder haben andere Ausreden. Erst wenn sie erleben, dass sie es können, legt sich der sprichwörtliche Schalter um. Ins **Können** kommt man nur, wenn man die Zweifel beiseiteschiebt, den Mut zusammennimmt und aus der eigenen Komfortzone tritt.

Um zu erleben, dass Sie es können, müssen Sie es **tun.** Das ist die vierte und zugleich schwierigste Säule. Regelmäßig zu tun und zu üben, und auf diese Weise ein neues Verhalten in Ihr Leben zu integrieren bzw. ein altes Verhaltensmuster zu ändern – das ist wie ein Aufstieg in die Championsleague. An diesem Punkt scheitern viele.

Deshalb meine Bitte: Führen Sie die Praxisübungen aus diesem Buch durch. Auch wenn Sie manchmal Gedanken hegen, die Sie vom praktischen Tun abhalten, weil Sie dessen Sinn noch nicht erkannt haben, Sie glauben, gerade keine Zeit zu haben oder lieber gemütlich weiterlesen möchten, anstatt jetzt selber zu üben … Ohne **Tun** kommen Sie nicht ins **Können** und Ihr Ziel rückt in weite Ferne.

»Den Schalter umzulegen«, das kann man schwer mit Worten verständlich machen. Das kann man nur in der Praxis erfühlen. Jemandem mit reiner Wissensvermittlung das Schwimmen beizubringen, ohne ins Wasser zu gehen, das kann nicht funktionieren. Stress nur mit ein paar Fakten aus diesem Buch und Ihrem Willen zu reduzieren, funktioniert ebenso wenig.

Wenn man dem Nichtschwimmer Theorie und Praxis vermittelt, mit ihm ins Wasser geht und ihn **tun** lässt, dann fängt er plötzlich an zu schwimmen – zu **können**. Das klappt nicht beim ersten und auch nicht beim zweiten Versuch, aber nach ein paar Mal **Tun** beginnt das Wasser, ihn zu tragen – wie von Zauberhand. Erst sind es nur einige Meter und dabei wird ihm klar, was er vorher falsch gemacht hat. Viel wichtiger, er fühlt, dass er es kann. Ein Triumph. Erfolg macht Spaß und motiviert ihn weiterzumachen. Über das weitere **Tun** kann er irgendwann richtig schwimmen. Nun macht er ohne Trainer weiter. Er hat sich verändert, vom Nichtschwimmer zum Schwimmer.

Dieser (im Beispiel beschriebene) Mechanismus nennt sich intrinsische Motivation, und genau die benötigt man, um sich erfolgreich beim Thema Stress zu verändern. Deshalb möchte ich mit diesem Buch Ihre intrinsische Motivation wecken:

- damit Sie am Ball bleiben
- damit Sie an den schlechten Tagen etwas haben, woran Sie sich festhalten können
- damit Sie am Ende Erfolg haben und Ihre gesteckten Ziele erreichen.

Die EMR-Methode

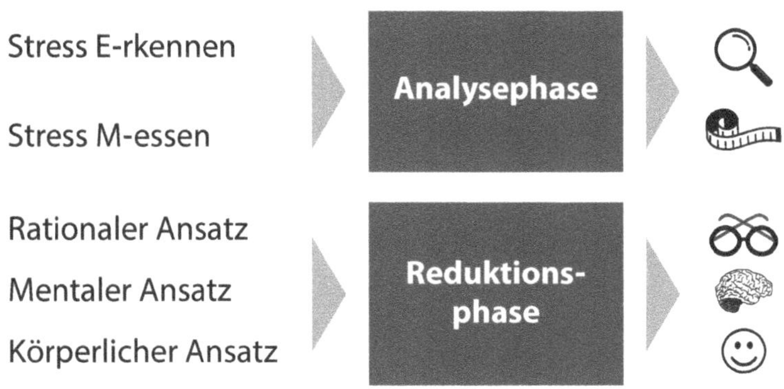

Grafik 2: Die EMR-Methode

Die EMR-Methode – der ganzheitliche Ansatz

Die EMR-Methode ist ein einfacher und pragmatischer Ansatz, das komplexe Thema Stress ganzheitlich abzubilden. Im ersten Schritt geht es darum, den eigenen Stress zu analysieren. Hierzu gehören die Punkte Stress **E**-rkennen und Stress **M**-essen. Aus der Praxis weiß ich, dass diese Punkte häufig unterschätzt und vernachlässigt werden. Damit der zweite Schritt Stress **R**-eduzieren gut funktioniert, ist Schritt Eins als Basis wichtig.

Stress R-eduzieren kann man, indem man die Belastungen herunterschraubt. Das ist eine häufig verwendete Herangehensweise, die funktioniert. Um dem Anspruch eines ganzheitlichen Anspruchs gerecht zu werden, richten wir zusätzlich den Blick auf die Ressourcen. Welche Ressourcen gibt es, um Stress vorzubeugen? Wenn man diese Ressourcen aufbaut bzw. stärkt, dann hilft das, zukünftige Stressreize abzufedern. Das Resultat: Stress reduziert sich.

Stress E-rkennen

Kennen Sie Menschen, die immer in Eile sind, immer unter Zeitdruck stehen, außer Atem sind und ständig zu spät kommen? Kennen Sie Menschen, die immer nörgeln und immer schlecht drauf sind? Alles ist doof, zu viel, zu anstrengend und immer sind die anderen schuld. Sie fühlen sich grundsätzlich als Opfer der äußeren Umstände. Kennen Sie Menschen, die von jetzt auf gleich aus der Haut fahren, den Nebenmann – egal ob Partner, Kollege, Nachbar, Kind oder Goldhamster – zur Schnecke machen? Kennen Sie Menschen, die immer alles mit »Eins +« erledigen wollen, die in jeder Situation perfekt sein wollen, extrem hohe Erwartungen an sich und die anderen haben, Angst vor Fehlern haben und durch diesen Erwartungsdruck in Stress geraten? Kennen Sie Menschen, die immer ein offenes Ohr für die anderen haben, die immer für andere da sind, alle um sich herum versorgen und sich kümmern? Allen um sie herum geht es auch gut, nur selbst stoßen sie immer wieder ans Limit.

Hatten Sie beim Lesen dieser Beispiele Bilder im Kopf? Sehen Sie die Situationen mit Personen aus Ihrem Umfeld vor Ihrem geistigen Auge? Ja, es gibt Menschen, die sich so verhalten, irgendwo da draußen. Zum Glück sind Sie anders.

Stress bei anderen Menschen zu erkennen, ist einfach. Man sitzt da, schaut von außen auf die Situation und das Verhalten des anderen und staunt, warum der sich wegen einer Lappalie so stresst. Man selbst ist emotional nicht betroffen, entspannt und hat sofort eine Lösung parat.

So kenne ich es, wenn ich auf eine Kollegin warte. Meine Kollegin Tanja ist alleinerziehende Mutter von zwei Kindern, hat einen braunen Labrador und ist immer in Eile. Zum Glück ist sie recht fit, sonst hätte sie wahrscheinlich schon ein ernstes Herzproblem. Dass sie den Hund am Supermarkt vergisst oder eines der Kinder im Eiscafé sitzen lässt, ist nicht erst einmal vorgekommen. Wenn ich mit Tanja in einem Café verabredet bin, dann komme ich mittlerweile schon immer 10 Minuten später. Trotzdem bin ich vor ihr dort und trinke entspannt meine erste Tasse Tee, wenn sie um die Ecke geprescht kommt. Außer Atem, mit leicht roten Wangen, kommt sie an meinem Tisch an. Jedes Mal erfindet sie neue und verrücktere Ausreden, warum sie sich »ein bisschen verspätet« hat. Ich lasse sie gewähren und grinse in mich hinein: »Warum schaut sie nicht zwischendurch mal auf die Uhr? Warum macht Sie sich nicht mal 10 Minuten früher auf den Weg? Andere Alleinerziehende schaffen das doch auch. Es wäre für sie viel einfacher und entspannter.« Kennen Sie solche oder ähnliche Situationen auch? Sie sind in einer entspannten Beobachter-Position, sehen den Stress beim Gegenüber und haben sofort Lösungsansätze im Kopf, die für Sie klar ersichtlich sind.

Sind wir jedoch selber in Hektik, mit mehreren Dingen gleichzeitig beschäftigt – gestresst – dann nimmt man das in der Situation eher selten wahr. Genau das ist das Hauptproblem, das ich in meinen Seminaren und Coachings immer wieder erlebe. Wie können Sie Stress vorbeugen, Stressreize zukünftig vermeiden bzw. verringern, wenn Ihnen gar nicht bewusst wird, wann Sie eigentlich in Stress geraten? Ist es so, dass Sie es gar nicht wahrnehmen oder wollen Sie es sich nicht eingestehen?

»Was stresst Sie genau und warum ist das so?« Bei dieser Frage herrscht in meinen Seminaren erst einmal Stille. Hake ich nach, dann kommen ein paar vage und pauschale Aussagen – jedoch selten etwas Konkretes. Aber ohne greifbare Anhaltspunkte zur eigenen Stressentstehung kann man an dem Thema Stressabbau nicht arbeiten.

Was die Statistiken zu Stressoren sagen und welche am häufigsten auftreten, bringt Sie nicht weiter. Was die anderen stresst, ist, mit Verlaub gesagt, für Ihren Stresslevel und Ihr Wohlbefinden »schiet egal«. Was stresst Sie, wann und warum? Nur diese Parameter haben Auswirkungen auf Ihren Stresslevel, und die sind bei jedem anders. Damit Sie das zukünftig gut umsetzen können, benötigen Sie Wissen über das Reiz-Reaktions-System Stress, die Funktionszusammenhänge in unserem Organismus und zum Thema Bewusstsein und Unterbewusstsein. Mit diesem Basiswissen an Bord setzen wir uns anschließend mit Ihren Alltagsgewohnheiten bei Stress auseinander.

Stress M-essen

Es gibt sogenannte ZDF-Menschen, die kopflastiger im Leben unterwegs sind als Gefühlsmenschen. Es kann ihnen beim Erkennen helfen, den eigenen Stresslevel zu messen. Häufig liegen bei ZDF-Menschen der gefühlte Stresslevel und der tatsächlich gemessene sehr weit auseinander. Ich werde daher auf die subjektive und objektive Stressmessung eingehen.

Spannend ist hierbei der Zusammenhang zwischen Stress und Regeneration auf der einen Seite und Gehirn und Körperchemie auf der anderen Seite. Diese Zusammenhänge können durch moderne Messverfahren visualisiert werden. Daraus lassen sich interessante Verhaltensmaßnahmen ableiten.

Sie sind eher ein Gefühlsmensch und nicht so sehr an Zahlen, Daten und Fakten interessiert? Sie können sich ohne Probleme auf die Übungen und Praxistipps in diesem Buch einlassen und entwickeln schnell ein Gefühl, was Ihnen besonders gut tut? Dann können Sie die Kapitel zur Stress-Messung quer lesen und Zeit sparen.

Stress R-eduzieren

Nachdem Sie in der Analysephase Ihre Stressoren erst einmal erkannt und verstanden haben, wo Ihre Probleme liegen, geht es in den Hauptteil über. Hier dreht sich alles darum, den eigenen Stress zu reduzieren. In diesem Teil wird es deutlich praktischer. Sie finden viele Tipps, Tricks, Übungen und Techniken.

In der Stresswissenschaft gibt es drei unterschiedliche Ansätze zur Stressreduktion:

1. **STRESSKILLER 1 – Rational :** Mit dem rationalen Ansatz können Sie durch Strategien sehr gezielt an bestimmte Stressoren herangehen, um Ihren Stresslevel zu verändern. Sie gehören eher zu den *ZDF-Menschen* – dann könnte Ihnen dieser Ansatz liegen.

2. **STRESSKILLER 2 – Mental :** Mit dem mentalen Ansatz arbeiten Sie auf einer anderen Ebene an Ihrem Stresslevel. Auch wenn Sie zu den *ZDF-Menschen* gehören, empfehle ich, dem mentalen Ansatz eine Chance zu geben, denn hier liegt viel Potenzial. Leistungssportler arbeiten heute sportartenübergreifend im mentalen Bereich, sowohl, um auf den Punkt die optimale Leistung abzurufen, als auch zur Entspannung zwischen den Wettkämpfen. Warum tun sie das? Weil es extrem effektiv ist. Nutzen Sie diese Techniken zukünftig auch als Nicht-Leistungssportler.

3. **STRESSKILLER 3 – Körperlich ☺ :** Mit dem körperlichen Ansatz gehen wir wiederum von einer anderen Ebene an das Problem heran. Die Zeiten sind längst vorbei, in denen man bei dem Satz »Körper, Geist und Seele hängen zusammen« den Esoterik-Stempel aufgedrückt bekommen hat. Die Wissenschaft kann diese Zusammenhänge heute eindeutig messen. Dieser Ansatz ist für alle Leser interessant.

Frankys Tipp:
Machen Sie sich frei von äußeren und inneren Zwängen. Wir alle haben sie, der eine mehr, der andere weniger.
Probieren Sie mal etwas »Verrücktes« aus, das für Sie nicht sofort greifbar erscheint bzw. erklärbar ist. Treten Sie aus Ihrer Komfortzone heraus. Wenn Sie das in Ihrem stillen Kämmerlein machen, bekommt es keiner mit. Manchmal entstehen so gewinnbringende Aha-Effekte. Die größten Chancen liegen häufig hinter Ihren größten Ängsten verborgen.

Stress vorbeugen durch Belastungsminimierung

Wenn man *Stressoren* als Belastungen erkannt hat, kann man sie minimieren. Das heißt, man schraubt die Belastungen herunter, lässt Stress gar nicht erst entstehen und senkt dadurch den Stresslevel. Sie gehen Ihre Stresstreppe hinunter (siehe Grafik 3).

Ein tolles Beispiel durfte ich in einem meiner Seminare erleben, als der Arbeitsweg als Belastung diskutiert wurde. Einige Teilnehmer ereiferten sich lautstark über diese Problematik, die bei der Baustellenlage in Hamburg in Kombination mit der Tatsache, dass die Elbe die Stadt teilt und ein Nadelöhr darstellt, nicht wegzudiskutieren ist. Ein Teilnehmer verschaffte sich Gehör und erzählte seine Geschichte. Er hatte, wie einige andere Teilnehmer ebenfalls, eine knapp 1-stündige Anfahrt zur Arbeit. Das war für ihn vergeudete Lebenszeit, Zeit, die an anderer Stelle fehlte, und diese Tatsache stresste ihn. Sein Hobby war sein Motorrad. Es war nicht nur das Fahren, sondern auch das Schrauben, pflegen und sich an seiner schönen Maschine zu erfreuen. »Ich liebe mein Motorrad, und wenn ich darauf sitze und es nur anlasse, diesen Sound höre, dann ist schon alles gut.« Eines Morgens, als er wieder einmal schlecht gelaunt am Frühstückstisch saß und sich bei seiner Frau beschwerte, dass er gleich wieder ins Chaos starten müsste und nie Zeit für seine wahren Hobbies hätte, sagte seine Frau den einen und alles entscheidenden Satz. »Dann fahr doch einfach mit deiner Maschine zur Arbeit.« Warum er da selbst nie draufgekommen ist, so sagte er, war ihm beim Seminar drei Jahre später immer noch schleierhaft. Er fuhr an diesem Morgen zum ersten Mal mit dem Motorrad zur Arbeit. Es war ein herrlicher Frühlingsmorgen. Und es sollte nicht das letzte Mal gewesen sein. Ein Teil der Strecke ist eher ländlich und top zum Fahren geeignet. Der zweite Teil ist nicht ganz so schön, wegen des Schritttempos in der Stadt. Doch es macht trotzdem Laune, und er freut sich, wenn er dadurch 10 Minuten Zeit einspart und noch entspannt einen Kaffee vor Arbeitsbeginn trinken kann, von Stress keine Spur mehr. Auf dem Rückweg dann, wenn das Wetter einlädt, hängt er häufig noch eine Spritztour dran und frönt so viel häufiger als früher seinem liebsten Hobby. Viel besser noch, er freut sich schon während der Arbeit darauf, wenn die Sonne ins Fenster lacht. Ein tolles Beispiel für das Verändern der Belastungsschraube. Das ist ein Einzelbeispiel, sehr speziell, aber auch sehr schön. Es zeigt, wie eine kleine Veränderung eine große Wirkung erzielen kann.

Häufiger erlebe ich folgendes Beispiel. Egal in welcher Firma und Branche ich als Trainer unterwegs bin. Es gibt immer Mitarbeiter, die mit dem Fahrrad zur Arbeit kommen, und es gibt welche, die einen vergleichbaren Arbeitsweg haben und es nicht tun. Egal in welche Richtung man nun argumentieren möchte, es gibt auch hierbei viele Perspektiven, die man einnehmen kann.

Ein Fakt zum Thema Stress ist unbestreitbar: Durch die Bewegung wird ein Teil der Stresshormone, die jeder von uns täglich ausschüttet, neutralisiert. Das ist wissenschaftlich hinreichend belegt. Ob Sie dieses Puzzleteil für sich nutzen oder nicht, ist wieder einmal Ihre Entscheidung. Wenn Sie unter Stress stehen und sich gleichzeitig, objektiv betrachtet, eher wenig bewegen, dann könnte es ein wichtiges Puzzleteil für Sie sein. Aber wir schweifen ab. *Mehr Infos hierzu gibt es im Kapitel Bewegung.*

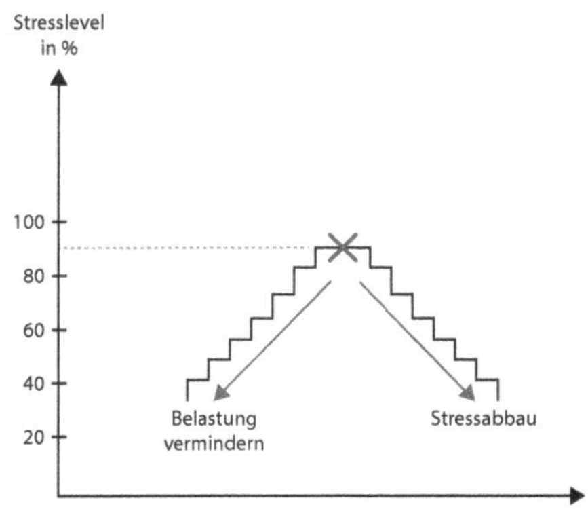

Grafik 3: Stresslevel: Ist der Stresslevel bei x, dann gibt es zwei Möglichkeiten zur Reduzierung. Möglichkeit 1 ist, Stressbelastungen zu

minimieren. Möglichkeit 2 ist, bei bereits entstandenem Stress diesen nachträglich abzubauen. In beiden Fällen geht es im Erfolgsfall die Stresstreppe hinunter.

Stress nachträglich reduzieren

Sie werden statt von der Rushhour am Morgen von Ihren Kindern gestresst? Hier gibt es wenige Optionen, die Belastung zu ändern. Sie könnten die Kinder verkaufen oder ins Heim stecken – selbstverständlich ist das keine Option. An der Belastungsschraube zu drehen, funktioniert in dieser Situation nicht. Ihre Kinder sind da und machen Alarm. Das wird sich erst ändern, wenn die Kinder groß sind und ausziehen.

Wie wir später an anderen Beispielen noch sehen werden, funktioniert es nicht, jeglichen Stress im Vorfeld zu umgehen. Das ist auch gar nicht notwendig, denn dafür gibt es zum Glück noch weitere Möglichkeiten. Man kann bereits entstandenen Stress nachträglich gezielt abbauen und hierdurch den Stresslevel wieder auf ein normales Maß herunterfahren. Wir befinden uns nun auf der Entlastungsseite und gehen die Stresstreppe Stufe für Stufe nach unten.

Ressourcen stärken

Ein weiterer Ansatz besteht darin, die eigenen Ressourcen zu stärken. Die Stresswissenschaft sagt hierzu:

Je mehr Ressourcen Sie haben, desto besser sind Sie in Belastungssituationen aufgestellt und können zukünftige Belastungen und Anforderungen abfedern.

In dem Moment, in dem man beginnt, die eigenen Ressourcen zum Thema Stress aufzubauen, wird man resistenter gegen zukünftig auftauchende Stressoren. Ressourcen sind ein häufig vernachlässigter Punkt bei Prävention und Therapie.

Das Leben verläuft nicht auf einer horizontalen Linie mit stetig gleichen Belastungen, sondern viel mehr als Welle. Es gibt Zeiten im Leben, in denen wenige Stressoren auftreten und wir entspannt sind, egal ob wir viele oder wenige Ressourcen haben. Es gibt aber auch Zeiten, in denen ein Stressor den nächsten jagt, viele Dinge gleichzeitig passieren und wir alles andere als entspannt sind. Genau hier benötigen wir Ressourcen – möglichst viele.

»Ressourcen können Sie vom Fähnchen im Wind zum Fels in der Brandung werden lassen.«

(Frank Ritter)

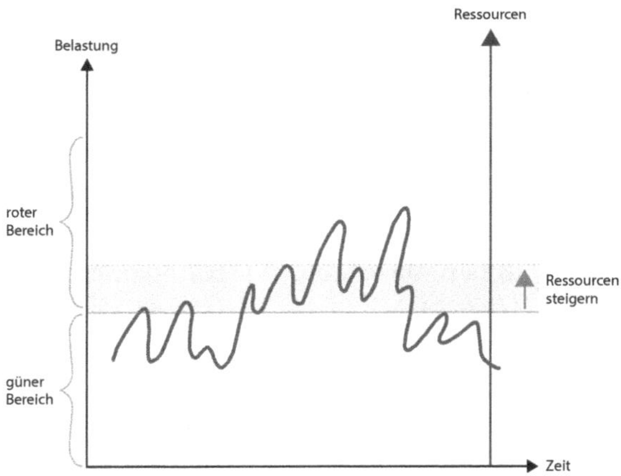

Grafik 4: Stressbelastung und Ressourcen: Wenn man es schafft, die Ressourcen zu steigern, dann verschiebt sich der graue Bereich nach oben. Man kann Belastungen besser verkraften und kommt seltener in den roten Bereich.

Ein Beispiel zur Verdeutlichung: Sie haben zwei Mittelklasse-Limousinen gleicher Bauart, mit nur einem Unterschied. Eine davon ist mit einem 50-PS-Motor (1,0-Liter-Hubraum) und die andere mit einem 150-PS-Motor (2,0-Liter-Hubraum) ausgestattet. Fahren Sie mit beiden in Hamburg durch die Stadt, dann sind Sie an der Ampel mit dem kleinen Motor nicht der schnellste in Sachen Beschleunigung, aber kommen ohne Probleme von A nach B, in der Rushhour sogar genauso schnell wie der Porsche neben Ihnen. Fahren Sie aber mit beiden Autos Vollgas von Hamburg nach Frankfurt, dann werden spätestens bei den Kasseler Bergen bei dem 50-PS-Motor Probleme auftauchen. 50 PS sind für das Gewicht eines Mittelklassewagens einfach zu wenig. In dem Moment, in dem Belastungen/Stressoren auftauchen, hat der Wagen zu wenig Ressourcen und ist schnell am Limit. Der kleine Motor läuft heiß, Sie werden immer langsamer und kriechen auf der rechten Spur den Berg hoch, angehupt von den LKWs. Der 150-PS-Wagen hingegen schnurrt die Kassler Berge entspannt hoch und runter wie eine Katze und freut sich, endlich mal ein bisschen Auslauf zu haben. Er hat keinen Stress, denn er hat genug Ressourcen.

Ressourcen für eine gute Stressresistenz sind sehr vielfältig. Zu allen drei Ansätzen *(rational, mental, körperlich)* lassen sich Ressourcen zuordnen. Der körperliche Ansatz verdient hierbei besonderes Augenmerk. Dabei stärken Ressourcen nicht nur vor zukünftigen Belastungen, sondern wirken häufig auch gleichzeitig stressreduzierend.

Stress wird häufig als rein psychisches Problem dargestellt. Daraus resultieren langfristig körperliche Probleme – Symptome – Krankheiten. Diese Zusammenhänge sind unbestritten. Die meisten Therapieansätze setzen daher psychologisch an. Wenn wir unseren Organismus als Ganzes betrachten, bestehen jedoch auch Wechselwirkungen in die andere Richtung. Es gibt körperlichen Stress auf Zellebene, und dieser hat Auswirkungen auf die Psyche. Unser Gehirn als Schaltzentrale kommuniziert mit unserem Herzen und mit unserem Verdauungssystem. Das ist jedoch ebenfalls keine Einbahnstraße, denn unser Gehirn bekommt auch Impulse und Anweisungen vom Herzen und vom Darm. Diese Tatsachen werden leider häufig beim Thema Stress vernachlässigt. Was wir nicht wissen, können wir nicht ändern. Da ich um die mangelnde Verbreitung dieser Kenntnisse selbst in Fachkreisen weiß, ist es mir ein besonderes Anliegen, möglichst viele Ressourcenansätze aus unterschiedlichen Bereichen vorzustellen. Außerdem sind einige davon recht einfach umzusetzen, was dem Praxisansatz dieses Buches sehr zuträglich ist. Die Ressourcenansätze sind den jeweiligen Kapiteln zugeordnet.

Wie Sie am effektivsten mit diesem Buch arbeiten

Sie haben nun einen Überblick zum Aufbau dieses Buches erhalten. Und vielleicht haben Sie hierbei schon bemerkt, dass Sie sich nicht von allen Ansätzen gleich stark angesprochen fühlen. Das ist ganz normal, und genau das sollten Sie im weiteren Verlauf dieses Buches berücksichtigen.

Ich gebe in meinen Seminaren immer wieder Raum für Selbstreflexion. Was für ein Typ sind Sie eigentlich? Welche Techniken und Ansätze könnten Ihnen liegen? Fangen Sie genau mit den für Sie relevanten Punkten an, denn die bringen Ihnen bei geringstem Zeiteinsatz den größten Nutzen.

Stellen Sie sich dieses Buch als Puzzle vor. Aktuell liegt Ihr Stresspuzzle in einem Wirrwarr vor Ihnen, und Sie können kein Bild erkennen. Sie wissen gar nicht so recht, wo Sie anfangen sollen. Vielleicht spüren Sie Überforderung, was zusätzlichen Stress auslöst – das ist ungünstig.

Im ersten Teil legen wir die Basis für das Verständnis von Stress. Sie werden Ihre Stressoren, also die Reize, die Sie stressen, erkennen lernen. Den ersten Teil empfehle ich unbedingt zu lesen, da die folgenden Teile darauf aufbauen. Die dafür investierte Zeit zahlt sich aus.

In den Teilen 2 und 3 können Sie sich dann die Puzzleteile heraussuchen, die auf Ihre erkannten Problemstellen aus Teil 1 passen und bei denen Sie ein gutes Gefühl haben *(für die Gefühlsmenschen)*, bzw. was für Sie Sinn ergibt *(für die ZDF-Menschen)*.

Klicks und Klacks

Vielleicht haben Sie sich vorher noch gar nicht mit dem Thema Stress beschäftigt, vielleicht auch schon sehr intensiv. Egal wo Sie aktuell stehen, Sie werden in diesem Buch Fakten finden, die Sie schon kennen. »Kenn ich schon, ist ja auch nichts Neues, was der Frank da schreibt.« Genau, ich habe die Stresswissenschaft nicht neu erfunden. Einige Erkenntnisse, Fakten und Techniken stehen auch schon woanders geschrieben. Gehen Sie bitte unbedingt aus der Bewertung heraus. Bewertung ist ein ganz wesentliches Thema, das Stress auslösen oder verhindern kann. Etwas doppelt zu lesen oder erneut zu erfahren, ist keinesfalls negativ. Wir lernen durch Wiederholungen, und jeder vermittelt anders. Wichtig ist, ob Sie von den Fakten in diesem Buch etwas Positives für sich mitnehmen können und dadurch in die Umsetzung kommen. Das macht Ihren Erfolg aus.

Ich nenne diese Fakten/Erkenntnisse Klack. Kenn ich schon – Klack. Bei den Klacks sollten Sie sich folgende Fragen stellen:

- ☐ Kenn ich schon? Ja. Super, ist also ein Klack – nächste Frage.
- ☐ Ist es für mich eine relevante Information? Kann es mir bei meinem Stress-Problem helfen?
  - Nein, ist für mein Problem nicht relevant. Gut – weiterlesen.
  - Ja, das könnte mir in der Tat helfen – nächste Frage.

☐ Wende ich diese Erkenntnis schon an? Ist es angewandtes Wissen? Nur dann bringt es mir einen Nutzen!
  - Ja, wende ich schon an. Super. Dann freuen Sie sich, dass Sie das schon können und praktizieren. Bleiben Sie dabei – weiterlesen.
  - Nein, ich weiß es zwar, aber ich wende es nicht an. Dann wäre jetzt der richtige Zeitpunkt, um ins Tun zu kommen. Denken Sie an das Erfolgsmodell.

Der Fakt ist für Sie neu. Das kenn ich noch nicht – Klick. Toll, ich habe etwas Neues gelernt. Stellen Sie sich folgende Fragen:

☐ Ist es für mich eine relevante Information? Kann es mir bei meinem Stress-Problem helfen?
  - Nein, ist für mein Problem nicht relevant. Gut – weiterlesen.
  - Ja, das könnte mir in der Tat helfen – nächste Frage.

☐ Wie kann ich diese neue Erkenntnis anwenden? Wie kann ich angewandtes Wissen daraus machen? Nur dann bringt es mir einen Nutzen!

Wir suchen immer nach neuen Erkenntnissen und glauben häufig, dass nur diese unsere Probleme lösen. Es muss neu, wissenschaftlich und hochtechnisch sein. Nur dann ist es sexy. Das ist aus meiner Sicht nicht richtig. Vieles wissen Sie schon. Wissen alleine bringt Sie jedoch leider nicht zum Ziel, wie Sie aus dem Beispiel des Kardiologen bereits wissen. In bekanntem, altem Wissen – also den Klacks – kann für Sie ein ebenso großer Nutzen stecken wie in neuem Wissen – also den Klicks.

Ein Praxisbeispiel aus meinem Gesundheitsseminar: Ich mache seit mehreren Jahren in der Mitte des ersten Seminarblocks mit allen Teilnehmern eine kleine Bewegungseinheit *(max. 5 Minuten)*. Vorher frage ich, wie viele Teilnehmer Schulter-/Nackenprobleme haben. Je nach Branche sind das 30–50 Prozent der Anwesenden. Die letzte Übung ist immer das »Schulterkreisen«. Das kennt natürlich jeder. Ich frage dann: »War das nicht eine tolle letzte Übung? Ist das nicht der Hammer für Eure Schultern?«

Die Reaktion ist verhalten. Verdutzt frage ich weiter: »Wie, ist das nicht toll? Kennt ihr das etwa schon?« Natürlich kennen es alle, und Verwirrung macht sich breit. »Okay, wenn ihr das alle kennt – mal Hand aufs Herz: Wer von euch macht diese Übung täglich mindestens einmal?« – Pause. Es herrscht Stille und bei einigen hört man den Groschen förmlich fallen.

Ja, es ist eine banale Übung, uralt, und die haut keinen vom Hocker. Sie hilft aber extrem gut bei Schulter-/Nackenproblemen, allerdings nur, wenn die Betroffenen die Übung regelmäßig praktizieren. Die Übung zu kennen und nicht zu praktizieren, bringt leider gar nichts. Es ist ein Klack – nichts Neues. Dieser Klack hat jedoch das Potential, das Problem zu lösen – einfach, ohne viel Aufwand, kostengünstig, pragmatisch.

Frankys Tipp:
Unterschätzen Sie nicht die Klacks in Ihrem Leben! Sie haben ebenso das Potenzial, Ihre Probleme zu lösen, wie die Klicks.

Mein Ziel ist es, dass Sie in diesem Buch von beiden, »Klicks und Klacks«, möglichst viele haben. Denn in beiden kann die Lösung für eines Ihrer Probleme stecken. Stress und »Zeitmangel« treten häufig gemeinsam auf, wodurch wir leider viel zu selten reflektieren. Doch genau das ist essenziell, um neue Erkenntnisse zu gewinnen und in die Umsetzung zu kommen. Nutzen Sie die Praxis-Übungen und die Fragen zur Selbstreflexion, die Sie immer wieder im Buch finden werden.

Selbstversuche

Ich nenne meine Praxissequenzen Selbstversuche. Übungen oder noch schlimmer Hausaufgaben sind bei vielen Menschen negativ belegt – oder gehörten Sie zu denjenigen, die in der Schule nach Extra-Hausaufgaben verlangt haben? Ich definitiv nicht! Training wird oft mit Sport, Schwitzen und Anstrengung assoziiert, und das widerstrebt wiederum den meisten »Couch-Potatoes«. Selbstversuche hingegen können spannend sein.

Erinnern Sie sich noch an Ihre Kindheit? Sie haben Bauklötze aufeinandergestellt. Der Stapel ist umgefallen. Sie haben es wieder und wieder probiert, bis irgendwann der Turm stand. Zugegeben, da war ganz sicher der eine oder andere kleine Wutanfall dabei, doch grundsätzlich hatten Sie Spaß.

Mit derselben Leichtigkeit sollten Sie auch an die Selbstversuche in diesem Buch herangehen. Meistens benötigt man mehrere Versuche, bis etwas funktioniert. Das ist vollkommen normal, genauso wie bei den Bauklötzen damals. Das schlimmste, das bei den Übungen in diesem Buch passieren kann, ist, dass sich nichts verändert. Es gibt keine Übung hier im Buch, die etwas verschlimmern kann – versprochen! Vielleicht erwarten Sie, dass ich Ihnen sage, was richtig und was falsch ist. Vielleicht möchten Sie aber auch genau das, auf gar keinen Fall – jemanden, der Sie bevormundet. Egal was für ein Typ Sie sind. Von mir bekommen Sie hier kein richtig oder falsch zu hören. Und ich empfehle Ihnen, grundsätzlich bei Experten mit Pauschalempfehlungen, die für alle gelten sollen, Vorsicht walten zu lassen, auch wenn die Empfehlung von Prof. Dr. Dr. XY kommt. Wir sind mit ca. 70 Billionen Zellen individuell und hochkomplex. Was für den einen praktikabel ist, funktioniert beim nächsten eben nicht. Es gibt viele Wahrheiten, und mit fortschreitender Wissenschaft ändern die sich auch immer mal wieder.

Vor etwas über 20 Jahren wurde Prof. Andresen bei einem Vortrag vor Kollegen belächelt, als er in seinem Vortrag einen Zusammenhang zwischen Stress und Infarktrisiko herleitete. Heute ist eindeutig bewiesen, dass Stress die Gefäße verengt, die Blutgerinnung verändert und somit Dauerstress das Infarktrisiko deutlich erhöht.

»Die Wahrheit« oder »richtig und falsch« ist stets nur eine Momentaufnahme, eine Frage der Betrachtungsweise, und baut auf unseren bisher gesammelten Erfahrungen auf.

Ich verwende daher die Begriffe **günstig** und **ungünstig**. Was ist günstig für Ihr Ziel, Ihr Stresslevel zu senken, und was ist ungünstig. Das mache ich zum einen fest an der aktuellen, wissenschaftlichen Fachlektüre und zum anderen an den Praxiserfahrungen in meinen Seminaren, Workshops und Coachings.

Viele Kleinigkeiten führen beim Stressabbau zum Erfolg. Zwei perfekte Wellnesstage in einem Top-Hotel, mit allem, was dazu gehört, das ist klasse. Täglich eine Entspannungsübung ist jedoch auf Jahressicht effektiver für den Stressabbau.

Natürlich ist es sinnvoll, auch größere Veränderungen anzugehen, und ich werde davon einige im Buch aufgreifen. Fokussieren möchte ich mich dennoch auf die Kleinigkeiten, denn die sind für die meisten Menschen deutlich einfacher in die Praxis umzusetzen.

I Analysephase – Stress **E**-rkennen

Was ist Stress?

Eigentlich ist es eine ganz einfache Frage, denn überall in den Medien ist das Thema vertreten. Aber wenn Sie das jetzt ad hoc beantworten müssten? Was würden Sie sagen?

Stress ist sehr komplex und vor allem sehr individuell. Jeder nimmt Stress anders wahr. Jeder spürt Stress ab einem anderen Belastungsgrad bzw. empfindet Stress bei unterschiedlichen Reizen. Was der eine als Überforderung wahrnimmt, ist für den anderen eine spannende und anspornende Herausforderung. Dann gibt es laut Wissenschaft positiven und negativen Stress. Was macht einen Reiz zu einem positiven und was zu einem negativen Stressor? Welche Reize sind laut Studien die wesentlichen beim Thema Stress? Und welche Reize stressen Sie? Was passiert bei Stress kurzfristig im Organismus? Was passiert auf körperlicher, psychischer und biochemischer Ebene? Wozu führt das mittel- und langfristig? Fragen über Fragen …

Um den eigenen Stresslevel nachhaltig und gezielt zu reduzieren, bedarf es einer genauen Analyse, Einordnung und Bewertung. Wichtig hierfür ist eine ganzheitliche Betrachtungsweise. Stress wird in vielen Medien in die »Psycho-Ecke« geschoben. Psychische und psychosoziale Aspekte wirken nachweislich auf unser emotionales Befinden und können Auslöser von Stress, Depression bis hin zum Burnout sein. Es gibt jedoch noch weitere Stressauslöser auf körperlicher und biochemischer Ebene. Diese Ursachen und Wechselbeziehungen werden häufig vernachlässigt. Dieses Kapitel soll ein wenig Licht in das Dunkel der Stressvorgänge zu bringen.

Stress, eine Frage der Perspektive

Wir Menschen können rational denken. Wir können Vergangenes reflektieren, daraus lernen und Zukünftiges planen. Dennoch sind wir emotionale Wesen. Je wichtiger uns ein Thema ist, desto eher kann es uns in Stress versetzen. Der rationale Bereich wird nach und nach abgeschaltet, Emotionen übernehmen die Oberhand und beeinflussen unsere Wahrnehmung, unser Denken und unser Verhalten. Was für uns wichtig ist, ist typabhängig.

Stellen Sie sich vor, Sie kommen mit Ihren Einkäufen aus dem Supermarkt zu Ihrem Auto zurück. An der Fahrertür Ihres Wagens entdecken Sie einen 30 cm langen Kratzer. Jemand hat sich dort mit einem Schlüssel verewigt. Wenn Sie Ihr Auto hegen und pflegen, es für Sie ein wichtiges, materielles Gut oder Statussymbol darstellt, könnte es sein, dass bei Ihnen gerade Stress entsteht und Wut aufkommt. Sie beginnen zu fluchen und die Emotionen kochen hoch. Mein erstes Auto war ein alter VW-Bus. Ich fahre noch heute einen aktuell 14 Jahre alten VW-Bus. Er ist ein Gebrauchsgegenstand für mich. Das äußere Erscheinungsbild meines Busses ist mir nicht wichtig. Ein Kratzer an meinem Bus ist für mich kein Stressor.

Je wichtiger uns etwas ist, desto eher kann es bei uns Stress auslösen und wir reagieren emotional. Wir sind Menschen und keine Computer, die nur die Zahlen 1 und 0 verarbeiten und keine Emotionen kennen. Unser Leben wird durch Emotionen erst interessant und lebenswert. Dennoch sollten wir von Zeit zu Zeit die Perspektive wechseln und in emotionalen Situationen unseren Verstand einschalten. Wir Menschen sind anders als Tiere dazu in der Lage, da wir rational denken können. Wir sprechen hier von der Hubschrauber-Perspektive. Wenn wir diese Perspektive einnehmen, sind wir neutrale Beobachter.

Stress bei anderen zu erkennen, ist einfach, vor allem wenn wir nicht emotional ins Geschehen eingebunden sind. Hier haben wir automatisch die Hubschrauber-Perspektive und beobachten die Situation und die agierenden Personen. Viel schwieriger ist es, wenn wir selber in der Stresssituation stecken, mitten im Geschehen sind und unsere Emotionen hochkochen. Dann in die Hubschrauber-Perspektive zu wechseln und uns selbst zu beobachten, bedarf schon einigen Trainings. Mit ein wenig Übung und den richtigen Techniken funktioniert es jedoch.

Banal-Stressoren

Speziell bei den vielen kleinen Stressoren des Alltags kann ein solcher Perspektivwechsel sehr hilfreich für die Reduzierung des eigenen Stresslevels sein. Ich nenne sie »Banal-Stressoren«.

Neulich wartete ich gegen 9:30 Uhr auf einen Besprechungstermin bei einer Marketing-Agentur. Ich saß im Vorraum und las eine Zeitschrift. Durch eine offen stehende Bürotür konnte ich zwei Damen beobachten. Eine Dame saß am Rechner und eine weitere stand mit dem Rücken zu mir an einem Gerät. Völlig unvermittelt rastete sie aus: »Verdammte Sch… Ich kann so nicht arbeiten. Diese alten Geräte funktionieren einfach nicht mehr. Der Chef soll endlich mal was Neues anschaffen. Jedes Mal hakt das Ding. Ich hasse es! …« Ihre Kollegin am Rechner versuchte Ihr per Zeichensprache zu signalisieren, dass die Tür offen stand und ein Kunde – ich – im Vorraum saß. Als sie das nach einiger Zeit verstand, ging sie schnell zur Tür und schloss diese.

Die Dame hatte ganz offensichtlich ordentlich Stress gehabt. Rational betrachtet, hat sie mit einem Gerät geschimpft. Wie blöd ist das eigentlich? Und wie häufig kommt das in Büros in Deutschland vor? Kennen Sie solche oder ähnliche Situationen von Kollegen oder gar sich selbst?

Banal-Stressoren können sehr vielfältig sein: Ihr Lieblingsfußballverein verliert. Sie stehen in der Rushhour im Stau oder verpassen die Bahn und kommen zu spät zum Termin. Seit 20 Minuten hängen Sie nun in der Warteschleife der Telefonhotline. Der Akku vom Handy ist schon wieder leer und WLAN gibt's hier auch nicht.

Betrachten Sie diese Stressreize doch bitte einmal objektiv. Stimmen Sie zu, dass es sich bei den meisten Reizen um Banal-Stressoren handelt, die es nicht wert sind, sich darüber aufzuregen? Könnte es sein, dass Sie im Alltag hin und wieder genau bei solchen Situationen in Stress geraten?

Es sind Kleinigkeiten, natürlich. Warum diese Kleinigkeiten so wichtig sind, erfuhr ich vor einigen Jahren durch einen befreundeten Kollegen.

Mein Kollege arbeitet als Psychiater in einer privaten Klinik für Burnout-Patienten. Burnout ist eine mögliche Folge von Dauerstress. In schweren Fällen von Burnout ist es keine Seltenheit, dass die Patienten 3–6 Monate in stationärer Behandlung sind. Sie können sich zu Beginn meist nicht selbst steuern, haben ihre Emotionen nicht im Griff, sitzen einfach auf dem Flur und weinen, wissen nicht warum, können nicht aufhören und fühlen sich zu schwach für alles. Das sind übrigens keine alten, schwachen Menschen. Der Altersdurchschnitt in dieser Klinik liegt bei knapp 40 Jahren. Zumeist waren die Patienten in ihrem Job erfolgreich. Mein Bekannter sagte mir, dass bei seinen Patienten ca. 80 Prozent angeben, dass die vielen kleinen Alltagsstressoren zu ihrem Burnout geführt haben – die Banal-Stressoren. Nur bei 20 Prozent sind es einzelne Auslöser wie Schicksalsschläge, Trauer, Verlust etc., die den Ausschlag gegeben haben. Bei Schicksalsschlägen ist man zumeist machtlos. Bei den Banal-Stressoren haben wir jedoch unser Schicksal selbst in der Hand. Hier können und sollten wir etwas verändern.

Definition Stress

Burnout ist nur eine mögliche Folge von Stress. Das Thema ist viel größer und vielfältiger. Hier ein paar Fakten zur Untermalung:

1. Stress nimmt seit Jahren Platz 2 und 3 der Arbeitsunfähigkeits-Meldungen in Deutschland ein.
2. Stress ist einer der größten Faktoren beim Sterblichkeitsrisiko.
3. Jeder dritte deutsche Arbeitnehmer klagt über Stress.

Aber was ist Stress eigentlich? Wie kann man Stress definieren?

Es gibt in der Wissenschaft unterschiedliche Definitionen von Stress. Eine, die sehr gut zu meinem pragmatischen Ansatz mit der EMR-Methode passt, habe ich im Folgenden gewählt. Wir werden diese Definition Stück für Stück auseinandernehmen.

Stress ist eine komplexe, immer gleich ablaufende Reaktion in unserem Organismus auf unterschiedliche Reize von außen und innen.

Kurzfassung: Stress = Reiz-Reaktions-System

Da sind also Hunderte Reize, die wir über unsere Sinneskanäle sekündlich aufnehmen. In dem Moment, in dem mein System diese Reize als Stress bewertet, läuft in meinem Organismus die immer gleiche Reaktion ab. Zerlegen wir diese Definition einmal in die Einzelteile und fangen mit den Reaktionen an.

Liebe Freunde der Wissenschaft. Der komplexe Mechanismus unseres Stresssystems ist hier sehr vereinfacht dargestellt. Das ist ganz bewusst so gewählt. Mir geht es um ein Grundverständnis in Bildform, das sich einprägt, um bei späteren Umsetzungen in die Praxis den Nutzen besser nachvollziehen zu können.

Stress-Reaktionen

Wir wählen als Stressreiz symbolhaft einen Säbelzahntiger. Stellen Sie sich vor, wo immer Sie auch gerade sitzen und diese Zeilen lesen, der Säbelzahntiger taucht in Ihrem Blickfeld auf. Sie hätten Stress – ganz sicher. Der Säbelzahntiger ist in diesem Fall der Reiz, der in Ihrem System die Stressreaktion auslöst. Das wäre bei diesem Reiz bei allen Menschen, die keine Raubtierdompteure sind, der Fall.

Binnen Millisekunden werden bei einem Stressreiz circa 30 unterschiedliche Neurotransmitter als Botenstoffe des Gehirns freigesetzt, die wiederum mehr als 1400 verschiedene chemische Reaktionen in unserem Organismus in Gang setzen. Wir sind ein biochemisches Labor.

Wir würden uns in dieser Situation instinktiv verhalten. Welcher Instinkt überwiegt *(Kampf, Flucht, Sich-tot-Stellen)*, werden Sie nur im Ernstfall erfahren, also hoffentlich nie. Fakt ist: In dieser Situation denken wir nicht nach, wägen nicht logisch ab, was nun am besten zu tun ist, skizzieren keinen Plan und verwenden keinen Telefonjoker. Wir handeln einfach – instinktiv – ohne zu denken.

Das einzige Ziel ist: Überleben!!! Das Ganze ist ein ausgeklügeltes System, das sich über die Evolution entwickelt und optimiert hat. Dieses Überlebens-System hat hervorragend funktioniert, denn wir haben nicht nur die Evolution überstanden, sondern es bis nach ganz oben in der Nahrungskette gebracht. Grundsätzlich ist Stress also sehr positiv zu bewerten.

Das Reiz-Reaktions-System ist ein Überlebens-System.

Die Stressreize auf null zu reduzieren ist nicht sinnvoll und sollte nicht das Ziel sein. Unser System benötigt Stressreize, um zu funktionieren. Zu wenige Stressreize sind genauso ungünstig wie zu viele. Hier findet wieder einmal der Spruch Anwendung: »Die Dosis macht das Gift.«

Die circa 1400 Stoffe, die bei einer Stressreaktion ausgeschüttet werden, bewirken wiederum ganz viele unterschiedliche Reaktionen in unserem Organismus. Einige sind beispielsweise:

1. Puls und Blutdruck steigen und unser Blut wird umgeleitet, raus aus den Organen und vermehrt in die Muskeln, die für körperliche Leistungsfähigkeit benötigt werden.
2. Wir sind bereit, bei Kampf und Flucht 100 Prozent zu leisten.
3. Unser Fokus verengt sich, denn jetzt ist instinktives Handeln angesagt. Der Fokus ist auf den Säbelzahntiger gerichtet, alles andere ist in diesem Moment unwichtig.
4. Unsere Verdauung wird heruntergefahren und unsere Libido auf Standby gestellt, denn auch diese beiden Systeme sind in der ursprünglichen Stresssituation Ballast. Die Energie wird an anderer Stelle benötigt.
5. Ein Teil unseres Immunsystems ist jetzt hochaktiv, falls wir uns beim Kampf oder der Flucht verletzen. Ein anderer Teil unseres Immunsystems wird dafür heruntergefahren. Das ist der Teil, der uns vor kleinsten Eindringlingen schützt. Der Erkältungsvirus ist in der Situation unwichtig, um den kann sich das System später kümmern – jetzt geht's ums Überleben.

Zusammenfassung Franky:
Unser Organismus verzichtet auf Schlaf, Regeneration, Immunabwehr, Verdauung, Denken und Sex. Es geht lediglich ums Überleben.

Autonomes Nervensystem

Gesteuert wird unser Reiz-Reaktions-System vom autonomen Nervensystem *(ANS)*. Wie das Wort autonom vermuten lässt, geschieht das automatisch, also ohne unser bewusstes Zutun.

Das autonome Nervensystem hat zwei Spieler:

den Sympathikus = Gaspedal
den Parasympathikus = Bremse

Gas und Bremse sind ursprünglich dafür ausgelegt, sich ständig abzuwechseln. Sie sollten sich, wie bei einer alten, analogen Waage, im Gleichgewicht halten. Dann ist das System gesund und entspannt.

Auf das Beispiel mit dem Säbelzahntiger angewendet: Der Säbelzahntiger kommt ins Blickfeld *(Reiz)* – der Organismus reagiert mit Stresshormonausschüttungen *(Reaktion)*. Das Gaspedal wird automatisch getreten. Wir schaffen es, dem Tod zu entrinnen.

Danach entspannen wir uns in unserer Höhle. Hierdurch wird die Bremse getreten. Unser ANS kommt in die Waage.

Stress stellt somit kein Problem dar. Wir haben unser Reiz-Reaktions-System und können dadurch wunderbar auch mit starken Stressreizen umgehen. Solange sich unser ANS im Ausgleich befindet, gibt es kein Problem.

Zum Problem wird Stress, wenn der Stresslevel dauerhaft erhöht wird und bleibt.

Je mehr Reize ohne Pause eintreffen, desto erschöpfter wird der Frontallappen, ähnlich wie ein Muskel, der über längere Zeit beansprucht wird. Gleichzeitig beginnt ein anderer Bereich in unserem Gehirn vermehrt zu arbeiten – die Amygdala. Die Amygdala wird unter anderem als unser Emotions- und Angstzentrum bezeichnet. Unsere Emotionen nehmen überhand und es fällt uns immer schwerer, diese zu steuern und zu kontrollieren. Wir reagieren emotional über, so wie wir im ausgeruhten Zustand in der gleichen Situation nie reagieren würden. Banal-Stressoren erscheinen plötzlich riesengroß.

Kennen Sie das, dass Sie in bestimmten Situationen schon einmal überreagiert haben, dem Gegenüber etwas an den Kopf geworfen haben, das Ihnen direkt danach schon leidtat. Aber nun war es raus und »das Kind in den Brunnen gefallen«. Ihr Frontallappen war erschöpft und eine Selbstregulation nur noch bedingt möglich.

Genau wie ein Muskel benötigt auch Ihr Gehirn zwischen den Reizen eine Pause. An- und Entspannung sollten sich abwechseln, damit Ihr ANS in der Waage bleibt.

Kleiner Exkurs: Bewusstsein und Unterbewusstsein

Unser Unterbewusstsein regelt 95–98 Prozent unseres Lebens. Ja, nur 2–5 Prozent steuern wir bewusst selbst. Das wird für den einen oder anderen, der sich mit diesem Themenbereich vorher noch nicht beschäftigt hat, wahrscheinlich erst einmal schwer zu begreifen sein.

Um diese Zahlen zu verdeutlichen, hier zwei Beispiele sowie eine kleine Übung:

1. Allein bei einem Stressreiz werden binnen Millisekunden Tausende chemische Reaktionen im Organismus ausgelöst. Keine davon steuern wir bewusst und auch keine der daraus resultierenden Veränderungen im Denken, Fühlen und Verhalten. Wir sind auf Autopilot geschaltet.
2. Wenn wir uns an unsere erste Fahrstunde erinnern, dann war diese Stunde wahrscheinlich anstrengend und stressig. Alles war neu und musste bewusst gesteuert werden. Wir wären nicht auf die Idee gekommen, kurz rechts ran zu fahren, einen Coffee to go zu holen, die Musik laut aufzudrehen und tiefsinnige Gespräche mit dem Fahrlehrer zu führen. Wir waren mit dem Fahren mehr als genug beschäftigt. Natürlich gehören auch heute beide Hände ans Lenkrad. Jedoch sind die mechanischen Abläufe beim Fahren automatisiert. Wenn wir uns den Schulterblick angewöhnt haben, dann machen wir ihn, wir denken aber nicht vorher darüber nach. So verhält es sich in den meisten Situationen des Alltags. Alles, was wir häufig tun, automatisiert sich, damit wir Kapazitäten für Neues und Wichtiges frei haben.
3. Probieren Sie es anhand der folgenden kleinen Übung doch einmal selbst aus, wie gut Ihr Unterbewusstsein für Sie arbeitet. Lesen Sie bitte den folgenden Text in Ruhe durch:

D1353 M17731LUNG
D13N7 4L5 B3W315
D4FU3R, W45 FU3R
3R574UNL1CH3 D1NG3
UN53R V3R574ND
L31573N K4NN!
B331NDRUCK3ND!
4M 4NF4NG W4R'S
5CHW3R 4B3R
J37Z7, 1N D1353R
Z31L3 L1357 35 D31N
V3R514ND 4U70M4715CH
0HN3 D4RU3B3R
N4CHZUD3NK3N!
NUR B3571MM73
M3N5CH3M
KO3NN3N D45 L353N.

Na, wie war das? Die ersten paar Zeilen waren vielleicht ein wenig verwirrend. Hier musste Ihr Bewusstsein noch ein wenig mitarbeiten. Doch dann haben Sie begriffen, wie es funktioniert, und danach hat Ihr Unterbewusstsein die fehlenden Buchstaben eingesetzt. Wenn Sie so einen längeren Text lesen würden, dann würden Sie nach kurzer Zeit genauso zügig lesen wie gewöhnlich. Es würde entspannter werden. Ihr Unterbewusstsein hilft Ihnen in diesem Fall. Das ist günstig für Sie und Ihren Stresslevel.

Diese Übung funktioniert übrigens nur, wenn wir eine Sprache richtig gut erlernt haben, also am besten in unserer Muttersprache.

Warum regelt unser Unterbewusstsein so viel und unser Bewusstsein so wenig? Dafür muss es doch Gründe geben.

1. In unserem Unterbewusstsein befinden sich auch unsere Instinkte. Wenn es um Leben und Tod geht, dann macht es nichts, wenn's auch mal schnell geht. Unser Bewusstsein können Sie sich als kurvige Landstraße durch den Wald vorstellen.
2. Unser Unterbewusstsein kann viel, viel mehr Reize verarbeiten, als unser Bewusstsein das vermag, und hält ihm den Rücken frei.
3. Unser Bewusstsein benötigt mehr Energie für seine Arbeit. Das Unterbewusstsein übernimmt die Hauptarbeit und versucht, so gut es geht, energiesparend ohne uns zurechtzukommen.

Grundsätzlich ist der Ablauf zu unserem Besten und soll uns das Leben vereinfachen. Und das tut es in ganz vielen Situationen. Denn wenn wir wiederholende Tätigkeiten nicht automatisieren würden, dann würden wir heute noch jedes Mal so angespannt Auto fahren wie in der ersten Fahrstunde. Das wäre stressig. Der Automatisierungsprozess schafft uns freie Kapazitäten, damit wir Neues aufnehmen und dazulernen können. Unser Unterbewusstsein schützt uns. Es gibt bei uns keine freilaufenden Raubtiere mehr, jedoch genügend andere Gefahren. Es ist toll, dass unser Unterbewusstsein auch heute noch auf uns aufpasst. Wenn wir beispielsweise den Gehweg entlanglaufen und auf unserem Smartphone tippen, dann ist unser Bewusstsein damit beschäftigt und ausgelastet. Unser Unterbewusstsein bekommt im Augenwinkel jedoch noch alles andere mit, und wenn an der Ecke der Bus kommt, dann bleiben wir automatisch stehen und werden nicht überfahren.

Zusammenfassung Franky:
Stress ist ein uraltes Reiz-Reaktions-System – ein Überlebenssystem. Geregelt wird es vom ANS. Wir brauchen Stress, damit unser ANS im Gleichgewicht ist. Kein Stress ist keine Lösung. Zu viel Stress ist jedoch ebenfalls keine Lösung. Die Reaktionen im Organismus laufen unbewusst ab. Daher ist ein Einwirken auf die Reaktionen schwierig. Wenn wir etwas ändern wollen, dann sollten wir schon vorher ansetzen – bei den Reizen.

Stressreize

Es gibt viele mögliche Reize, die stressen können.

Welche Reize stressen Sie? Welche unterschiedlichen Reize führen in Ihrem System zur immer gleichen Reaktion?

Bitte tragen Sie Ihre Stressreize auf den freien Zeilen ein. Es geht um alle Reize, die Sie in Ihrem Alltag als Stress wahrnehmen, auch die kleinen, nervigen Reize. Nehmen Sie sich ein wenig Zeit und füllen Sie ganz in Ruhe aus.

____

____

____

Lassen Sie mich raten. Haben Sie Stressreize eingetragen, die den Folgenden ähneln?

Zeitdruck, Leistungsdruck, Erwartungen, viele Dinge gleichzeitig erledigen, Störungen, Doppelbelastung, Informationsflut, Entscheidungen treffen, andere Personen, Lärm, Straßenverkehr …

Es werden wahrscheinlich nicht alle Punkte mit Ihren übereinstimmen. Falls Sie jedoch ähnliche Punkte aufgeführt haben, muss ich Ihnen leider sagen, dass mir das viel zu ungenau ist. Seit Jahren bekomme ich in meinen Seminaren ähnliche Antworten auf diese Frage.

Wir sind hier in der Analysephase. Wir wollen **Stress E-rkennen.** Nur wenn Sie Ihre Stressoren ganz genau benennen können und genau wahrnehmen, in welchen Alltagssituationen Sie in Stress geraten, können Sie das zukünftig auch ändern. Generalisierte Oberpunkte wie Zeitdruck, die Kollegen etc. bringen Sie da leider keinen Schritt weiter.

Ein Beispiel: Herbert kommt abends nach Hause und ist platt. Was für ein Tag. Er war den ganzen Tag nur in Eile und permanent kam etwas dazwischen. Kaum, dass er mal mit den wichtigen Aufgaben angefangen hatte, wurde er schon wieder gestört. Dann sind da die anderen Menschen, die ihn nerven. Der doofe Chef, die doofen Kollegen und erst recht die noch dooferen Kunden – ach, alle doof. Und auf nichts kann man sich heute noch verlassen, alles muss man selber machen und ständig will jemand noch etwas von einem. Und dann noch die Informationsüberflutung auf allen Kanälen. Und wenn man dann nach Hause will, steht man im Stau. Als wenn der Tag nicht anstrengend genug gewesen wäre, geht der Stress zu Hause nahtlos weiter. Die nervenden Kinder, die schlecht gelaunte Frau ...

Herbert hat Stress, zweifelsohne. Was würden Sie ihm raten, damit es besser wird? Wechseln Sie doch mal in die Perspektive des Coaches.

Genau, das ist bei diesem Beispiel gar nicht so einfach. Die Schilderung ist viel zu allgemein und unspezifisch, als dass man konkrete Stressauslöser ausmachen könnte. Ohne die genauen Auslöser zu kennen, ist es unmöglich, Herbert konkrete Tipps und Ideen an die Hand zu geben, die ihm im Alltag weiterhelfen.

Ein Auszug möglicher Fragen an Herbert, um die Stressoren einzukreisen, könnten für den Punkt » ... - ach, alle doof« wie folgt lauten: Sind wirklich alle und immer doof? Falls dem so ist, dann wechseln Sie unbedingt den Job und die übrigen Lebensumstände. Das hat nichts mit Ausweichen zu tun. 100 Prozent doof auf Dauer funktioniert nicht. Falls doch nicht alle immer doof sind: Welche Menschen im Umfeld sind doof? Welche davon sind immer doof und welche nur manchmal? Warum sind sie manchmal doof und manchmal nicht? Liegt es an der Tagesform der anderen oder der eigenen? Oder liegt es an den Rahmenbedingungen bzw. der Situation selbst? Ist es deren Verhalten, die Art der Kommunikation oder etwas, das Herbert nur so vorkommt? War das schon immer so? Erinnert sich Herbert dadurch an frühere Situationen mit anderen Menschen, in denen es ähnlich war? ...

Sie sehen schon, es geht nicht um oberflächliche, vorgeschobene Floskeln. Wir brauchen die stressauslösenden Reize genauer. Es geht um ehrliche, objektive Selbstreflexion.

Was steckt ganz konkret hinter dem Reiz? Ist es wirklich der Reiz, der Stress auslöst, oder ist der vielleicht nur vorgeschoben? Löst dieser Reiz immer Stress aus oder nur manchmal? Wann tut er es und wann nicht, und wo ist der häufig so kleine Unterschied?

Wir hatten im ersten Beispiel den Säbelzahntiger als Reiz gewählt und festgestellt, dass bei jedem die gleiche Reaktion ausgelöst werden würde. Nehmen wir ein ähnliches Beispiel und ersetzen den Reiz *(Säbelzahntiger)* durch einen anderen Reiz *(den Chef)*.

Anne sitzt mit ihren Kollegen im Meetingraum. Die Tür geht auf und der Chef stürmt herein. Der Chef ist ein Choleriker, dem regelmäßig der Kragen platzt. Alle Kollegen kennen das schon. Er knallt die Tür zu und ehe jemand einen Ton sagen kann, schreit er los und faltet die ganze Mannschaft zusammen. Der Reiz *(Verhalten des Chefs)* ist für alle in diesem Fall gleich, visuell und akustisch. Die Reaktion ist in diesem Fall jedoch, im Gegensatz zum Säbelzahntiger, nicht bei allen gleich. Es wird Kollegen im Kreis geben, die erstarren und sich totstellen, als wenn der Tiger im Raum wäre. Anne gehört dazu. Sie reagieren auf den Reiz «Chef« mit der Ausschüttung der Stresshormone. Es wird andere Kollegen geben, die haben ein bisschen Stress, können diesen aber, im Gegensatz zu Anne, recht schnell nach dem Meeting abschütteln und normal weiterarbeiten. Und dann wird es auch Kollegen im Raum geben, die denken: »Okay, es ist mal wieder so weit. Ist zwar nicht schön, aber wir wissen ja, dass dem Chef nach spätestens 5 Minuten die Puste ausgeht. Das geht bei mir jetzt in ein Ohr rein und aus dem anderen wieder raus.« Diese Kollegen haben keinen Stress. Das heißt: Der Reiz, der für alle im Raum visuell und akustisch der gleiche ist, löst nicht bei allen die gleiche Reaktion aus. Da muss also noch etwas zwischen Reiz und Reaktion sein.

Was das ist, schauen wir uns zu einem späteren Zeitpunkt an. Denn für ein umfassendes Verständnis und eine daraus abgeleitete praktische Umsetzung bezüglich Ihrer Stressoren brauchen wir noch ein paar weitere Punkte. *Falls Sie es nicht abwarten können, in Teil III finden Sie Kill deinen Stress rational die Ausführungen zur Um-Bewertung.*

Wir sind nun schon mitten in der bereits angesprochenen Selbstreflexion. Nehmen Sie sich Zeit dafür. Es ist gut investierte Zeit und wird Ihnen die Arbeit zum späteren Zeitpunkt deutlich vereinfachen. Wenn es in Kapitel 3 um die Möglichkeiten der Stressreduktion geht, werden Sie sich freuen, die Analyse ausführlich gemacht zu haben.

Ich möchte, da mir das Thema wirklich ernst und wichtig ist, an einem ausführlichen Beispiel verdeutlichen, was hinter einem banalen Stressor stecken kann und wie komplex teilweise die Zusammenhänge sind.

Als ich in meinen Anfängen als Personal Trainer gearbeitet habe, hatte ich einen Kunden, der immer zu spät kam. Es ging nicht um 5 Minuten, sondern er kam regelmäßig 15, 20, teilweise 30 Minuten zu spät. Abgesehen davon, dass mich das teilweise in zeitliche Bedrängnis brachte, da ich häufig Anschlusstermine hatte, war das auch emotional stressig für mich. Ich fühlte mich nicht wohl, ich war enttäuscht. Aber ich konnte diesen Stress nicht richtig greifen bzw. verstehen, warum mich das emotional stresste. Und es wurde nicht besser, eher schlimmer. Schon auf dem Weg zum Termin mit diesem Kunden war ich innerlich angespannt, saß dann am Treffpunkt und wartete, schaute dauernd auf die Uhr und ärgerte mich. »Wie lange muss ich heute noch auf ihn warten?«

Ich traute mich damals nicht, dieses Thema anzusprechen. Ich stand am Anfang meiner Karriere als Personal Trainer. Das Training machte Spaß und war effektiv, wir beide verstanden uns prima. Alle anderen Komponenten stimmten. Diesen Kunden konnte ich doch nicht wegen dieser einen Sache verärgern. Das war meine damalige Einstellung.

Nach einer Weile wurde die Beziehung persönlicher. Alles war nett, schön und unkompliziert. Eine Sache jedoch blieb konstant. Er kam immer zu spät, egal wo und mit wem wir uns trafen.

Bei einer dieser Situationen ging mir plötzlich ein Licht auf. Für den Kunden hatte Pünktlichkeit keinen hohen Wert. Er war notorisch unpünktlich. Und das meinte er keineswegs böswillig.

Bei mir hingegen hat Pünktlichkeit einen hohen Wert. Ich bin immer ein paar Minuten zu früh da, und es ist mir sehr wichtig, dem anderen zu zeigen, dass er und der Termin mit ihm mir wichtig ist. Und natürlich erwarte ich im Umkehrschluss dasselbe von meinem Gegenüber. Kommt jemand zu einem Termin mit mir zu spät, dann fühle ich mich im tiefsten Inneren nicht wertgeschätzt.

Das verletzt mich und mein Organismus reagiert mit Stress. Außerdem komme ich selbst in Verzug und kann meinen eigenen Wert nicht leben. Ich komme zu spät zu meinem Anschlusstermin, obwohl ich das nicht will.

Der bei mir stark ausgeprägte Wert Pünktlichkeit hat zu einem Glaubenssatz geführt.

Wenn ich pünktlich bin, dann muss der andere auch pünktlich sein. Das gehört sich so!

Es ist mein Glaubenssatz, und für meine Wertvorstellungen fühlt er sich richtig an. Er ist aber nicht für jeden richtig beziehungsweise stellt nicht die einzige Wahrheit dar. Dass ich pünktlich bin, verpflichtet mein Gegenüber zu nichts. Als ich erkannt hatte, dass ein ganz anderer Grund dahintersteckte und der Kunde mit diesem Verhalten keineswegs meine Person verletzen wollte, sondern ganz einfach eine andere Wertestruktur hatte, war ich nicht mehr gestresst. Ich habe meinen Glaubenssatz aufgebrochen, und das war für mich an dieser Stelle in Ordnung. Ich konnte mit dem Kunden nun anders umgehen. Ich war von nun an entspannt. Der Kunde kam natürlich weiterhin zu spät, so wie immer. Meine Erkenntnis hatte keine Auswirkungen auf die Situation. Und ich war weiterhin pünktlich, denn nur wegen einer solchen Situation schmeiße ich natürlich nicht meine komplette Wertestruktur über den Haufen. Aber mich hat die Unpünktlichkeit dieses Kunden nicht länger gestresst. Ich hatte begriffen, dass ich meinen Kunden nie zur Pünktlichkeit erziehen können würde, plante immer einen zeitlichen Puffer ein, und nutzte die Zeit, bis mein Kunde eintrudelte, beispielsweise um zu lesen.

Ein auf den ersten Blick einfacher Stressor – Kunde kommt zu spät *(Reiz)*, ich habe Stress *(Reaktion)*. Auf den zweiten Blick war das ein Problem, das tief in die Struktur ging. In dem Moment, in dem man das Problem erkannt hat und emotional einordnen kann, kann man es ändern und diesen Stressor ausschalten. Das Resultat: Der Stresspegel sinkt, und genau das ist das Ziel.

Beim längeren Nachdenken über die Dinge, die Sie stressen, werden Sie einige Stressoren auf Ihrer Liste haben, die ganz eindeutig sind, ohne dass Sie viel überlegen müssen. Das ist einfach und spart Zeit.

Ganz sicher steckt aber bei einigen Stressoren beim näheren Betrachten etwas ganz anderes dahinter. Jeder von uns ist ein anderer Stresstyp. Wenn die Stressoren gedrückt werden, empfindet man Stress, und häufig weiß man gar nicht, warum das so ist. Und genau deshalb dürfen Sie sich ein bisschen Zeit für das Aufschreiben Ihrer Stressoren nehmen. Hinterfragen Sie Ihre Stressreize genau. Suchen Sie nach möglichen Hintergründen. Reflektieren Sie Ihr eigenes Denken und Handeln.

Ich habe für die Praxis einen Fragenkatalog zusammengestellt. Gehen Sie mit diesem Fragenkatalog Ihre Punkte von vorhin nun ganz in Ruhe durch. Überlegen Sie anhand des Katalogs, ob Ihnen noch weitere Punkte einfallen. Notieren Sie auf den freien Zeilen, und falls der Platz nicht reicht, auf einigen extra Blättern, so genau es Ihnen möglich ist, was Sie in Ihrem Alltag in Stress versetzt.

Einen Tipp noch für die Praxis: Schreiben Sie alles, was Sie in Ihrem Alltag stresst, auf die Liste, auch wenn es Ihnen im ersten Moment banal erscheint. Bewerten, streichen oder weiterentwickeln können Sie später. Erinnern Sie sich, die Banal-Stressoren sind es, die im Alltag das Fass zum Überlaufen bringen.

Wenn Ihnen beim Erstellen dieser Liste zum Beispiel in den Kopf kommt, dass Sie morgens immer Stress haben, weil Sie Ihren Wecker noch einmal 10 Minuten weiter stellen, nachdem er das erste Mal geklingelt hat und Sie dadurch unter Zeitdruck geraten, dann gehört das auf die Liste. Man ist häufig dazu geneigt, das als Banalität abzutun. »Das ist ja nun mein eigenes Problem. Das muss ich einfach sein lassen. Das brauche ich hier nicht aufzuschreiben – ist ja peinlich.« Wenn Sie es jetzt nicht auf Ihre Liste setzen, ist es ganz schnell wieder aus dem Kopf. Es stresst Sie zukünftig weiter, da Sie nämlich vergessen, es konsequent zu ändern bzw. nach den ersten geglückten Versuchen in alte Muster zurückfallen.

Es geht hier um den ersten Schritt. Alles aufschreiben und die Ursache ergründen. Die weitere Arbeit mit Ihrer Liste folgt dann später.

Frankys Praxisanleitung: Stressoren-Analyse

- *Welche Situationen lösen Stress aus?*
- *Sind Menschen daran beteiligt bzw. sind sie die Auslöser?*
- *Ist es die Situation / Tatsache, die Stress - auslöst, oder steckt etwas anderes dahinter?*
- *Was genau löst den Stress aus?*
- *Ist es ein Impuls von außen oder innen?*
- *Ist es das Verhalten des Gegenübers, seine Kommunikation oder gar die reine Anwesenheit der Person?*
- *Steckt eine Erwartung dahinter?*
- *Ist es eine Erwartung an das Gegenüber, vom Gegenüber an Sie oder eine Erwartung, die Sie an sich selbst stellen?*
- *Stecken Werte, Einstellungen, Ihre Erziehung, Glaubenssätze dahinter? Wenn ja, welche?*
- *Wann genau merken Sie, dass Stress aufkommt?*
- *In der Situation?*
- *Leicht oder stark zeitverzögert?*

Wenn Sie sich ausreichend Zeit zur Erstellung Ihrer Liste genommen haben, dann ist diese Liste ein erster Schritt, um Ihre Wahrnehmung zu stärken. Mit Ihrer Wahrnehmung beginnt Ihre Veränderung.

Ohne dass ich jetzt an dieser Stelle weiteres Input gebe, werden Sie etwas verändern.

Sie dürfen diese Erkenntnisse gerne direkt in Ihrem Alltag umsetzen, denn Sie wissen ja, dass viele Kleinigkeiten eine Menge bewirken können. Mit jeder Kleinigkeit, die Sie ändern, gehen Sie die Stresstreppe eine Stufe herunter.

Frankys Selbstversuch:
Reflektieren Sie mithilfe Ihrer Liste täglich mehrfach ganz kurz, wann Sie Stress empfunden haben. Notieren Sie es, falls die Punkte noch nicht auf Ihrem Zettel stehen.
Heben Sie Ihren Zettel anschließend in diesem Buch auf. Wenn Sie im Teil 3 »Stress R-eduzieren« angekommen sind, können Sie immer wieder darauf schauen und überlegen, welche Stressoren Sie mit welchen Ansätzen und Techniken, die dort vermittelt werden, verbessern, verringern oder gar eliminieren können.

Hier habe ich Ihnen einen Auszug der übergeordneten Themen von Stressoren einer großen Umfrage der Techniker-Krankenkasse abgebildet. Die Oberpunkte sind für uns viel zu allgemein, und Sie wissen ja: Was die anderen stresst, ist für Ihren Stresslevel nicht von Bedeutung. Dennoch spiegelt dieses Ergebnis wider, dass hohe Eigenansprüche einen hohen prozentualen Anteil am Stressgeschehen einnehmen können, ebenso wie die Termindichte in der Freizeit. An beiden Punkten können Sie aktiv arbeiten. Tauchen diese Punkte bei Ihrer eigenen Analyse auch auf?

- Job 46 Prozent
- Hohe Eigenansprüche 43 Prozent
- Termindichte in der Freizeit 33 Prozent
- Straßenverkehr 30 Prozent
- Ständige digitale Erreichbarkeit 28 Prozent
- Konflikte mit nahestehenden Personen 24 Prozent
- Arbeitsbelastung im Haushalt 23 Prozent
- Kindererziehung 19 Prozent
- Finanzielle Sorgen 19 Prozent
- Besonders hoch lag der Stresspegel bei den Berufstätigen, die »always on« sind

Das Verhaltensmodell für Veränderungen

Wir haben von unserem Reiz-Reaktions-System nun die Reaktionen näher beleuchtet. Wir haben erkannt, dass die Reaktionen vom ANS ohne unser bewusstes Zutun gesteuert werden, und wir haben dann den Blick auf die Stressreize geworfen. Nun möchte ich das bisher Erlernte auf einen Blick in einem Modell darstellen.

Es gibt ein Außen. Dort gibt es viele verschiedene Reize. Unser Unterbewusstsein entscheidet, welche neuen Reize es in unser Bewusstsein lässt. Alle anderen Reize filtert unser Unterbewusstsein, damit unser Bewusstsein, von dem wir ja wissen, dass es pro Zeiteinheit nur 5–9 Informationen verarbeiten kann, nicht mit dem unwichtigen Ballast belastet wird. Die Reize beeinflussen bewusst und unbewusst unser Denken und unsere Emotionen. Je nachdem, wie wir über eine Situation denken bzw. wie wir uns in der Situation fühlen, so verhalten wir uns. Unser Stresslevel steigt an oder sinkt.

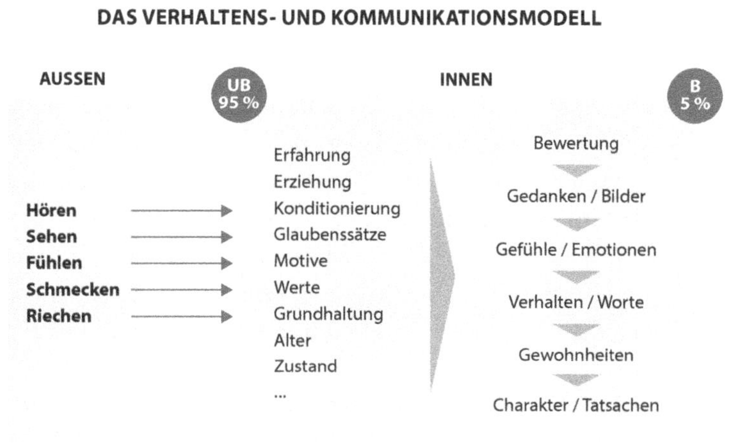

Grafik 5: Das Verhaltens- und Kommunikationsmodell

Wenn ich mir über Jahre angewöhnt habe, als Ausgleich zur Büroarbeit joggen zu gehen, dann ist das eine gesunde Gewohnheit. Ich werde diese Gewohnheit auch in stressigen Arbeitsphasen weiterführen, mein Körper verlangt ja danach. Da bei sportlicher Bewegung Stress abgebaut wird, wie wir im Kapitel Bewegung noch sehen werden, ist diese Gewohnheit im Stresskontext durchweg positiv zu bewerten.

In dem Moment, in dem ich jedoch erkenne, dass ich ein Verhaltens- und/oder Denkmuster automatisiert habe, das ungünstig für mich ist, wird es zum Problem. Ein Umlernen ist wesentlich schwieriger und zeitlich aufwändiger als neu zu lernen, so sagt die Wissenschaft und zeigt die Praxiserfahrung.

Herbert gerät auf der Arbeit in Zeitdruck, was bei ihm Stress auslöst. Das passiert regelmäßig, da er in der Logistik fast täglich Aufgaben zu erledigen hat, die ganz klar terminiert sind. Dabei darf es möglichst nicht zu Verschiebungen kommen. Unter Zeitdruck greift er in seine Schublade und pfeift sich unkontrolliert Naschis rein. Das macht er nun seit knapp 15 Jahren und hat so jährlich ca. 2 Kilo zugenommen.

Gesteuert wird dieser Mechanismus in seiner Schaltzentrale, seinem Gehirn. Herberts Gehirn verlangt nach Energie, da es durch den Stress stärker gefordert wird. Automatisch zieht seine Hand die Schublade auf, greift die Schoki oder die Gummitierchen und schiebt das Ganze in den Mund – man nennt das »Hand-Mund-Reflex«. Herbert bekommt das gar nicht richtig mit und wenn er abends sagen sollte, wie viele Gummitierchen er gegessen hat, kann er das nur grob schätzen.

Wenn Herbert diesen Mechanismus abstellen möchte, dann wird das nicht ganz einfach. Die gute Nachricht ist: Es ist sowohl wissenschaftlich möglich als auch schon tausendfach in der Praxis erprobt.

Unser Denken und Handeln ist wissenschaftlich dargestellt nichts anderes als elektrische Impulse im Gehirn. Die Gehirnzellen tauschen Informationen untereinander durch chemische Botenstoffe (Neurotransmitter) über die Synapsen aus. Jede einzelne Gehirnzelle kann bis zu 30.000 Verbindungen eingehen, das ist eine riesige Zahl. Wenn unsere Gehirnzellen sich verbinden, spricht man davon, dass sie gemeinsam feuern. Über Nervenverbindungen werden diese Impulse in den Körper weitergeleitet. Muskeln spannen sich an und wir bewegen uns. Unterschiedliche Drüsen senden Hormone und andere Botenstoffe aus, wir empfinden Emotionen und je nachdem, wie wir uns emotional fühlen, verhalten wir uns.

Zu Beginn ist eine Verhaltensänderung schwer. Wenn man nun unter Zeitdruck eine Atem- und Bewegungsübung durchführt, anstatt in die Süßigkeitenkiste zu greifen, so verlangt der Körper zunächst weiterhin nach seiner Belohnung, den altbekannten Naschis. Bleibt man aber konsequent, so wird die alte Verbindung »Stress-Naschi« abgebaut und eine neue entsteht.

Wenn man dann nach einiger Zeit spürt, dass sich das neue Verhalten gut anfühlt, guttut und hilft, den Stress zu minimieren, dann beginnt das Belohnungssystem zu arbeiten. Das neue Verhalten wird nach und nach mit Dopamin belohnt. Die eigenen Gedanken, Einstellungen und Herangehensweisen an dieses neue Verhalten sind dafür sehr entscheidend, wie wir später noch sehen werden. Mit jeder neuen Benutzung der

Synapsenverbindung, wird diese stärker und dicker und automatisiert sich mehr.

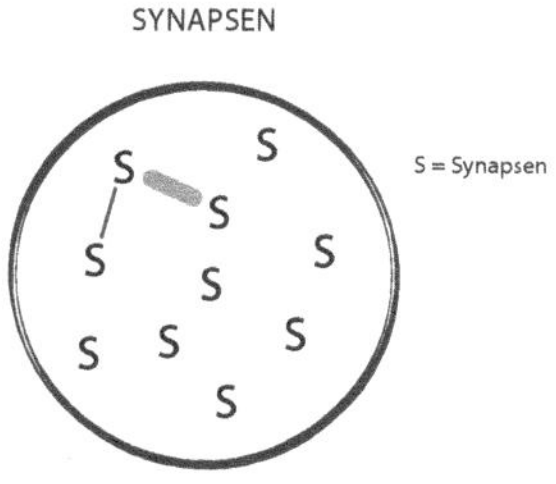

Grafik 6: Synapsenverbindungen

Frankys Tipp:
Hier kommt die gute Nachricht:
Sie können sich verändern. JEDER und IMMER. Ich hasse Verallgemeinerungen, in diesem Fall sind sie jedoch ganz bewusst angewendet. JEDER und IMMER!
Einen kleinen Zusatz muss ich hier einschieben: Sie können sich verändern, wenn Sie es wirklich wollen!!!

Damit ist Ihre Ausrede weg, schon bevor es mit der Praxis in Kapitel 3 losgeht. »Ich kann das nicht. Ich konnte das noch nie. Das liegt mir einfach nicht.« Falls Sie solche Gedanken oder Aussprüche von sich oder anderen kennen, dann können Sie diese »Ausreden« jetzt gedanklich schon einmal streichen.

Sie können sich verändern. Sie können Ihr Leben lang dazulernen und Sie können Ihr Leben lang umlernen. Sie können Ihren Stresslevel senken. Sie können natürlich auch alles so lassen, wie es ist. Es ist Ihre Entscheidung!

Ihr Gehirn ist plastisch und kann Ihr Leben lang neue Neuronenverbindungen eingehen.

Wie viele Versuche braucht ein Kind, um Laufen zu lernen? Es sind mehr als 1000 Versuche.

Mehrere tausend Male zieht ein Kind sich an der Tisch-, Sofa- oder Bettkante, an Mamas und Papas Bein hoch, fällt hin und probiert es gleich wieder. Irgendwann sind die Neuronenverbindungen so dick und die Impulse an den Körper so gut, dass Gehirn, Nerven und Muskeln als Einheit zusammenarbeiten und dann hat es geklappt. Das Kind kann diese hochkomplexe Aufgabe meistern und laufen. Heute müssen wir dazu nicht eine Sekunde bewusst nachdenken, außer wir haben gerade im Wetttrinken gegen einen Bierbrauer den Kürzeren gezogen.

Zurück zum Thema. Wie ist es heute bei einer Veränderung. Herbert möchte seine Naschis weglassen, denn sein Arzt hat ihm dringend von den Naschis und ein paar anderen Dingen abgeraten. Herbert hat einige bedenkliche Werte und auch schon massive gesundheitliche Probleme. Herbert hat sich das nun fest vorgenommen. Die ersten drei Tage läuft es gut, doch schon am vierten Tag greift er zum verbotenen Süßen. Danach ärgert er sich maßlos über sich selbst und beschimpft sich selbst. Herbert geht hart mit sich ins Gericht. Kennen Sie das auch? Wir sind mit uns häufig viel strenger als wir es bei anderen wären. Herbert nimmt am nächsten Tag einen neuen Anlauf. Dieses Mal schafft er nur zwei Tage und sündigt schon am dritten Tag. Spätestens nach dem dritten Anlauf schmeißt Herbert das Handtuch. Der Arztbesuch ist ja auch schon eine Woche her, die mahnenden Worte vom Arzt sind verklungen. Herbert ergibt sich seinem Schicksal und macht weiter wie bisher.

Viele geben bereits nach den ersten missglückten Versuchen auf.

Ein krabbelndes Kind sieht etwas. Und dann ist ein gesundes Kind nicht mehr aufzuhalten. »Geht nicht gibt's nicht.« Das ist das Kinderprogramm. Die 1000 Versuche werden gnadenlos durchgezogen, ohne Rücksicht auf Verluste. Dabei fällt der Krabbler nicht nur im sprichwörtlichen Sinne auf die Nase.

Dieses Programm geht uns mit der Zeit leider verloren. Wir bekommen Dinge anerzogen, über die Medien oder andere Kanäle, die fragwürdig sind: »10 Kilogramm abnehmen in 10 Tagen«, »Sixpack in 7 Tagen«, das sind wiederkehrende Slogans der Fitness-Magazine. Wir wollen höher, schneller und weiter in allen

Lebenslagen. Während wir heranwachsen, bekommen wir Dinge eingeredet oder wir reden uns Dinge selber ein, die gar nicht stimmen: »Nein, das kannst Du nicht. Nein, lass das sein, das ist gefährlich ...« Bis zum 12. Lebensjahr hört ein Kind auf jedes »Ja« im Durchschnitt 13-mal »Nein«.

Das macht Veränderung nicht unbedingt einfacher.

Fakt 1 ist: Auch kleine Veränderungen benötigen ein wenig Zeit. Die dürfen wir uns nehmen und üben, wiederholen, trainieren.

Fakt 2 ist: Für eine kleine Veränderung, die Naschis wegzulassen, Bewegung in den Alltag einzubauen, regelmäßig Entspannungsübungen für den eigenen Stresslevel zu machen etc. können wir zugunsten des Stresslevels ALLE genügend Disziplin aufbringen und haben die entsprechenden Fähigkeiten. Reden Sie sich nicht nach drei halbherzigen Versuchen ein, dass Sie das nicht können.

Es gibt Hunderttausende da draußen, die eine solch kleine Veränderung erfolgreich durchlebt haben. Es gibt allerdings noch viel mehr da draußen, die es probiert und nicht geschafft haben.

Zu welcher Gruppe Sie gehören möchten, entscheiden allein Sie!

Stellen Sie sich ein Ruderboot vor. In diesem Ruderboot sitzen zehn Mann. Neun davon sind durchtrainierte, kräftige Ruderer und einer ist ein Bürotäter, klein und mit dünnen Armen. Die neun Athleten rudern in eine Richtung, nach links, und der kleine Bürotäter rudert in die entgegengesetzte Richtung, nach rechts. Wohin steuert das Boot?

Natürlich nach links.

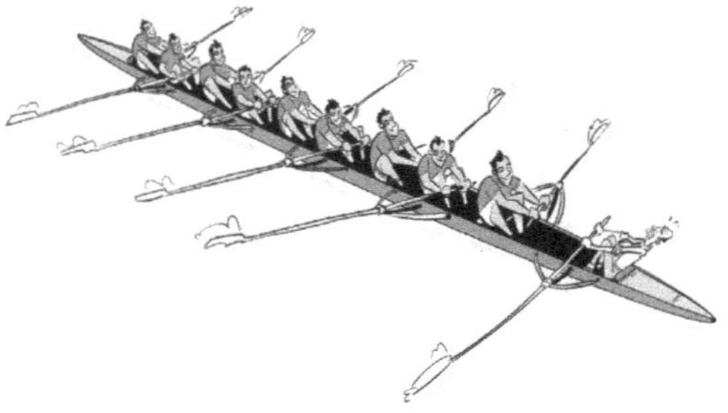

Grafik 7: Bewusstsein und Unterbewusstsein in einem Boot

So gehen leider ganz viele an eine Veränderung heran. Sie nehmen sich bewusst vor, etwas zu verändern, gehen das in Gedanken durch und nehmen sich dann nicht die Zeit, es wenigstens aufzuschreiben. Am nächsten Tag rudern Sie mit ihrem Bewusstsein los. In den darauffolgenden Tagen überrennt sie der normale Wahnsinn, mit so vielen Dingen, die sie tun müssen, an die sie denken müssen et cetera. Sie schalten auf Autopiloten und benutzen die alten Neuronenverbindungen. Die neun Athleten, die das Unterbewusstsein symbolisieren, rudern in den alten Mustern weiter, in die entgegengesetzte Richtung, so wie bisher. Die vorgenommene Veränderung scheitert.

Frankys Tipp:
Wenn Sie wirklich etwas verändern möchten, dann rudern Sie mit allen zehn Mann im Boot zusammen in die Richtung, in die Sie wirklich wollen.

Stress auf Zellebene

Bisher haben wir Stress über Reize hergeleitet, die zu biochemischen Reaktionen in unserem Organismus führen. Die Hormone, Neurotransmitter und anderen Stoffe, die bei der Stressreaktion ausgeschüttet werden, werden zumeist in Drüsen, manche auch im Gehirn selbst und wieder andere im Darm produziert. Andere Stoffe, die Stress entgegenwirken, werden ebenfalls in diesen Bereichen produziert und ausgeschüttet. Hierfür wird Energie benötigt. Wie geschieht das eigentlich? Was braucht es dafür, damit alles reibungslos abläuft?

Könnte es möglich sein, dass durch Dauerstress und/oder fehlende Stoffe im Organismus bestimmte dieser benötigten Stoffe nicht mehr in ausreichender Menge produziert werden können? Wäre es denkbar, dass durch einen heruntergefahrenen Zellstoffwechsel keine Energie mehr zur Verfügung steht, um Stressreizen entgegenzuwirken?

Ist der Grund für den niedrigen Hormon- bzw. Neurotransmitterspiegel oder den gesenkten Stoffwechsel dann der Stressreiz von außen oder empfinden wir den Stress erst als solchen, weil eben diese Stoffe fehlen? Was war zuerst da? Das Huhn oder das Ei?

Unser Organismus besteht aus ca. 100 Billionen Körperzellen. Es gibt viele unterschiedliche Zellen mit unterschiedlichen Aufgaben. Damit unser Organismus einwandfrei funktioniert und gesund bleibt, verändern sich unsere Zellen, teilen sich, bauen sich ab und setzen sich wieder neu zusammen – es findet Stoffwechsel statt. Unter anderem wird dabei Energie frei, die wir benötigen. Unsere Energie entsteht also in unseren Zellen, genauer gesagt, in den Kraftwerken unserer Zellen, den sogenannten Mitochondrien. Jede Zelle hat viele dieser Kraftwerke. Viele Zellen mit vielen Kraftwerken sind wie Industriegebiete.

Für die Stoffwechselvorgänge in unserem Organismus benötigen unsere Kraftwerke Brennmaterial. Neben Sauerstoff und Flüssigkeit gehören hierzu auch bestimmte Nährstoffe.

Eine Blume benötigt vier essenzielle Dinge, um zu leben: Erde, Wasser, Licht und Luft. Hat sie alle vier, dann wächst und gedeiht sie. Nimmt man der Blume eines dieser vier Dinge, dann geht sie ein. Selbst wenn wir einen Gärtner beauftragen, der die Blume optimal mit den anderen drei Dingen versorgt, sie hegt und pflegt, schafft er es nicht, sie am Leben zu erhalten.

Bei uns Menschen sind es 47 essenzielle Nährstoffe, die unser

Organismus benötigt und nicht selbst herstellen kann. Wir sind also ein kleines bisschen komplexer als die Blume. Fehlt einer dieser Nährstoffe, dann führt das zu Engpässen im Stoffwechsel und auf Dauer zu Problemen.

Je nach Ausmaß des Mangels sprechen wir von Symptomen (Müdigkeit, Antriebslosigkeit, Energiemangel, Schlafstörungen, Konzentrationsstörungen etc.) bis hin zu schweren Krankheiten (Depressionen, Stoffwechselerkrankungen, Herz-Kreislauf-Erkrankungen etc.).

Wenn man sich mit dieser Sichtweise die Spitze des Eisbergs anschaut, das Burnout-Syndrom, kann man Zusammenhänge erkennen. Wenn man Burnout-Patienten befragt, dann fühlen die sich nicht nur müde und energiearm, sondern komplett energieleer. Der Name ist Programm: Burnout = ausgebrannt. Die Patienten sind ausgebrannt.

Mittels neuester Messmethoden konnte man nachweisen, dass bei Burnout-Patienten sehr häufig Leistungsstörungen in den Kraftwerken vorhanden sind. Diese Leistungsstörungen könnten einer der (Mit-)Auslöser von klassischen Symptomen und sogar am Burnout selbst beteiligt sein. Noch gibt es hierzu keine endgültigen Ergebnisse. Wenn man ganz logisch über die skizzierten Zusammenhänge nachdenkt, ist es allemal Grund genug, eine solche These zu untersuchen, und hoffentlich Grund genug, diese Ansätze in Prävention und Therapie mit einzubeziehen.

Stress früher versus heute

Um zu verstehen, warum Stress heute zu einem so großen Problem geworden ist, müssen wir die Evolution ein kleines Stückchen zurückgehen.

Ich beschränke mich auf die Evolution in der Zeitspanne des Homo Sapiens (*Homo sapiens = verständiger, vernünftiger Mensch*). Knochenfunde aus Ostafrika besagen, dass unsere Spezies schon vor 150.000 Jahren dort gelebt hat. Vielleicht sind es

10.000 Jahre mehr oder weniger, dass spielt an dieser Stelle eine untergeordnete Rolle. Es geht mir darum, diese Zeitspanne ins Verhältnis zu unserer heutigen Zivilisationsgesellschaft zu setzen. In den letzten 200 bis 300 Jahren, angefangen mit der industriellen Revolution bis hin zu unserem heutigen Technologie- und Informationszeitalter, haben sich unsere Lebensumstände so rasant geändert wie nie zuvor in der Geschichte der Menschheit. Der Mensch hat sich seit damals jedoch genetisch so gut wie gar nicht verändert. Das hat Auswirkungen auf uns und auf das Thema Stress? 200–300 Jahre sind im Verhältnis zu 150.000 Jahren ein Wimpernschlag.

Was hatten wir zu dieser Jäger- und Sammlerzeit an Stressreizen/*Stressoren*?

Herberts Ururur…-Großvater vor 150.000 Jahren wurde von wilden Tieren gejagt, die ihn verspeisen wollten. Das war Stress. Es gab weder einen Kühlschrank noch einen Supermarkt um die Ecke. Daher musste Herberts Ururur…-Großvater selbst jagen und sammeln. Wenn ich mir vorstelle, mit einem selbstgebastelten Holzspeer loszuziehen, um beispielsweise ein Wildschwein zu erlegen – also ich hätte Stress. In unseren Breitengraden war zudem nicht das ganze Jahr Hochsaison. Neben dem teilweise recht dürftigen Angebot an Nahrung kamen Belastungen durch die unterschiedlichen Witterungsverhältnisse hinzu. Herberts Ururur …Großvater hatte im Gegensatz zu Herbert heute keine Funktionsklamotten mit Nanobeschichtung, und in den wenigsten Höhlen gab es Fußbodenheizung. Das waren Stressreize. Herberts Ururur…-Großvater musste sich auch nach körperlich anstrengenden Tagen fortpflanzen. Selbst wenn der Akt sich als solches bestimmt auch damals schon an der einen oder anderen Stelle gut angefühlt hat, es lief eher selten bei romantischem Kerzenschein mit Kuschelmusik und ausgiebigem Vor- und Nachspiel ab. Es ging um die Arterhaltung – das war Pflichtprogramm. Zu guter Letzt gab es andere Homo Sapiens. Die wollten die Höhle von Herberts Ururur…-Großvater streitig machen oder sich selbst auch mal mit dessen Gemahlin fortpflanzen. Damals wurden Konflikte mit der Keule ausgetragen. Das war Stress. Herberts Ururur...-Großmutter hatte zum Großteil die gleichen Stressreize wie ihr Mann. Statt zu jagen ging sie sammeln, wo ebenfalls Gefahren lauerten, und hatte dabei auch noch den Nachwuchs im Schlepptau.

Welchen Stressreizen sind wir heute in unserer Zivilisationsgesellschaft ausgesetzt? Sie haben Ihre Stressreize schon aufgeschrieben. Nehmen Sie bitte Ihre Stressorenanalyse zur Hand und vergleichen Sie Ihre Stressoren mit denen von Herberts Ururur...-Großvater bzw. Herberts Ururur...-Großmutter und Herbert im nächsten Beispiel.

Herbert hat heute als erstes eine wichtige Projektkrisenbesprechung mit dem Auftraggeber. Das Projekt droht ihm zu entgleiten. Herberts Frau leidet mal wieder an Migräne und kann nicht aufstehen. Warum eigentlich immer an solchen Tagen? Die pubertierende Tochter blockiert das Bad und er muss sich und seine 5-jährige Tochter fertig machen. Der Kleinen versucht er gerade zu erklären, dass das schöne Sommerkleidchen nicht zum regnerischen Novemberwetter passt, es sind 6 Grad, als endlich die Badezimmertür aufgeht und seine große Tochter in Minirock und Seidenstrumpfhosen vor ihm steht. Sind denn hier eigentlich alle verrückt geworden? Aber für Diskussionen bleibt jetzt keine Zeit mehr. Er ist schon zu spät dran. Endlich am Kindergarten angekommen, sprintet er mit seiner Kleinen durch den Regen und erntet beim Eintreten einen missbilligenden Blick der Kindergärtnerin – ein Sommerkleid bei diesem Wetter. Herbert eilt weiter und steckt plötzlich im Stau. Unangekündigt haben die einfach mal eine zweispurige Straße dicht gemacht. Gestern war hier noch alles frei – die spinnen doch. Auf der Arbeit angekommen, sind alle schon im Besprechungsraum. Der Kunde ist ungehalten und seine Assistentin kurz vorm Kreislaufkollaps, weil Herbert so spät kommt. Er kann mit viel Überzeugungsarbeit noch einmal eine Galgenfrist für das Projekt herausschlagen – na, wenigstens etwas. Herbert würde gerne kurz durchatmen, wenigstens einen Kaffee in Ruhe trinken – das wäre ein Traum. In dem Moment, als seine Assistentin ihm den Kaffee bringt, ruft sein Projektleiter des zweiten Großprojektes an. Er ist gerade in der Schweiz nach einem Skiunfall notoperiert worden und fällt vier Wochen lang aus – Scheiß auf den Kaffee, jetzt muss improvisiert werden. Warum gibt es überhaupt Urlaub und warum kann man Angestellten Extremsport nicht verbieten. Kann der sich nicht wie jeder normale Mensch an einen Pool legen und lesen …?! Wie ferngesteuert fährt Herbert gegen 21:00 Uhr aus dem Büro heim. Jetzt wäre ihm ein Stau vollkommen egal, er hat ja nur noch einen Termin und zwar mit seiner Couch. Doch jetzt ist alles frei – was für eine Ironie. Als er um 21:30 Uhr das Haus betritt, bekommt er statt einer liebevollen Begrüßung sofort die Strafpredigt seiner Frau an den Kopf geworfen. Es sei doch eine Frechheit, dass er sie immer mit allem allein ließe. Trotz ihrer Migräne hätte sie wieder einmal alles allein mit den Kindern und dem Haushalt regeln müssen. Er hätte sie im Stich gelassen, so wie immer und dafür lieber gemütlich in seinem Chefsessel im Büro gesessen und sich von seiner Assistentin bedienen lassen …

Vielleicht ist Herberts Beispiel ein wenig überzogen. Sie haben sicherlich einen anderen Tagesablauf. Erkennen Sie in Teilen trotzdem Parallelen?

Worum geht es mir hierbei? Wir hetzen in unserem beschleunigten Zivilisationsalltag von Termin zu Termin, sind permanent unter Zeit- und Leistungsdruck, multitasken, um alles zu schaffen, haben Doppel- und Dreifachbelastungen, haben Ansprüche zu erfüllen, die von außen oder die eigenen inneren, werden von einer Welle von Informationen auf unterschiedlichen Kanälen überflutet, müssen filtern, was wichtig und unwichtig ist, haben die Qual der Wahl und bei jeder zu treffenden Entscheidung Hunderte von Möglichkeiten, stehen im Stau, haben in jeder freien oder auch nicht freien Minute unser Smartphone in der Hand, … und haben Konflikte mit anderen Menschen, nur heute in der Regel ohne Keule.

Betrachten wir die Stressreize im Vergleich früher zu heute einmal rational.

Zu viele Reize – zu viele Reaktionen

Stress früher: Früher hatten wir wenig Stressreize. Hätten wir permanent nicht genug zu essen gehabt, nicht lebensfähige Witterungsverhältnisse, oder der Säbelzahntiger hätte alle 5 Minuten vor der Höhle gestanden, wir hätten die Evolution nicht bis heute überlebt und bräuchten uns keine Gedanken über Stress zu machen. Wir hatten im Verhältnis täglich wenige Stressreize. Die Reize, die es gab, waren allerdings größtenteils akut lebensgefährlich. Wir brauchten zum Überleben in den meisten Situationen 100 Prozent körperliche Leistungsfähigkeit. Wie gut, dass wir unser Reiz-Reaktions-System hatten – unser Überlebenssystem.

Früher = wenig Stressreize, viele davon lebensgefährlich

Stress heute: Welche Reize auf Ihrer Liste sind für Sie akut lebensgefährlich? Gehen Sie mit dieser Fragestellung einmal Ihre Reize durch. Ich bin mir sicher, es werden die wenigsten sein. Genauso ist es bei den Stressreizen von Herbert im Beispiel. Dafür sind es heute sehr, sehr viele Stressreize, die täglich auf uns einprasseln. Unser Organismus aktiviert über den Tag verteilt immer wieder das Reiz-Reaktions-System. Wir sitzen die ganze Zeit in »Hab-Acht-Stellung« am Schreibtisch. Unser Reiz-Reaktions-System gibt Gas, Gas, Gas und kommt ins Ungleichgewicht. Wir wissen bereits, dafür ist es ursprünglich nicht gemacht.

Heute = viele Stressreize, fast keine sind akut lebensgefährlich

Wir haben gelernt, dass unser Stresssystem von unserem ANS gesteuert wird. Und nun wird Ihnen wahrscheinlich gerade klar, warum ich das so detailliert ausgeführt habe und immer wieder darauf zurückkomme!

Unser Unterbewusstsein kann nicht zwischen banaler Zukunftssorge und akuter Lebensgefahr unterscheiden. Unser Bewusstsein kann das – wir können das. Wenn unser Bewusstsein jedoch beschäftigt und somit ausgelastet ist, dann bekommt es gar nicht mit, dass unser Unterbewusstsein die aktuelle Situation gerade als Stress wahrnimmt bzw. bewertet und das Reiz-Reaktions-System auslöst. Genau das geschieht bei uns im Alltag durch die vielen unterschiedlichen Reize ständig. Wir sind auf Autopilot unterwegs und bekommen nur selten mit, dass die Stresshormone in unserem Körper Polonaise tanzen, obwohl objektiv betrachtet gar kein Grund hierfür besteht. Wir haben sinnbildlich den ganzen Tag den »Säbelzahntiger im Nacken«, obwohl wir in unserem Alltag nur harmlosen Stressreizen ausgesetzt sind. Wenn das zum Dauerzustand wird, dann haben wir Dauerstress und genau dafür ist unser Autonomes Nervensystem nicht gemacht. Wir sind im Hamsterrad gefangen.

Zusammenfassung: Das ist ein zentraler Punkt. Wenn Sie diesen Zusammenhang verstanden haben, dann haben Sie einen der wesentlichen Knackpunkte der heutigen Stressproblematik verstanden. Schauen wir mit dem Wissen um diese Zusammenhänge noch einmal die Stress-Definition genau an:

Definition Stress: Stress ist eine komplexe, immer gleich ablaufende Reaktion in unserem Organismus auf unterschiedliche Reize von außen und innen.

Früher = wenig Stressreize, viele davon sind lebensgefährlich
Heute = viele Stressreize, fast keine sind akut lebensgefährlich

Wenn unser Unterbewusstsein die vielen alltäglichen Reize als Stress wahrnimmt bzw. bewertet, dann läuft die Stress-Reaktion im Organismus ab. Stress wird zum Dauerzustand, und das führt zu Problemen.

Warum Stress auf Dauer macht krank

Dauerhaft zu viel Stress macht krank. Stress wird mit vielen Zivilisations-, aber auch herkömmlichen Krankheiten in Verbindung gebracht. Dabei ist Stress nicht immer alleiniger Auslöser. Teilweise ist Stress nur eine Mitursache, manchmal jedoch auch Hauptursache bzw. das Zünglein an der Waage. Je weiter die Forschung in diesem Bereich voranschreitet, desto klarer wird auch das Bild, woran Stress alles beteiligt ist.

Die ersten Ärzte, die das Thema Stress in den 1990er-Jahren mit Herz-Kreislauf-Erkrankungen und dem vergrößerten Risiko eines Infarkts in Verbindung brachten, wurden belächelt. So etwas ähnliches hat es in der Geschichte immer schon gegeben und das wird wohl auch so bleiben. Ignaz Semmelweis beispielsweise führte in seiner empirischen Studie von 1847/1848 das häufigere Auftreten von Kindbettfieber in öffentlichen Kliniken im Vergleich zur privaten Entbindung auf mangelnde Hygiene bei Ärzten und Krankenhauspersonal zurück und bemühte sich, Hygienevorschriften einzuführen. Später wurde er »Retter der Mütter« genannt. Zu seinen Lebzeiten wurden seine Erkenntnisse nicht anerkannt und von Kollegen als »spekulativer Unfug« abgelehnt.

Heute kann man dank modernster Messtechnik ganz klar belegen, dass Stress durch die Verengung von Arterien in Kombination mit der veränderten Blutgerinnung und einem beschleunigten Herzschlag eine deutliche Risikoerhöhung für Herz-Kreislauf-Erkrankungen darstellt.

Im Kapitel Stress-Reaktionen habe ich einige der Reaktionen, die bei Stress ablaufen, aufgelistet. Kurzfristig sind diese Reaktionen günstig fürs Überleben bei lebensbedrohlichen Stressreizen. Dauerhaft führen sie zu Problemen und Krankheiten. Hier einige beispielhafte Herleitungen:

Bei Stress steigen Puls und Blutdruck an. Für kurzfristige, körperliche Leistung ist das vorteilhaft. Wird daraus ein Dauerzustand über Monate und Jahre hinweg, dann führt das zu erhöhtem Blutdruck, der einen Risikoparameter darstellt.

Kurzfristig wird bei Stress die Verdauung heruntergefahren. Magen und Darm werden weniger durchblutet, die Magensäurebildung wird verringert, Verdauungsenzyme sowie der Schleim im Dünndarm werden weniger gebildet. Wir benötigen die Energie für Kampf und Flucht, da ist Verdauung zweitrangig. Wenn wir diesen Zustand durch Dauerstress langfristig aufrechterhalten, können in der Folge Verdauungsstörungen, chronische

Verdauungsstörungen, Magen- und/oder Darmprobleme bzw. -krankheiten entstehen.

Unter Stress fährt unser Immunsystem auf einer Seite hoch, auf der anderen Seite herunter. Auf Verletzungen aus der akuten Gefahr sind wir gut vorbereitet. Das Eindringen eines Bakteriums oder Virus ist in der akuten Stresssituation unwichtig. Es geht gerade »ums nackte Überleben«. Der Mikro-Eindringling kann später bekämpft werden. Auf Dauer ist ein an dieser Stelle heruntergefahrenes Immunsystem ungünstig.

Und so gibt es viele weitere Beispiele, die aufzeigen, dass unser Reiz-Reaktions-System kurzfristig sehr hilfreich für uns ist. Um es langfristig in der Waage zu halten, benötigen wir einen Wechsel aus An- und Entspannung.

Aus meinen Seminaren weiß ich, dass viele Teilnehmer Probleme im Schulter-/Nackenbereich haben. Wir sind zwar noch immer in der Analysephase. Ich möchte hier jedoch nicht nur das Problem einmal anschaulich herleiten, sondern direkt eine mögliche Hilfestellung an die Hand geben.

Unter Stress ändert sich der Muskeltonus, das heißt die Muskulatur spannt sich an. Für ein kurzes, körperliches Agieren in Gefahr ist auch das günstig. Langfristig wird aus dieser Anspannung eine Verspannung, die dann beispielsweise zu Rückenschmerzen, Schulter-, Nackenproblemen oder Kopfschmerzen führen kann. Der große Teil unserer Muskulatur ist nicht für dauerhafte Anspannung gemacht. Die Muskeln benötigen einen dynamischen Wechsel aus An- und Entspannung. Im Schulter-/Nackenbereich wird das Problem vielfach noch durch Fehlhaltung verschlimmert. Kennen Sie Menschen, die speziell unter Stress die Schultern leicht nach oben und vorne ziehen? Dadurch verspannt sich die Muskulatur nach und nach immer mehr. Passiert das durch dauerhaften Stress häufiger, dann wird die Haltung zur Gewohnheit. Die Muskulatur verspannt sich nicht nur, sie verkürzt sich und das führt wiederum zu sogenannten muskulären Dysbalancen. Wir stecken im Hamsterrad fest. Allein mit einer kurzen, bewussten Erinnerung, die Schultern hin und wieder runterzunehmen, ist es jetzt nicht mehr getan. Gezielte Übungen zur Mobilisierung, Kräftigung und Dehnung können jedoch Abhilfe schaffen.

Sie finden einige der besten Übungen für den Schulter-/Nackenbereich als Videos unter folgendem Link kostenfrei auf meiner Homepage: www.frank-ritter-seminare.de/downloads

Gib als Login ein: Ritter-Kunde

Die Lösung des Problems

Einen der entscheidenden Unterschiede von Stress früher zu heute haben wir in diesem Kapitel herausgearbeitet. Wir haben ferner gesehen, dass daraus Belastungen für unsere Gesundheit entstehen. Zum Schluss habe ich für eines dieser Gesundheitsprobleme exemplarisch einen möglichen Lösungsweg aus dem Hamsterrad aufgezeigt.

Hierbei handelt es sich um eine der in der Einleitung angesprochenen Ressourcen. Wenn Sie die Ressource, in diesem Fall eine ausbalancierte Schulter-/Nackenmuskulatur, aufbauen, dann wird Ihnen diese in zukünftigen Stressphasen helfen. Sie werden nicht so schnell bzw. gar keine Auswirkungen von Stress auf Ihren Schulter-/Nackenbereich mehr spüren.

Ressource – Bewegung

Es gibt noch weitere Unterschiede. Wir haben uns damals bei Stress anders verhalten, als wir das in unserer heutigen Zivilisationsgesellschaft zumeist tun. Bei den meisten Stressreizen früher haben wir uns bewegt.

Früher bei Stressreiz = Bewegung
Heute bei Stressreiz = keine Bewegung

Wir haben uns in der Jäger- und Sammler-Zeit sehr viel bewegt. Selbst 20 Kilometer täglich als unterer Wert ist eine ganz ordentliche Strecke, die die wenigsten von uns wohl abends auf ihrem Schrittzähler haben. Diese Schwankungen sind zu erklären, da es sehr unterschiedliche Lebensbereiche, Regionen und Witterungsverhältnisse gab und auch von Geschlecht und Aufgabe in der Gruppe abhing. Es sind Durchschnittswerte. Bei der Jagd wurden durch Tempowechsel mehr Kilometer zurückgelegt als beim Sammeln. Ein Jäger/Sammler im dichten Dschungel des Amazonas kam anders voran als ein Jäger/Sammler in den Hochebenen von Kenia. Die Massai, noch heute ein Naturvolk, legten täglich teilweise 60 und mehr Kilometer zu Fuß zurück.

Speziell in den skizzierten Stresssituationen aus den Beispielen von Herberts Ururur…-Großeltern haben wir uns häufig sehr intensiv bewegt, sind weggelaufen, hinterhergelaufen oder haben gekämpft. Wann bewegen wir uns heute intensiv im Alltag? Wissenschaftlich eindeutig nachgewiesen ist, dass Bewegung und speziell die etwas intensivere Art – heute als Sport bezeichnet – Stress abbaut.

Sie können sich vereinfacht vorstellen, dass bei sportlicher Betätigung bestimmte Hormone und Neurotransmitter ausgeschüttet werden, die bereits entstandene Stresshormone neutralisieren. Die Bremse wird getreten. Das ANS beginnt sich auszugleichen.

Ein exemplarisches Beispiel hierzu ist das Hormon Kortisol. Es ist einer der 30 Stoffe, die bei Stress ausgeschüttet werden. Kortisol ist das körpereigene Kortison, das den meisten besser bekannt ist. Kortisol ist an vielen Prozessen im Körper beteiligt und ein sehr wichtiges Hormon. Durch eine Kortisolausschüttung am Morgen werden wir wach. Wenn unser Kortisolwert am Abend absinkt und Melatonin *(unser Schlafhormon)* ausgeschüttet wird, schlafen wir wie ein Baby. Sind die Kortisolwerte durch Dauerstress erhöht, liegen wir zwar hundemüde im Bett, können aber nicht einschlafen. Kortisol ist am Fettstoffwechsel beteiligt bzw. hemmt diesen bei zu hohen Werten. Kortisol drosselt einen Teil unseres Immunsystems. Auf Dauer führt das zu höherer Infektanfälligkeit und vieles mehr.

Vereinfacht dargestellt gibt es einen Gegenspieler zum Kortisol. Dieser Gegenspieler ist DHEA (Dehydroepiandrosteron).

Dieses Hormon wird neben vielen anderen bei sportlicher Betätigung ausgeschüttet und neutralisiert einen Teil des Kortisols. Genau aus diesem Grund ist Sport eine hervorragende Möglichkeit, Stress abzubauen. Das kann man nicht nur wissenschaftlich nachweisen, man kann es in der Praxis erfühlen. An diesem Wirkmechanismus sind natürlich noch viele andere Stoffe beteiligt.

In den letzten 100 Jahren sind wir im zivilisierten Europa in eine Bewegungsarmut gerutscht, die es vorher in der breiten Masse niemals gab. Moderne Transportmittel, eine ausgebaute Infrastruktur, technische Geräte und eine ganz andere Arbeitsgesellschaft sind einige der Gründe dafür. Um die 50 Prozent der Deutschen arbeiten im Sitzen. Ich kenne einige Menschen, die sich täglich weniger als einen Kilometer zu Fuß bewegen. Die gehen vom Bett ins Bad und über die Küche zum Carport. Mit dem Auto fahren sie direkt vors Büro, Fahrstuhl hoch und ab ins Büro. Der Lunch wird mangels Zeit beim Lieferdienst bestellt und am Arbeitsplatz eingenommen. Zwei- bis dreimal muss ärgerlicherweise das Klo aufgesucht werden, zum Glück sind das nur 20 Meter vom Büro aus. Am Abend geht's mit dem Auto auf gleichem Weg zurück nach Hause und dann ab aufs Sofa und von dort über das Bad wieder ins Bett – geschafft.

Ich möchte das Thema Bewegung zur Verdeutlichung der obigen Zahlen auf einem Zeitstrahl abbilden. Stellen Sie sich vor, dass die Zeitspanne, in der wir als Homo sapiens auf der Erde sind, auf einer 400-m-Bahn abgebildet ist. Der Start ist vor 150.000 Jahren und dabei kommt es nicht auf 5000–10.000 Jahre mehr oder weniger an. Wir sind großzügig. Das Ziel ist Heute, auch wenn es hoffentlich nicht das Ende des Homo Sapiens sein wird. Wir waren 399,98 Meter dieser Zeitspanne in Bewegung – viel, regelmäßig und immer wieder auch intensiv. Die letzten 2 Zentimeter sind wir in die Bewegungsarmut verfallen, die heute im zivilisierten Europa vorherrscht. Wenig Bewegung, sehr unregelmäßig und intensiv?! Noch 1950 haben wir uns in Deutschland im Durchschnitt circa zehn Kilometer zu Fuß am Tag bewegt. Geblieben ist davon heute circa ein Kilometer – erschreckend.

Das stellt ein wesentliches Problem für unsere Gesundheit dar, befeuert Zivilisationskrankheiten, natürlich immer in Kombination mit anderen Parametern. Vor allem aber beraubt es uns einer wesentlichen Ressource zum Stressausgleich.

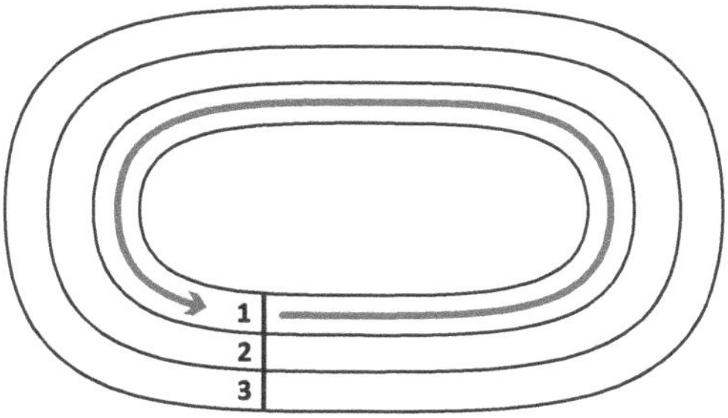

Grafik 8: Die Evolution als 400-Meter-Bahn

Zwei Dinge sind bei der Betrachtung solcher Zahlen wichtig:

1. Trauen Sie keiner Statistik, die Sie nicht selbst gefälscht haben. Ich habe diese Statistiken nicht selbst erstellt, sondern bediene mich offizieller Zahlen. Setzen wir jedoch die kleinste Zahl der Studien *(20 Kilometer zu Fuß in der Jäger- und Sammler-Zeit)* ins Verhältnis zur Zahl heute und verdoppeln die heutige Zahl großzügig *(heute 2 Kilometer zu Fuß)*, dann bleibt dennoch ein großes Missverhältnis von 20:2 Kilometern.
2. Wie viel die anderen aus den Statistiken sich bewegen, ist für Ihren Stressausgleich und Ihre Gesundheit »schiet egal«! Wie viel bewegen Sie sich? Nur das hat Auswirkungen auf Ihre Gesundheit und Ihren Stresslevel.

Reflektieren Sie hierzu einmal Ihren Alltag. Wie intensiv sind Ihre Bewegungseinheiten? Wie sieht es speziell in stressigen Situationen aus? Rennen Sie nach einem aufreibenden Gespräch mit Ihrem Kunden, Ihrem Chef oder nach einem stressigen Meeting, wenn Sie merken, dass Stress aufkommt, dreimal Vollgas die Treppe hoch und wieder runter? Wahrscheinlich empfinden Sie das in den meisten Situationen als unpassend – ich auch. Gesund wäre es, rein objektiv betrachtet. Unser heutiges Verhalten ist nicht »art-gerecht«, um entstandenen Stress direkt wieder abzubauen.

Was können Sie tun? Wie können Sie dieses Problem lösen?

Finden Sie eine Ausgleichsbewegung, am besten eine, die Ihnen Spaß macht, und eine, die Sie zumindest einigermaßen regelmäßig in Ihren Alltag integrieren können. Am günstigsten zum Thema Stress wäre eine intensive Form der Bewegung – also Sport. Hier ist der hormonelle Ausgleich am stärksten. Wenn Sie ein Sportmuffel sind und bleiben möchten, jedoch mit zwei grünen Daumen geboren sind und mit Spaß aktiv Ihren Garten gestalten, dann frönen Sie möglichst regelmäßig und auch gerne verstärkt in stressigen Phasen diesem Hobby. Das ist günstiger als die Alternative Couch. Gleiches gilt für sämtliche Aktivitäten, die etwas mit Bewegung ohne sportliche Note zu tun haben.

Überlegen Sie auch, wo Sie Bewegung in Ihrem Alltag integrieren können, um Dinge zu erledigen, die sowieso gemacht werden müssen. Wo können Sie beispielsweise Wege mit Muskelkraft zurücklegen *(zu Fuß, mit Fahrrad, Roller, Inlinern etc.)*, die Sie aktuell noch bewegungsarm bewältigen *(Auto, Moped, Bahn, Bus etc.)*. Benötigen Sie automatisch dabei mehr Zeit oder denken Sie das nur, bzw. erfinden andere Ausreden, um Bewegung zu umgehen. Handelt es sich um Fakten? Ist es Effizienzdenken oder Bequemlichkeit bzw. Gewohnheit?

Überdenken Sie hierzu Ihren Alltag. Beobachten Sie andere Menschen. Befragen Sie Menschen, von denen Sie wissen, dass sie sich mehr bewegen als Sie selbst. Öffnen Sie Ihren Fokus und nehmen Sie die Dinge um sich herum wahr. Sie werden staunen, wie viel Bewegungsmöglichkeiten Sie entdecken und wie viel Ihnen selbst einfällt. Es sind kleine Stellschrauben, mit denen Sie Ihr eigenes Bewegungsverhalten verändern können.

In Teil III finden Sie mehr Informationen und Praxistipps zum Puzzleteil **Bewegung.** In der Analyse geht es um das Begreifen der Zusammenhänge im Kontext Stress. Dennoch fordere ich Sie hier schon auf, den folgenden Selbstversuch durchzuführen.

Frankys Tipp: Selbstversuch JETZT

Haben Sie sich heute schon bewegt? Wie viel haben Sie sich heute schon bewegt? War da auch eine flottere Bewegung dabei? Wenn nicht, dann legen Sie jetzt das Buch zur Seite, ziehen Ihre Schuhe an und drehen eine flotte Runde (20–30 Minuten) draußen um den Block. Danach dürfen Sie weiterlesen.

Der perfekte Zeitpunkt anzufangen, ist JETZT!!! Aufschieben und auf den perfekten Moment für Ihren Start zu warten ist Selbstbetrug. Den perfekten Zeitpunkt gibt es nicht, denn irgendetwas ist immer.

Sie sind zurück von Ihrer Runde – sehr gut. Das war jetzt übrigens keine Eintagsfliege, sondern der Beginn Ihrer regelmäßigen Bewegungseinheit. Bauen Sie diese regelmäßige Bewegungseinheit so häufig es geht in Ihren Alltag ein. Bewegung ist normal, tut gut, senkt den Stresslevel und verbessert Ihre Gesundheit.

Fangen Sie mit einer ganz einfachen, strammen Runde um den Block an. Das »stramm« ist natürlich abhängig von Ihrem Fitnesslevel. Ich habe Menschen kennengelernt, für die 20 Minuten am Stück zu gehen unmöglich war. Eine Dame war nach 50 Metern über einen Parkplatz von einer zur nächsten Bank am Limit und brauchte 3 Minuten Pause. Sie hatte mit knapp 50 Jahren 80 Kilogramm Übergewicht und schaffte die Strecke nur mit Nordic-Walking-Stöcken. Ich wiege genau 80 Kilogramm. Wenn Sie mich auf die Schultern nehmen würden, wären 20 Minuten flottes Gehen am Stück wahrscheinlich auch zu viel für Sie. Andere haben bei mir für einen Wüstenlauf von 250 Kilometern trainiert. Sie entscheiden über die Intensität, denn die muss zu Ihrem Fitnesslevel passen.

Ressource – Wechsel aus An- und Entspannung

Früher hatten wir einen stetigen Wechsel aus An- und Entspannung. Wir hatten eine Auseinandersetzung mit einem

»Kollegen«. Wir haben uns mit der Keule auf den Kopf gehauen, und wenn wir gewonnen haben, dann sind wir in unsere Höhle gegangen, haben unsere Wunden geleckt und uns entspannt. Eventuell haben wir uns bei der Gelegenheit noch fortgepflanzt, je nach Schwere der Verletzung – auch eine Form der Entspannung.

Früher = Wechsel aus An- und Entspannung
Heute = Anspannung folgt auf Anspannung / Keine Zeit für Entspannung

Reflektieren Sie hierzu bitte Ihren Alltag. Wie viel Anspannungsphasen haben Sie und wie viele Entspannungsphasen? Wie oft gehen Sie in Ihrem Alltag in Ihre Höhle und entspannen sich?

Unser gesamter Organismus ist nicht für Daueranspannung konzipiert. Permanentes Gasgeben bringt Ungleichgewicht.

Wir benötigen Pausen, regelmäßig und bewusst.

Wenn Sie jetzt denken: »Was für ein Humbug. Ich bin schon immer ohne Entspannung ausgekommen, das geht auch zukünftig so ...«, dann ist das nicht ungewöhnlich. Diese Art von Einwand bekomme ich häufiger in meinen Seminaren zu hören. Ich möchte Sie deshalb mithilfe von zwei unterschiedlichen Motivationsfaktoren abholen.

1. Sie möchten sich weniger gestresst fühlen und nach der Arbeit noch Energie für die schönen Dinge im Leben haben? Dann machen Sie Pausen!
2. Sie möchten mehr leisten, effizienter arbeiten und sich dabei weniger gestresst fühlen? Dann machen Sie Pausen!

Kein Mensch kann hoch konzentriert 8, 10 oder gar 12 Stunden durcharbeiten. Die Zähne zusammenbeißen und ohne Pausen durchziehen können wir, ganz klar. Das geht sogar noch länger. Die Fragen sind nur: Was kommt am Ende dabei heraus? Wie viel unproduktiver ist das? Wie stark steigt die Fehlerhäufigkeit an? Wie viel erschöpfter, energieloser, gestresster fühlen Sie sich danach? Was macht das langfristig mit Ihrer Gesundheit?

In der Stress-Situation sind Sie nicht müde, sondern hellwach. Das Gefühl von Müdigkeit, Kaputtsein, Ausgelaugtsein kommt erst auf, wenn der akute Reiz endet, man zur Ruhe kommt und der Stresspegel herunterfährt. Die Konzentration allerdings ist schon währenddessen im Sturzflug. Meist merkt man das in der Situation leider nicht.

Ein gutes Beispiel sind hier die Raucher. Natürlich ist rauchen ungesund, das ist auf jeder Verpackung unmissverständlich dargestellt. Die Raucher haben jedoch im Kontext Stress eine günstige Angewohnheit. Kein Raucher arbeitet 8 Stunden oder länger ohne Raucherpause durch. Einen richtigen Raucher definiere ich hier mit einer Mindestdosis von einer halben Schachtel Zigaretten am Tag – darunter nenne ich es Gelegenheitsraucher. Der Körper eines Rauchers signalisiert automatisch nach einer Weile: »Stopp, es ist Zeit für eine Pause. Ich brauche mein Nikotin.« Da heute in den Betrieben nicht mehr überall geraucht werden darf, muss der Raucher seinen Arbeitsplatz verlassen *(Ortswechsel weg vom Arbeitsplatz)*, optimalerweise ein paar Treppen runter und nach draußen *(Bewegung, frische Luft und natürliches Licht)*. Sehr häufig kann man beobachten, dass die Raucher in Rudeln auftreten. Es wird gequatscht und manchmal sogar gelacht *(sozialer Kontakt und Austausch)*. Der Kopf schaltet ab und es wird nicht an Arbeit gedacht *(Pause von der Arbeit für den Kopf)*. Danach geht es dann mit etwas Bewegung zurück zum Arbeitsplatz. Länge der Pause 5–10 Minuten. Diese Pause regelmäßig eingelegt und auf den Tag verteilt und dann natürlich ohne das Rauchen – perfekt!

Eine optimale Pause kennzeichnet sich durch: Ortswechsel *(weg vom Arbeitsplatz)*, ein bisschen Bewegung *(für die Sitztäter)*, frische Luft und natürliches Licht, andere Gedanken als Arbeit, sozialer Kontakt und Austausch, und wenn dann noch ein Lachen dabei ist, super. Das sind genau die oben markierten Punkte im Beispiel.

Wie steht es nun mit den Nichtrauchern. Was bitte können die Raucher dafür, dass die Nichtraucher keine Pausen machen?! Wir sind wieder bei einem kleinen Perspektivwechsel. Wer sagt das, bzw. wo steht das geschrieben, dass für Raucher andere Regeln gelten als für Nichtraucher? Genau, nirgendwo. Das ist eine Überzeugung, die viele Raucher und Nichtraucher in ihren Köpfen mit sich herumtragen, nichts weiter. Leider begegnet mir diese Diskussion selbst heute in unserer aufgeklärten Gesellschaft regelmäßig.

Ich war vor einiger Zeit in ein Pilotprojekt zum Thema Gesundheit eingebunden. Es ging um ein Medien-Unternehmen mit etwas über 100 Mitarbeitern. Das Durchschnittsalter lag hier unter 30 Jahren, also extrem jung. Zu Beginn des Projektes gab es eine Mitarbeiterbefragung. Auffällig dabei waren die extrem positiven Ergebnisse beim Thema Team – sie lagen weit über dem Durchschnitt. In zwei Workshops zum Thema Stressmanagement, die ich halten durfte und bei der insgesamt 40 Prozent der Mitarbeiter anwesend waren, kam dann genau das Beispiel mit dem Rauchen auf. Vor der Tür am Haupteingang durfte nicht geraucht werden *(wegen der Außenwirkung)*, aber am Seiteneingang gab es Aschenbecher und eine Raucherecke. Hier standen regelmäßig die Raucher, so wie in vielen anderen Betrieben auch. Wenn jedoch ein nichtrauchender Mitarbeiter sich vor die Tür stellte, um eine kurze Schaffenspause einzulegen, dann bekam er vom nächsten Kollegen, der vorbeikam *(Raucher wie Nichtraucher)*, den Spruch an den Kopf geworfen: »Na, hast wohl nichts zu tun, was?« Eine Raucherpause ist ganz normal, die Nichtraucher-Pausen sind jedoch nicht akzeptiert. Ein Umdenken bei Rauchern und Nichtrauchern wäre hier sinnvoll.

Egal zu welcher der beiden Spezies Sie gehören. Reflektieren Sie doch einmal Ihr eigenes Verhalten über den Tag.

Für die Raucher: Machen Sie Ihre Raucherpausen zukünftig bewusst mit der inneren Einstellung, dass das für Ihren Stresslevel günstig ist. Beachten Sie, dass Sie in dieser Pause keine negativen Gespräche über die Arbeit mit den Kollegen führen bzw. über die

Arbeit nachsinnen, wenn Sie alleine eine Pause einlegen. Das ist kontraproduktiv. Respektieren Sie die Nichtraucherpausen, so wie die Nichtraucher Ihre Raucherpausen respektieren.

Für die Nichtraucher: Machen Sie regelmäßig Raucherpausen, aber ohne zu rauchen, und respektieren Sie die Raucherpausen.

Ich gebe meine Seminare in unterschiedlichen Branchen. Fast überall hatte ich schon die Diskussion, dass fünf Minuten Pause zwischendurch nicht funktionieren. Dabei kamen nachvollziehbare Argumente. Ärzte sagten, dass Sie während einer OP nicht einfach mal fünf Minuten Kaffee trinken gehen könnten. Erzieher sagten, dass sie bei hohem Krankenstand, wenn sie alleine 15 Kinder im »Krabbelalter« betreuen, nicht einfach fünf Minuten auf die Terrasse treten könnten usw. Ja, es gibt Situationen und Tage im Leben, da ist das so. Dafür haben wir unser Reiz-Reaktions-System. Das kann auch mal ein paar Tage mehr Stress verarbeiten. Es darf kein Dauerzustand werden. Dafür sind Sie verantwortlich. Die Ärzte machten nämlich auch keine Pause, wenn gerade keine OP war, weil sie dann 1000 andere Dinge zu tun hatten. Die Erzieher gestanden sich keine Pause zu, auch wenn sie den Dienst mit einem Kollegen machten, wie es im Schlüssel vorgesehen ist. Wir gestehen uns diese Pausen häufig selbst nicht zu, auch wenn wir sie nehmen könnten. Reflektieren Sie hierzu unbedingt objektiv. Wann geht es wirklich nicht und wann gestehen Sie sich die Pause nicht zu? Erinnern Sie sich dabei an das Bild Ihres Frontallappens als Muskel. Der braucht die Pause dringend, wenn er schon 193 Kniebeugen *(Stressreize)* hinter sich hat.

Zusammenfassung Franky:

Ihre Leistung leidet unter zu wenig Pausen. Sie verlieren Zeit. Überdenken Sie Ihre Motivation und Ihr Verhalten.

Ihr ANS kommt ins Ungleichgewicht von Gas und Bremse. Das ist für Ihr Stressempfinden, Ihren Energielevel und langfristig für Ihre Gesundheit ungünstig.

Stellen Sie sich das wie einen Akku vom Handy vor. Sie starten morgens mit vollgeladenem Handy-Akku in den Tag. Über den Tag verteilt benutzen Sie Ihr Handy für die unterschiedlichsten Aufgaben. Bei jeder Benutzung wird ein wenig Akkuleistung verbraucht. Genau wie bei einem modernen Smartphone laufen bei Ihnen permanent im Hintergrund Programme. Auch das verbraucht Akkuleistung. Damit Ihr Handy auch abends noch einen Rest Akkuleistung hat und Sie es benutzen können, ist es von Vorteil, es zwischendurch immer mal wieder an die Schnellladestation zu hängen.

Ihre Vorteile von kleinen Pausen:

- *Sie sind konzentrierter und machen weniger Fehler.*
- *Sie fühlen sich während des Tages besser und leistungsfähiger.*
- *Sie haben am Abend noch Restenergie für die schönen Dinge des Lebens.*

Damit Sie Ihren gewünschten Erfolg erzielen, sind zwei Dinge zu beachten:

- *Machen Sie regelmäßig Pausen. Lieber häufiger am Tag kleine Pausen als einmal am Tag eine große Pause.*
- *Machen Sie die Pausen bewusst, mit der inneren Haltung: »Diese Pause mache ich jetzt für mich, damit ich weniger gestresst bin.«*

Selbstversuch Pausen

Wie gewohnt möchte ich die Hürde zu Beginn klein halten. Sie dürfen selbstverständlich jederzeit mehr Pausen in Ihren Alltag integrieren und ich kann Ihnen das nur empfehlen.

Was sind für Sie Pausen? Wie können Sie in Ihren Alltag bewusst drei Pausen einbauen, eine am Vormittag, eine am Nachmittag und eine am Abend? Diese Pausen sollten mindestens 5–10 Minuten lang sein. Schreiben Sie jetzt direkt auf, mit welchen Pausen Sie die nächsten Tage starten möchten.

Frankys Tipp:
Variieren Sie die Pausen und finden Sie heraus, was Ihnen am besten tut. Eine kleine Liste mit Anregungen finden Sie am Ende dieses Kapitels, aber probieren Sie erst einmal selbst, Möglichkeiten zu finden.
Zelebrieren Sie Ihre Pausen. Genießen Sie diese mit allen Sinnen und machen Sie sich bewusst: Das ist jetzt nur für mich!
Was sind für Sie Pausen?

____

____

____

____

____

Welche drei Pausen werde ich die nächsten Tage bewusst einlegen (vormittags, nachmittags, abends)?

____

____

____

____

Dieser Selbstversuch geht nicht eine Woche lang, sondern ab jetzt regelmäßig für immer. Bei diesem Selbstversuch haben Sie den riesigen Vorteil, dass Sie Zeit gewinnen. Mir geht es darum, dass Sie zwischendurch Ihren Akku aufladen und auf die Bremse treten, um Ihr System ins Gleichgewicht zu bringen.
Ich werde auf die Pausen beim Punkt »Stress reduzieren« mehrfach zurückkommen. Sie bekommen nach und nach mehr Möglichkeiten, diese kurzen Pausen mit Entspannungsinhalten zu füllen. Aber eins nach dem anderen. An dieser Stelle ist es erst einmal wichtig, dass Sie sich von nun an angewöhnen, regelmäßig und bewusst Pausen einzulegen.
Diese Liste habe ich aus den Kommentaren meiner Seminarteilnehmer zusammengestellt. Sie erhebt nicht den Anspruch auf Vollständigkeit. Einige Punkte funktionieren für kurze Pausen, für andere benötigen Sie ein wenig Zeit. Mir ist hierbei wichtig, aufzuzeigen, wie facettenreich Entspannungspausen sein können. Was den einen entspannt, kann den nächsten stressen.

Was entspannt Sie?
- *Tee-, Kaffeepause*
- *Musik hören, spielen*
- *Lesen, Hörbuch*
- *Handarbeit, Werkeln, Gartenarbeit*
- *Schach, Karten spielen, Rätseln*
- *Nichts tun*
- *Spaziergang, Dehnübungen, Bewegungsübungen*
- *Treffen mit Freunden, Familie; Gespräch mit dem Gegenüber*
- *Kochen, Essen*

Ressource – Ernährung:
Wie haben wir uns früher ernährt? Hierauf gibt es nur eine richtige Antwort – natürlich. In der Jäger- und Sammlerzeit haben wir von der Hand in den Mund gelebt. Wir konnten nichts lagern, herstellen oder gar künstlich verändern. Wir haben das, was wird gejagt und gesammelt haben, direkt verzehrt. 100 Prozent natürlich, saisonal und bio.

»Wie viel Prozent in deinem Einkaufswagen sind natürlich? Als kleine Hilfestellung: Das sind all diejenigen Lebensmittel, die keine Zutatenliste haben.«

Quelle: Bühnenshow: Patrik Heinzmann

Früher = *natürliche, gesunde Ernährung*
Heute = *Industrie- und Fast Food*

Ungesunde und künstliche Nahrungsbestandteile, ein Zu-viel bzw. Zu-oft an Nahrungsaufnahme können unseren Organismus zusätzlich belasten oder entlasten. Auch dieser Punkt hat, wenngleich nicht direkt ersichtlich, großen Einfluss auf das Thema Stress.

Mit einer gesunden und ausgewogenen Ernährung halten wir unserem Organismus den Rücken frei und unterstützen ihn dabei, effizient zu arbeiten und sich zu regenerieren. Die Frage ist halt: Unterstützen wir ihn dabei oder legen wir ihm immer wieder Steine in den Weg?

Auch hier lohnt der Blick ein kleines Stückchen zurück auf der Evolutionsleiter. Hatten wir in der Jäger- und Sammlerzeit regelmäßig 3 Hauptmahlzeiten, 2 Zwischenmahlzeiten und ständig Snacks sowie über den Tag verteilt immer wieder kalorienreiche Drinks? Hier und da einen Keks, ein Stückchen Schoki, ein paar Gummitierchen, eine Latte, abends ein paar Bierchen, Gläser Wein, dazu Chips, Erdnüsse oder Pralinen? Ein klares »Nein« ist die Antwort. Speziell in stressigen Situationen wurde keine

Nahrung aufgenommen. Da hatten wir anderes zu tun. Erst in der Entspannungsphase nach dem Stress wurde Nahrung aufgenommen. Ganz anders handhaben wir das heute.

Es gab Zeiten im Jahr, da konnten wir uns satt essen, und es gab Zeiten, da war nicht genügend da, um satt zu werden, je nach Region, in der wir lebten. In den Jahreszeiten mit reichhaltigem Nahrungsangebot waren wir dank der vielseitigen und natürlichen Ernährung mit allen 47 essenziellen Nährstoffen gut versorgt. Wir sind wie die Blume gewachsen und gediehen. In den schlechten Jahreszeiten gab es Mangel. Dauerte der Mangel zu lange an, führte das zu gesundheitlichen Einbußen und Krankheit. Unser Organismus hat jedoch gelernt, eine gewisse Zeit lang mit zu wenig auszukommen. Dazu hat er Mechanismen entwickelt, die noch heute jeden Diäterfolg crashen. Auch an dieser Stelle möchte ich es einfach halten. Unser Organismus reguliert den Stoffwechsel herunter, damit wir mit weniger Energie auskommen. Wer jetzt denkt, dass das zu Müdigkeit führt – weit gefehlt. Gerade jetzt benötigen wir Leistungsfähigkeit, um beim nächsten Jagdversuch Erfolg zu haben. Es werden Hormone ausgeschüttet, die unsere Stimmung aufhellen. Wir sind wach und leistungsfähig.

Was unser Organismus nicht kann, ist mit dem Überfluss in unserer heutigen Zivilisationsgesellschaft umgehen. Wenn permanent Nahrung aufgenommen wird, auch wenn es nur Kleinigkeiten zwischendurch sind, dann ist unser Verdauungsapparat permanent beschäftigt. Doch auch unser Verdauungsapparat benötigt zwischendurch eine Pause. Das Durcharbeiten kostet Energie, die an anderer Stelle fehlt, z. B. bei der Verarbeitung von Stressreizen. Außerdem sind Magen und Darm durch Dauerstressreize minder durchblutet, Magensäure, Verdauungsenzyme etc. fehlen. Das passt nicht mit fortlaufender Nahrungsaufnahme und dem Anspruch auf Verdauung zusammen.

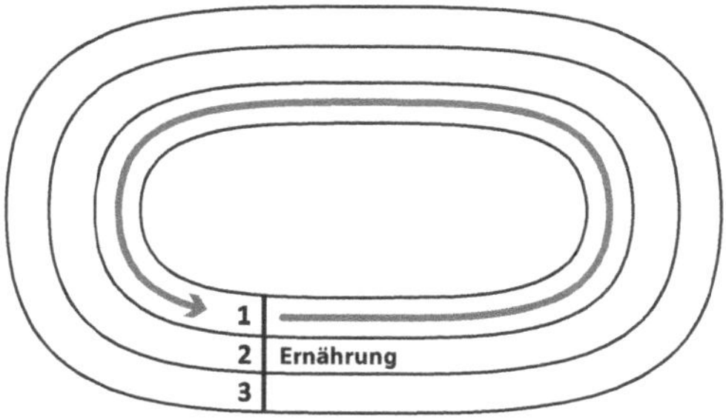

Grafik 9: Die Evolution als 400-Meter-Bahn

Was ist eigentlich normal?

Eine meiner Lieblingsfragen in meinen Seminaren ist:

»Was ist eigentlich normal?«

Ist unser heutiger Zivilisationsalltag normal? Ist er »art-gerecht?« Was ist eigentlich normal? Entscheiden Sie selbst.

Erst ab der Jahrhundertwende 1800 wurden Verfahren zur industriellen Zuckerherstellung und -verarbeitung entwickelt. Vorher war Zucker ein knappes Luxusgut und in geringen Mengen dem Adel vorenthalten. Aktuell verzehren wir in Deutschland mehr als 30 Kilogramm pro Kopf jährlich. Das ist ganz normal für uns.

Coca-Cola als einer der ersten und noch heute führenden Softdrink-Hersteller weltweit wurde 1892 in Georgia/USA gegründet. Erst seit 1929 hat das Unternehmen einen Sitz in Deutschland. Für unsere Generation ist der Verzehr von Softdrinks vollkommen normal.

McDonald's als einer der ersten und heute führenden Fast-Food-Hersteller wurde 1940 in Kalifornien gegründet und ist erst seit den 1960er-Jahren in Deutschland vertreten. Mal kurz einen Burger und eine Portion Pommes auf die Hand ist normaler Alltag für uns. Ist Zuckerflut, Flüssigkeitsaufnahme in Form von süßen und teilweise koffeinhaltigen Softdrinks sowie Fast-Food-Ernährung für unseren jahrtausendealten Organismus normal und langfristig günstig?

Ist unsere heutige Bewegungsarmut normal? Ist es normal, zehn Stunden an der Kasse zu sitzen, eingepfercht auf einem Quadratmeter, oder zehn Stunden vor zwei Rechnern zu sitzen und zu arbeiten? Ist es normal, sich im Durchschnitt in Deutschland einen Kilometer am Tag zu Fuß zu bewegen und mit 40 Jahren keine tiefe Kniebeuge mehr hinzubekommen?

Ist die Informationsflut auf allen Kanälen und die permanente Beschallung mit Werbung durch die Medien normal? Ist es normal, jede freie Minute ans Handy zu gehen, WhatsApp-Nachrichten zu schreiben, Facebook zu checken und zu chatten und/oder zu tindern? Vor 20 Jahren gab es das noch nicht. Steve Jobs stellte im Januar 2007 das erste iPhone vor und wurde damals für seine Zukunftsvisionen von einigen großen Firmenbossen belächelt.

Natürlich spielen Stress, städtische Umgebung, soziale Vereinzelung, Lärm und Bewegungsmangel neben der nicht angepassten Ernährung auch eine wichtige Rolle – übrigens alles Elemente einer nicht artgerechten Lebensweise.

Ich komme mir mit meinen 44 Jahren gar nicht so alt vor. Als ich ins Arbeitsleben startete, wurden noch Briefe geschrieben. Das Internet und der E-Mail-Verkehr steckten in den Kinderschuhen. Es gab Bankfilialen, an denen es keinen Geldautomaten gab. Fernsehsendungen, die man nicht gucken konnte, zeichneten wir mit einem Videorekorder auf. Es war ein ganz anderes (Arbeits-)Leben. Viele Dinge kommen mir heute vor wie aus einer lang vergessenen Zeit. Damals gab es eine ganz andere Reizdichte und weniger Erwartungsdruck.

Heute erscheint uns vieles ganz normal. Wir wachsen damit auf. Allem Guten kann man etwas Schlechtes und allem Schlechten etwas Gutes abgewinnen. Uns interessiert bei diesen Beispielen die Wirkung auf unser Reiz-Reaktions-System Stress. Und wenn ich einige dieser für uns normalen Verhaltensweisen auf die Zeitachse des Homo sapiens lege, mir dann die Arbeitsweise unseres ANS vor Augen führe und kurz mit dem gesunden Menschenverstand darüber nachdenke, dann kann man einige dieser »normalen Verhaltensweisen« kritisch hinterfragen. Dazu muss man kein Wissenschaftler sein.

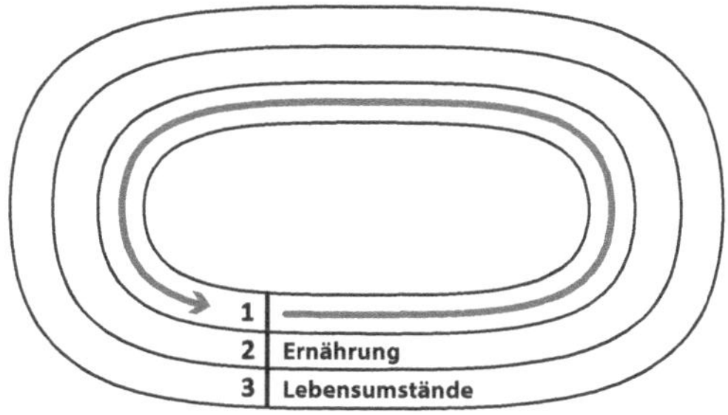

Grafik 10: Die Evolution als 400-Meter-Bahn

Hier noch ein paar abschließende Beispiele:

Wir gehören biologisch zu den Säugetieren. Genau wie die anderen Lebewesen sind wir mit der Natur verbunden. Früher hatten wir einen der Sonne angepassten Biorhythmus. Mit Sonnenaufgang sind wir aufgestanden und mit Sonnenuntergang haben wir uns schlafen gelegt. Im Dreischichtbetrieb in einer Fabrik durchzuarbeiten, die Sonne dabei bei ungünstigen Schichtwechseln gar nicht zu sehen, ist nicht normal und stellt eine Stressbelastung dar. Am Wochenende die Nächte durchzufeiern, die Müdigkeit mit ein paar Pillen auszuschalten und dann, wenn man schlafen möchte, den Schlaf mit anderen Pillen herbeiholen, den kompletten Montag danach durchzuhängen, das ist ebenfalls nicht normal und stresst unseren Organismus. Der eigene Biorhythmus kann eine Belastung sein und stressen oder eine Ressource, die uns bei Stress hilft.

Wie fühlen wir uns im Februar? Wir gehen im Dunkeln aus dem Haus, kommen im Dunkeln heim, auch ohne Schichtarbeit. Am Wochenende ist mieses Wetter und die Sonne haben wir gefühlt seit Wochen nicht gesehen. Sind Sie voller Energie? Wie steht es mit Ihren Gedanken? Sind die durchweg positiv oder manchmal ein wenig betrübt?

Wie ist es im Gegensatz dazu Anfang Mai? Sie stehen auf, und die Sonne lacht schon ins Schlafzimmer. Für den Arbeitsweg benötigen Sie nur eine dünne Jacke, denn die Sonne hat schon Kraft. In der Mittagspause können Sie draußen sitzen und die Sonnenbrille herauskramen. Und auch am Abend, daheim angekommen, ist es noch hell. Tanken Sie dabei gefühlt Energie auf? Fühlt sich das gut an? Hellt das Ihre Gedanken und Ihre Stimmung auf? Nicht umsonst gibt es den Ausdruck Winterblues (Winterdepression). Das soll nicht heißen, dass wir alle im Winter in eine Depression verfallen. Ich stelle hier ganz bewusst Begriffe wie Energielevel, Müdigkeit, Stimmungslage, Antriebskraft etc. in den Fokus. Wie sieht es objektiv betrachtet bei Ihnen in diesen Bereichen aus?

Fakt ist, wir benötigen Sonnenlicht, sonst gehen wir ein wie eine Pflanze. Sonnenentzug ist Bestrafung. Wenn ich mit dieser Brille auf Computer-Nerds schaue, die tage- und nächtelang im abgedunkelten Raum vor dem Rechner sitzen, allein bzw. mit virtuellen Freunden im World Wide Web, sich von Energydrinks und Tiefkühlpizza ernähren, dann wirft auch das die Frage auf: »Ist das noch normal?«

Frankys Tipp:
Es gibt Hunderte solcher Beispiele, bei denen wir zumindest einmal hinterfragen könnten, ob unsere Umwelt sowie unser eigenes Verhalten sinnvoll für unsere Gesundheit und unseren Stresslevel sind. Wechseln Sie doch mal in die Hubschrauber-Perspektive und betrachten Sie Ihre eigenen Verhaltensweisen. Was ist günstig und ungünstig für Ihren Stresslevel? Können Sie Ihre Verhaltensweisen anpassen, ohne dass es nachteilige Auswirkungen auf Sie und Ihre Lebensqualität hat?

Als ich noch als Personal Trainer tätig war, trainierte ich einen erfolgreichen Unternehmer. Er hatte 15 Jahre ordentlich geackert und sein Unternehmen auf solide Beine gestellt. Seine Gesundheit hatte er dabei komplett vernachlässigt – schnelles, ungesundes Essen zwischendurch, kaum Bewegung und keinerlei Entspannungspausen. Jedes Jahr hatte er an Gewicht zugenommen. Bei der Besprechung eines Gesundheits-Check-ups mit seinem Arzt, der ein guter Bekannter von ihm war, hatte er den sprichwörtlichen Schuss vor den Bug bekommen. Mehrere seiner Werte waren dürftig, einige sogar miserabel. Sein Arzt hatte ihm daraufhin ganz klar zu verstehen gegeben, dass, wenn er nicht bald beginnen würde, seine Lebensweise zu ändern, er nicht mehr viel für ihn tun könne. Mit dem Check-up-Ergebnis und dieser Geschichte stand er nun also vor mir. Er wollte seine Fitness verbessern, sein Herz-Kreislauf-System stärken, seine Blutwerte verbessern und vor allem die angesammelten 30 Kilogramm Übergewicht wieder abnehmen. Wir definierten die konkreten Ziele und fingen an zu trainieren. Die Sporteinheiten gingen gut von der Hand und machten ihm Spaß, denn er hatte in seiner Jugend intensiv Sport getrieben. Das Entspannungstraining und die Pausen zwischendurch zur Verbesserung seiner Regenerationswerte gestalteten sich schon etwas schwieriger. Nach einiger Zeit wurde auch das immer besser. Am meisten kämpfte er jedoch mit seiner Ernährung. Immer wieder diskutierten wir im Training seinen Ernährungsplan. Immer wieder haderte er mit sich und war den vielen leckeren Versuchungen ausgesetzt. Aber er zog es mit Ausnahme einiger, kleiner Fehltritte ein halbes Jahr lang konsequent durch. Wir hatten zu Beginn vereinbart, dass er nach dem halben Jahr einen Re-Check bei seinem Arzt machen solle, um zu schauen, was sich an seinen Werten durch die Lebensumstellung verändert hatte.

Ich erinnere mich noch genau, es war ein Freitagnachmittag. Er kam zum Training, ein Strahlen im Gesicht und zeigte mir das Ergebnis seiner Laborwerte. Fast alle problematischen Werte hatten sich verbessert, und von den 30 Kilo Übergewicht war knapp die Hälfte verschwunden. Er hatte sich die entsprechenden Werte grün markiert, denn er hatte sie schon mit seinem alten Ergebnis verglichen. Er war stolz und hatte ein fettes Lob von seinem Arzt bekommen. Als er mit seinen Ausführungen geendet hatte, schaute er mich an und fragte: »So, Frank. Und jetzt mal Hand aufs Herz. Wann meinst Du, kann ich endlich mal wieder normal essen?« Die Frage kam aus tiefstem Herzen, und ich war sprachlos. Er hatte 15 Jahre lang ungesund gelebt, war dadurch unfit geworden, verfettet und hatte schlechte Gesundheitswerte. Dann stellte er für sechs Monate sein Ess- und Bewegungsverhalten um und begann zusätzlich sein Verhalten beim Thema Stress zu verändern. Während der Umstellung merkte er schon, wie es ihm gesundheitlich besser ging und sein Fitnesslevel stieg. Das erwähnte er mehrfach in den sechs Monaten und es gefiel ihm gut. Nach den sechs Monaten bekommt er dann vom Arzt attestiert, dass diese Maßnahmen hervorragend gefruchtet haben, sein Gefühl also bestätigen. Aber für ihn war im Gehirn immer noch sein altes Verhalten als normal abgespeichert, und das neue, gesunde Verhalten war unnormal.

Ich hatte in meiner Einleitung erwähnt, dass Veränderung ein längerer und teilweise sehr steiniger Prozess sein kann. Dieses Beispiel untermauert diese Aussage.

Ist Stress positiv oder negativ?

Ich hatte im Eingang dieses Kapitels auch die Frage aufgeworfen, ob Stress eigentlich positiv oder negativ ist. Nach der Analysephase können wir diese Frage nun beantworten.

- Evolutionär ist Stress sehr positiv, denn das entwickelte Reiz-Reaktions-System ist ein Überlebenssystem, was uns gute Dienste erwiesen hat.
- Unser Organismus benötigt auch heute ein gewisses Maß an Stressreizen. Kein Stress ist keine Lösung.
- Ein gesunder Wechsel aus An- und Entspannungsphasen sollte das Ziel sein.

In der älteren Literatur wird Stress häufig noch in Di- und Eustress *(Distress = negativer Stress / Eustress = positiver Stress)* unterteilt.

Diese Unterteilung passt aus meiner Sicht nicht mehr zu den neuesten Erkenntnissen der Wissenschaft. Auch haben wir über unser Stressverständnis mit dem Reiz-Reaktions-System bereits erkannt, dass kurzfristiger Stress kein Problem darstellt, sondern langfristiger. Obschon bei manchen Stressreizen gleichzeitig Glückshormone ausgeschüttet werden (auch durch »Verliebtsein« werden Stresshormone ausgeschüttet), ist das nicht der springende Punkt.

Stress benötigt und verbraucht Energie. Eine Folgeerkrankung von Stress ist deshalb das Burnout *(Burnout = Ausbrennen)*, bei dem sich die Betroffenen in der Tat genauso fühlen – ausgebrannt. Stress, den wir positiv beurteilen, verbraucht ebenso Energie wie Stress, den wir negativ wahrnehmen, und es werden ebenfalls Stresshormone ausgeschüttet. Ein Zuviel an positivem Stress kann auf Dauer ebenso zum Burnout führen wie der negative.

Neben der Menge an Stressreizen gibt es weitere Parameter, die beachtet werden müssen. Die Parameter Dauer, Dosis, Kontrolle und Sinnhaftigkeit wurden in unterschiedlichen Studien benannt.

Dosis und Dauer

»Die Dosis macht das Gift.«

So sagte schon Paracelsus. Es gibt so viele tolle Dinge zu tun, zu entdecken, zu erleben. Auf der Arbeit können wir uns verwirklichen, Ziele erreichen, Grenzen verschieben. Wir haben alle Möglichkeiten. Sehr viele Möglichkeiten bringen die Qual der Entscheidung mit sich. Wir wägen ab, vergleichen und priorisieren. Das sind viele Reize, und die kosten Energie. Wird die Stressdosis auf Dauer zu hoch, dann kippt der positive Stress irgendwann ins Negative, ohne dass wir es bemerken. Er beflügelt uns nicht mehr, sondern fängt an, uns zu belasten.

Ein Beispiel hierfür sind Unternehmer. Ein Unternehmer brennt für seine Idee, sein Produkt, sein Unternehmen. Der positive Stress beflügelt den Unternehmer, verbraucht aber auch Energie.

Ohne einen Ausgleich brennt der Unternehmer nach ein paar Jahren »Vollgas« aus und wundert sich. Wie ist es dazu gekommen? Es war doch viel positiver Stress dabei. Er hat doch geliebt, was er getan hat.

Franky:
Wie steht's mit Ihrer Dosis und Dauer? Sorgen Sie für Ausgleich oder sind Sie ständig am Anschlag? Wie lang sind Ihre Anspannungsphasen? Sind es Tage, Wochen, Monate oder gar Jahre? Haben Sie einen Ausgleich, der Sie auf eine ganz andere Art fordert, Sie auf andere Gedanken bringt bzw. die Gedanken einmal ganz abschaltet. Haben Sie Zeiten, in denen Sie sich wirklich entspannen können?

Kontrolle

Kontrolle ist ein weiterer Faktor. Es geht hierbei mehr um die gefühlte als um die tatsächliche Kontrolle. In dem Moment, in dem wir gefühlt die Kontrolle verlieren, steigt unser Stresspegel.

Ein Beispiel hierfür ist das Fliegen. Wenn wir in ein Flugzeug steigen, dann geben wir am Eingang die Kontrolle ab – alle. Viele kommen subjektiv damit wunderbar klar und haben im Flugzeug keinen Stress. Sie lesen, gucken Filme und trinken einen Tomatensaft nach dem anderen. Andere bewerten die Situation anders und haben beim Fliegen sehr viel Stress. Spätestens bei der Durchsage des Piloten: »Bitte schnallen Sie sich fest an. Beide Triebwerke sind ausgefallen. Wir werden auf dem Atlantik notwassern. Nehmen Sie dazu den Kopf zwischen die Knie und halten Sie Ihre Schwimmweste parat«, haben alle im Flugzeug den objektiven Kontrollverlust auch subjektiv wahrgenommen, und das Reiz-Reaktions-System feuert.

Franky:
Sind Sie ein Kontrollfreak und bekommen sofort Stress, wenn Sie meinen, die Kontrolle zu verlieren? In welchen Situationen haben Sie gefühlt keine Kontrolle über die Situation? Ist das objektiv oder subjektiv so? Könnten Sie das ändern und sich in gewissen Situationen zurücknehmen, die Kontrolle einmal ablegen und entspannen?

Sinnhaftigkeit

Ein gesunder Mensch strebt nach Weiterentwicklung und Wachstum. Das ist ein natürlicher Prozess unserer Spezies. Ausbleibende fordernde Reize, Langeweile und ein Verlust der Sinnhaftigkeit führen auf direktem Wege in eine Depression. Das ist etwas, das wir genauso wenig für unser Leben brauchen wie das Burnout.

Es geht nicht darum, in jeder einzelnen Situation die Sinnhaftigkeit dieser Situation oder einer Aufgabe zu hinterfragen. Es geht um den Sinn, der dahinter steht, der uns antreibt und uns Energie verleiht.

Ein sehr anschauliches und zugleich trauriges Beispiel zum Sinn des Lebens sind alte Pärchen. Herbert und Inge sind glücklich 55 Jahre verheiratet. Sie machen alles gemeinsam, auch das Schwelgen in alten Erinnerungen über ihre Urlaube, die Kinder, die sie gemeinsam groß gezogen haben, und ihre Goldene Hochzeit vor 5 Jahren. Als Inge eines Morgens nicht mehr aufwacht, geht für Herbert eine Welt unter. In den folgenden Wochen ist er nicht nur traurig, er weiß nichts mehr mit sich und der Zeit anzufangen. Er hat immer alles mit Inge gemeinsam gemacht. Seine Kinder sind nach Australien ausgewandert und können Herbert auch nicht helfen. Andere Verwandte hat er nicht. Herbert ist allein, fühlt sich nutzlos und wird immer antriebsärmer. Herbert hat den Sinn seines Lebens verloren.

Franky:
Haben Sie Ziele, Visionen in Ihrem und für Ihr Leben? Welchen Sinn sehen Sie für sich im Leben? Sehen Sie einen Sinn in Ihrem Tun, Ihrem Streben, Ihrem Verhalten, Ihrem Sein? Reflektieren Sie das in einer stillen Minute und seien Sie unbedingt ehrlich zu sich.

Wahrnehmung als Schlüssel zum Erfolg

»Wahrnehmung entsteht durch die Wahrnehmung von Unterschieden.«

(Zitat von Axel Jansen, bei dem ich eine Fortbildungsreihe besuchen durfte).

Wir sind mit dem ersten Teil der Analysephase durch, dem Stress **E**-rkennen. Die Basisinhalte für die in Teil III folgenden Ansätze zur Stressreduktion haben Sie nun. Sie haben erkannt, wann und wodurch Sie in Stress geraten. Reflektieren Sie das von Zeit zu Zeit immer mal wieder. Dinge ändern sich, und Sie verändern sich. Achten Sie darauf, ob Sie in alte Muster verfallen. Probieren Sie auch mal aus, etwas anders als üblich zu machen. Treten Sie bewusst aus dem Gewohnten heraus und verlassen Sie Ihre sogenannte Komfortzone. Es lohnt sich. Sie verändern Ihre Wahrnehmung. Hierdurch entstehen häufig gewinnbringende Erfahrungen.

II Analysephase – Stress **M**-essen

Objektive Stressmessung

Die Wissenschaft schreitet voran, und es gibt heute recht genaue Methoden, um Stress objektiv zu messen.

Sie sind ein ZDF-Mensch? Sie sind sich nicht sicher, ob Ihr Körpergefühl mit Ihrem objektiven Stresslevel übereinstimmt? Vielleicht sind Sie an Technik interessiert bzw. mögen Tracking? Vielleicht fühlen Sie sich krank und möchten Gewissheit haben, ob Stress die Ursache ist? Eine objektive Stressmessung kann in solchen Fällen durchaus sinnvoll sein. Man kann über eine spezielle Blutanalyse messen lassen, ob bestimmte Stresshormone erhöht sind. Krankhafte Veränderungen können hiermit diagnostiziert werden. In diesem Fall kann es sinnvoll sein, sowohl medikamentös als auch mit einer Therapie gegenzusteuern.

Des Weiteren kann Stress über EEG-Messungen oder über den Hautwiderstand in speziellen Laboren bestimmt werden. In der Stressforschung und in Studien wird hiermit bevorzugt gearbeitet.

Sie fühlen sich mehr als gestresst und haben das Gefühl, krank zu sein oder fürchten, vor einem Burnout zu stehen? Dann begeben Sie sich in die fachmännischen Hände eines Stressmediziners oder eines auf das Thema Stress spezialisierten Therapeuten. Das ist keine Schande oder – wie viele leider immer noch glauben –, ein Zeichen von Schwäche – sondern die logische Konsequenz.

Wenn wir nicht mehr schlucken können und kaum Luft bekommen, dann gehen wir zum Hals-Nasen-Ohren-Arzt. Wenn wir gestürzt sind und unser Handgelenk schmerzt, dick ist und sich nicht mehr bewegen lässt, dann gehen wir zum Orthopäden. Wenn wir immer wieder stechende Schmerzen in der Brust spüren, dann gehen wir zum Kardiologen und lassen uns durchchecken, richtig? Fällt uns das schwer? Glauben wir, dass das eine Schande ist oder ein Zeichen von Schwäche? Eher nicht, denn solche Arztbesuche sind für uns im westlichen Europa ganz normal. Beim Arzt für die Psyche ist das leider vielerorts auch heute noch anders. Da gibt es Hemmungen und Ausreden … Das ist schade, denn auch hier gibt es Spezialisten, die helfen wollen und die technischen, medizinischen sowie therapeutischen Möglichkeiten dazu haben. Der Kopf bzw. das ANS können genauso erkranken wie der restliche Körper. Hierzulande wird das jedoch leider immer noch anders bewertet.

Sie fühlen sich zwar gestresst und haben auch erkannt, dass Sie ein ernsteres Problem haben? Sie fühlen sich jedoch nicht krank, sondern sind einfach an einem Ist-Wert Ihres Stresslevels interessiert? Dann sind die oben aufgezählten Messmethoden für Sie vielleicht zu viel, zu teuer und/oder zu aufwendig, denn alle werden von Fachleuten durchgeführt. Präventiv werden sie meist nicht von den Krankenkassen übernommen und häufig gibt es lange Wartezeiten, bis man einen Termin beim Spezialisten bekommt.

Es gibt aber für Sie als Endverbraucher die Möglichkeit, Stress selbst, objektiv und recht genau zu messen. Mit den meisten dieser Messgeräte können Sie außerdem Entspannungstechniken trainieren und diese Trainingseinheiten ebenfalls messen und dokumentieren. Die Herz-Raten-Variabilität (HRV) ist eine solche Messung. Sie wird ebenfalls in der Therapie, von Ärzten und in Krankenhäusern angewendet.

Was ist die HRV?

Unser Herz sollte rhythmisch und immer gleich stark schlagen, sonst haben wir Herz-Rhythmus- oder andere Störungen. Zwischen den einzelnen Herzschlägen liegt eine kurze Pause. Die Pausen zwischen den einzelnen Herzschlägen werden in Millisekunden gemessen. Diese Pausen sollten möglichst eine hohe Variabilität haben, sprich kurze, mittlere und lange Pausen zwischen den Herzschlägen sollten sich abwechseln. In diesem Fall spricht man von einer hohen HRV. Eine hohe HRV ist ein Zeichen für geringen kardiovaskulären Stress. Einfluss darauf hat wieder unser ANS, das sich permanent versucht auszugleichen. Wenn das gelingt, ist unser Herz gesund und widerstandsfähig gegen Stress. Gesunde Babys und Kleinkinder weisen die größten HRV-Werte auf. Alte und kranke Menschen haben die kleinsten HRV-Werte.

Menschen, die unter chronischem Stress leiden, haben ebenfalls sehr geringe HRV-Werte.

Neben den reinen Pausenvarianzen werden mit den Messsystemen der aktuellen Generation noch viele weitere Parameter bestimmt. Alle Parameter hier detailliert zu erläutern, würde zu weit führen, es ist ein sehr technischer Bereich. Die für Sie wichtige Information an dieser Stelle ist, dass es diese Messgeräte gibt und dass Sie sie für eine Ist-Analyse nutzen können. Noch etwas ist an dieser Stelle jedoch wichtig, die Kohärenz. Bei Stresszuständen, Angstgefühlen, Depressionen oder Zorn wird der Rhythmus des Pulses chaotisch. Wohlbefinden, Mitgefühl und Dankbarkeit führen hingegen zu Kohärenz. Das Beschleunigen und Bremsen des Herzens verläuft dabei mit größter Variabilität.

Das bedeutet im Umkehrschluss, dass unsere Emotionen die HRV und damit unser ANS und damit wiederum unseren Stresslevel beeinflussen können. Diesen wichtigen Punkt nehme ich beim Mentalen Ansatz im dritten Teil dieses Buches wieder auf.

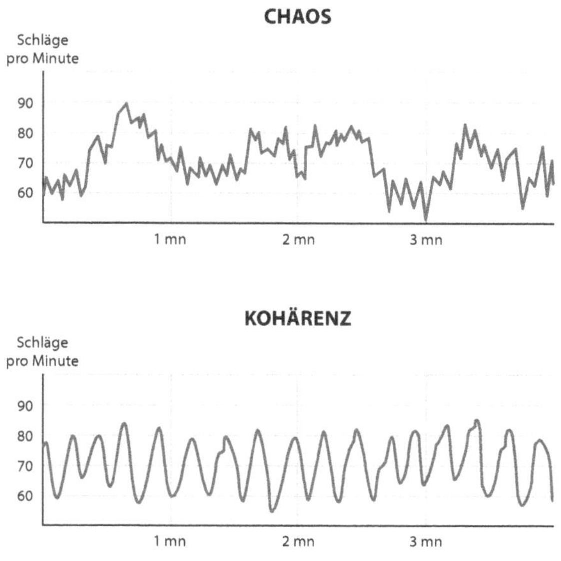

Grafik 11: HRV: Kohärenz (Chaos = kleine HRV; Kohärenz = große HRV)

Wir bleiben an dieser Stelle noch beim Thema Messen. Stellen Sie sich die Geräte wie eine Waage vor. Wir fühlen uns zu dick und möchten abnehmen. Wir stellen uns auf unsere Waage, die wir lange unterm Schrank versteckt hatten, und erschrecken beim Wiegen – unser Ist-Wert beträgt 103 Kilogramm. Wie ist das möglich, wir haben doch vor 2 Jahren noch 82 Kilogramm gewogen oder ist das doch schon länger her? Zumindest 85 Kilogramm würden wir gerne wieder erreichen – unser Soll-Wert oder Ziel-Wert beträgt also 85 Kilogramm. Wir beginnen unsere Ernährung umzustellen, uns mehr zu bewegen, ja vielleicht sogar ein wenig Sport zu treiben. In regelmäßigen Abständen verfolgen wir, wie unser Gewicht sich ändert. Wir können durch regelmäßige Kontrollen und Dokumentation feststellen, welche unserer Veränderungen am besten funktionieren. Wir können unsere Maßnahmen optimieren und erreichen unsere gesetzten Ziele.

Das gleiche können wir mit einer HRV-Messung für unseren Stresslevel machen. Wir messen unseren Ist-Zustand und beginnen danach mit einigen der Techniken zur Stressreduktion aus diesem Buch. Wie beim Thema Gewicht sollten auch bei Stress keine schnellen Erfolge im Vordergrund stehen, sondern eine langsame, kontinuierliche und dadurch nachhaltige Veränderung von Gewohnheiten. Ein guter Messabstand könnte beispielsweise alle 3–6 Monate betragen.

Zu unterscheiden sind bei der HRV-Messung Kurzzeitmessungen und Langzeitmessungen. Beide haben ihre Vor- und Nachteile, und Sie dürfen entscheiden, was Ihnen wichtig ist bzw. besser zu Ihnen passt.

Bei diesen Systemen wird in 2–5-minütigen Messungen die HRV und daraus abgeleitet der Stresslevel ermittelt. Zeitlicher und finanzieller Aufwand sind geringer als bei der HRV-Langzeitmessung. Die Ergebnisse sind jedoch auch nur als Momentaufnahme zu betrachten. Es gibt viele Parameter, die die HRV beeinflussen. Sind wir gerade die Treppen zweimal hoch und wieder runter gelaufen, dann bekommen wir bei einer anschließenden Messung ein anderes Ergebnis, als wenn wir die vergangenen fünf Minuten ruhig gesessen haben. Viele weitere Faktoren spielen beim Ergebnis der **Kurzzeitmessung** eine Rolle. Als Einmalmessung zur Bestimmung des Ist-Zustandes und als Basis eines Anti-Stress-Trainings mit Kontrollmessung erst in sechs Monaten sehe ich die HRV-Kurzzeitmessung aus diesen Gründen kritisch.

Wenn ein System zur Kurzzeitmessung angeschafft wird, Sie mehrere Tage zu unterschiedlichen Zeiten messen und aus den Einzelergebnissen einen Durchschnittswert ermitteln, dann bekommen Sie einen aussagekräftigen Durchschnittswert. Mit den meisten Systemen zur HRV-Kurzzeitmessung können Sie außerdem Entspannung trainieren und bekommen meist visuell ein direktes Feedback (Biofeedbacktraining). Wenn Sie nun regelmäßig ein Entspannungstraining durchführen – egal ob mit oder ohne Messsystem –, jedoch in regelmäßigen Abständen wieder einige Tage lang messen und den Durchschnittswert ermitteln, dann können Sie den Verlauf Ihrer Werte dokumentieren und nach einer gewissen Zeit einen klaren Trend erkennen. Verbessern sich Ihre Werte bei natürlichen Schwankungen durch Ihren Tageszustand, bleiben sie gleich oder werden sie tendenziell schlechter? Dieses Vorgehen kann beim Veränderungsprozess unterstützen und bei der Motivation helfen.

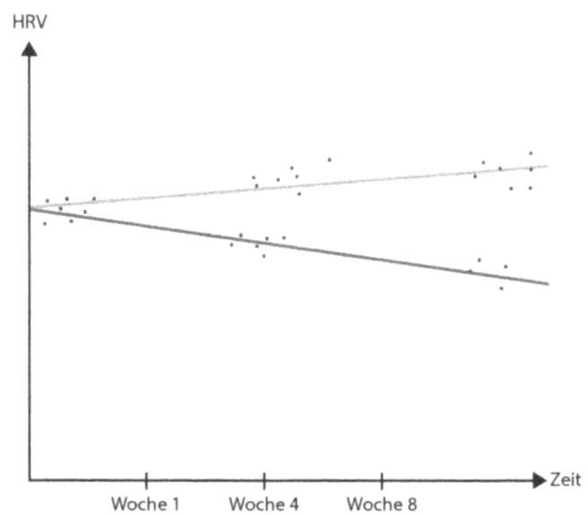

Grafik 12: HRV-Kurzzeitmessung: Guter und schlechter Trendverlauf bei HRV-Kurzzeitmessung in Intervallen (Durchschnittswert mehrerer Tagesmessungen im Vergleich auf der Zeitachse)

Bei den Systemen zur **Langzeitmessung** wird die HRV über 24–72 Stunden gemessen. Bei guten Systemen findet zeitgleich eine Dokumentation zum Tagesablauf statt. Beides wird in der Auswertungsgrafik anschließend übereinander gelegt. Das ist spannend, da hierdurch Einblicke von Stressreaktionen auf den Alltag möglich werden. Was führt bei Ihnen zu einer Stressreaktion und was fördert Ihre Entspannung?

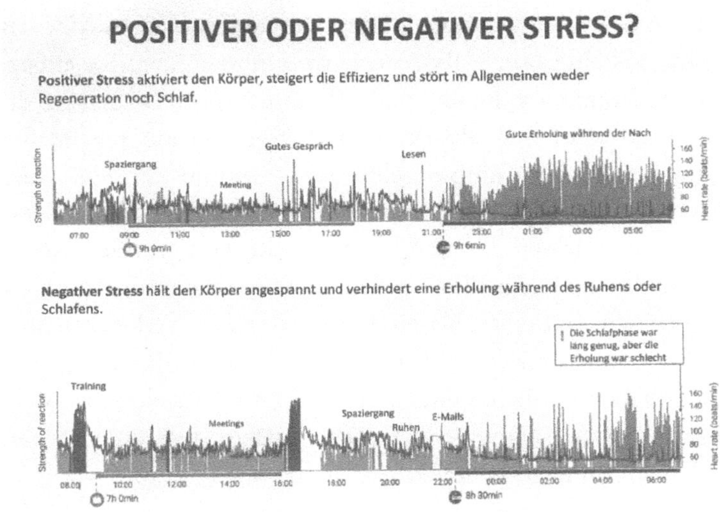

Grafik 13:HRV-Langzeitmessung (firstbeat): Die Ausschläge zeigen die Sympathikusaktivität (Anspannung) und die Parasympathikusaktivität (Entspannung/Regeneration).

Es ist vollkommen normal, dass tagsüber der Sympathikus dominiert. Allerdings ist es wünschenswert, wenn auch während des Tages zwischendurch der Parasympathikus aktiv ist. Diese kleinen Pausen des ANS sind vergleichbar mit dem Aufladen des Akkus bei einem Smartphone und wirken sehr positiv auf den Gesamtstresslevel. In der Nacht sollte vornehmlich der Parasympathikus aktiv sein.

Es gibt Studien, die besagen, dass Fernsehen Stress verursacht.

Und es gibt Studien, die besagen, dass Lesen zur Entspannung beiträgt, ja sogar das Leben verlängert.

Wenn Sie bei einer solchen Messung feststellen, dass Ihre Stresswerte am ersten Abend beim Fernsehen nicht großartig anders sind als am zweiten Abend beim Lesen, dann ist Lesen für Sie vielleicht nicht die Form der Entspannung, die Ihnen hilft, Ihren Stresslevel signifikant zu verbessern. Wenn Sie nicht gerne lesen, müssen Sie sich zukünftig nicht zum Lesen zwingen, nur weil das die Studie xy besagt. Sie schauen weiter in Maßen fern, finden dafür aber andere Ansätze, die bei Ihnen gut funktionieren und Entspannung in Ihren Alltag bringen.

Jeder von uns ist individuell.

Hören Sie auf Ihr Körpergefühl, und wenn Sie dem nicht trauen, dann lassen Sie sich durch moderne Messverfahren helfen. Sie können mit Hilfe solcher Messungen Ihr Körpergefühl wiederentdecken und stärken. Das Ziel sollte dann sein, später wieder unabhängig von technischen Hilfsmitteln zu werden.

Schlaf und Regeneration in der Nacht

Wir wissen heute, dass die Nachtruhe zur Regeneration essenziell ist. Unser Stoffwechsel stellt vom Tag- in den Nachtmodus um. Unser gesamter Organismus (Muskeln, Organe, Haut, Knochen, Gehirn …) regeneriert sich auf zellulärer Ebene. Unter anderem werden hierbei auch Stresshormone abgebaut. Nach einer ausreichenden und guten Nachtruhe fühlen wir uns morgens frisch, erholt, ausgeschlafen und voller Energie. Das ist eine wesentliche Ressource für unseren Alltag in der Leistungsgesellschaft. Ich hoffe, Sie kennen das Gefühl, so richtig ausgeschlafen und energiegeladen zu sein?!

Wenn der folgende Tag anstrengend und stressig verläuft, dann stecken Sie das besser weg, bleiben in Stress-Situationen entspannter und fühlen sich abends weniger ausgelaugt. Vergleichen Sie das mit einem Wasserglas. Sie haben ein großes, leeres Wasserglas. Über den Tag verteilt kommen viele Stressreize in Form von Wassertropfen in das Glas. Das Glas füllt sich zwar langsam, aber es läuft noch lange nicht über.

Neben das Wasserglas stellen wir nun ein weiteres, kleineres, das zu Beginn schon einem Drittel mit Wasser gefüllt ist. Das symbolisiert eine durchwachsene Nacht mit unruhigem Schlaf, Wachliegen und Grübeln und schlechten Regenerationswerten. Am Morgen fühlen Sie sich kaputt und müde. Nach ein paar Tassen Kaffee geht es dann, und dank Ihrer Disziplin und Willensstärke lassen Sie sich durch eine solche Nacht nicht unterkriegen. Sie beißen die Zähne zusammen: »Geht schon!« Die gleichen Wassertropfen kommen über den Tag verteilt auch ins kleine Wasserglas. Ganz sicher wird es nach nur einer solchen Nacht noch nicht überlaufen, aber es ist deutlich voller als das große Wasserglas. Sie schaffen es, das zu kompensieren, aber Sie fühlen sich während des Tages anders. Sie benötigen mehr Kraft, um alle Anforderungen gut zu meistern, und sind am Abend deutlich energieloser als im ersten Beispiel. Reihen sich nun viele schlechte Nächte aneinander, in denen Sie sich nicht vernünftig regenerieren, gefolgt von vielen stressigen Tagen, dann läuft irgendwann das kleine Wasserglas über. Genauso ist es mit Ihrem Stresslevel auch. Regeneration ist essenziell und eine der wichtigsten Ressourcen.

Ich kenne viele, die das nicht wahr haben wollen. Sie geben an, das nicht zu bemerken und sind davon überzeugt, dass sie die schlechten Regenerationswerte wegstecken. Sie reden sich ein, stark zu sein und dass alles ihnen abprallt. Wie man mittels solcher

Messmethoden eindeutig aufzeigen kann, ist dem leider nicht so. Sie kompensieren, und das geht eine ganze Weile gut. Die Messwerte sind von Beginn an beeinträchtigt. Die negativen Auswirkungen auf die Gesundheit manifestieren sich jedoch langfristig und werden Jahre bzw. Jahrzehnte später zum Problem.

Ein drastisches Beispiel verdeutlicht es: Schlafentzug als Folter. Wenn man jemanden vier Tage und Nächte am Stück wachhält, ihn mit lauter Musik beschallt und direkt mit einer Lampe ins Gesicht strahlt, sodass keine Chance besteht, auch nur einen »Kurzschlaf« einzulegen, dann ist derjenige physisch und psychisch am Ende. Er erzählt alles, selbst das, was man gar nicht wissen will. Schlafentzug als Folterinstrument führt zum Tode, weil dem Organismus die lebenswichtige Regeneration genommen wird.

In einem so übertriebenen Maß merkt jeder, dass die Leistungsfähigkeit körperlich wie geistig stark absinkt. Konzentration ist quasi nicht mehr vorhanden, der eigene Antrieb fehlt, und quälender Kopfschmerz setzt ein.

Bei nur geringem Schlafentzug merkt man die Auswirkungen häufig kaum. Reihen sich nur 2–3 Nächte mäßiger Schlafqualität aneinander, hat das jedoch schon nicht unerhebliche Auswirkungen auf die Leistungsfähigkeit, die Konzentration, das eigene Empfinden, Verhalten und den Stresslevel.

Regeneration während des Tages

Während des Tages ist der Sympathikus überwiegend der aktivere Teil. Das ist normal und nicht negativ zu bewerten. Auch positive Stressreize führen dazu, dass unser System Gas gibt *(Sympathikusaktivität)*. Es gibt jedoch einen wichtigen Parameter beim Thema Stress. Wir sollten zwischendurch kleine Zeitfenster der Entspannung einbauen, in denen der Parasympathikus aktiv ist und unser ANS ausgleicht. Diese kleinen Entspannungspausen sind »Gold wert«. Sie verringern die Flüssigkeit in unserem Glas. Das bedeutet für uns in der Praxis, dass wir Energie auftanken, wie ein Smartphone, das man zwischendurch kurz an die Steckdose hängt. Wir haben anschließend wieder mehr Ressourcen, um kommende Stressreize zu meistern und bis zum Abend locker durchzuhalten. Man fühlt sich besser, energiegeladener und entspannter.

Körperliche Aktivität

Wir sind von Natur aus auf Bewegung geeicht. In der Anatomie wird unser Skelett- und Muskelsystem als Stütz- und Bewegungsapparat beschrieben – es heißt nicht Sitz- und Liegeapparat. Leider benutzen wir es aber häufig so. Nicht nur für unsere Muskeln, Faszien, unseren Stoffwechsel und zur Vorbeugung von Gelenk- und Rückenproblemen benötigen wir regelmäßige Bewegung. Auch für unseren Stresslevel ist regelmäßige Bewegung eine wichtige Stellschraube. Regelmäßige leichte Bewegung ist für den Stresslevel ebenso wichtig wie hin und wieder intensivere Belastungen. Stresshormone werden dabei abgebaut und Ressourcen werden aufgebaut, um künftige Belastungen abzufedern.

Alle beschriebenen Parameter *(Regeneration und Schlafqualität, An- und Entspannung während des Tages sowie körperliche Aktivität)* fließen in die HRV-Langzeitmessung ein. Zusätzlich werden individuelle Parameter mit aufgenommen *(Alter, Geschlecht, Fitnesslevel, Medikamente, Genussmittel etc.)*. Das Messergebnis wird ins Verhältnis zum Durchschnitt einer Vergleichsgruppe gesetzt. Und zusätzlich wird auf das Messergebnis noch die individuelle Maske *(der dokumentierte Tagesablauf)* gelegt. Hieraus ergeben sich sinnvolle Ansätze, um am eigenen Stresslevel zu arbeiten.

Ein solides Messsystem in Kombination mit ein wenig Zeit zur Selbstreflexion und einem wiedererlangten Körpergefühl können Spaß an Selbstversuchen machen und spannende Erkenntnisse bringen. Hier einige Beispiele aus der Praxis:

Betrifft es mich?

»Bewegung tut gut, ist gesund und hilft dabei, Stress abzubauen.« Das ist für Sie keine neue Erkenntnis. Dieser Sachverhalt ist in Hunderten von Studien schon lange Zeit belegt und wird in Fachbüchern, Fachzeitschriften und in den Medien immer wieder aufgegriffen.

Die Frage ist: »Gilt das auch für Sie?« Wenn ich mir das Bewegungsverhalten von vielen Menschen hier in Deutschland anschaue, dann könnte man zu dem Schluss kommen, dass diese Frage zu verneinen ist.

Klienten, die zu mir kommen, klagen nicht nur über Stress, sondern haben meist schon daraus resultierende gesundheitliche Probleme. Es kommt so gut wie nie vor, dass sie die Aussage von oben *(»Bewegung tut gut, ist gesund und hilft auch dabei, Stress abzubauen.«)* nicht kennen und nicht um die groben Zusammenhänge wissen. Eher die Regel denn die Ausnahme ist jedoch ein Bewegungsverhalten von weniger als 3000 Schritten pro Tag. Das entspricht nicht einmal 2 Kilometern. Sportliche und intensive Bewegung fehlt häufig komplett in der Bewegungsanalyse.

Das passt in meinen Augen nicht zusammen, und wenn wir das gemeinsam erörtern, sind die Betroffenen gleicher Meinung. Es gibt eine ganz einfache Erklärung dafür. Wir sind Weltmeister in der Verdrängung. Wir wissen über die Fakten Bescheid, blenden diese jedoch aus bzw. beziehen sie nicht auf uns, auf unsere Gesundheit, auf unser Leben. Wir stehen »quasi« über den Dingen. Das ist bei ganz vielen anderen Gesundheitsthemen ebenso der Fall, z. B. beim Rauchen.

Zurück zum Stress, denn auch hier werden die Tatsachen einfach ausgeblendet. Genau deshalb kann bei Stress eine HRV-Langzeitmessung helfen. Sie hilft dabei, das Bewusstsein zu erweitern. Wenn bei einer solchen Messung an einem Tag ein moderates Sportprogramm absolviert wird bzw. an einem anderen ein flotter Spaziergang und bei der Auswertungsgrafik dann erkennbar ist, dass hierdurch im Anschluss ein grüner Bereich entsteht, dann stößt das etwas in unserem Bewusstsein an. Wenn wir zusätzlich sehen, dass am anderen Tag, ohne die Bewegung, ein schlechteres Ergebnis, ein höherer Stresslevel, ein größerer roter Bereich entsteht, dann können wir das nicht mehr so einfach von uns wegschieben. Da geht es nicht um die Allgemeinheit und um Statistiken. Das sind meine Werte, diese Dinge bewirken etwas bei mir. Das kann ein Anstoß sein, eine Veränderung einzuleiten – eine Art Motivationsschub.

Die Dosis macht das Gift

Zu viel und zu intensive Bewegung kann speziell für unser Thema Stress jedoch auch ungünstig sein.

Ich kenne Menschen, die in allen Lebenslagen Vollgas geben. Nur ein Beispiel von vielen sind Manager, die mir in meinen Seminaren immer wieder begegnen. Sie ackern auf Hochtouren im Job, tanzen auf allen Hochzeiten, sind zusätzlich Vorstand vom Sportverein, engagieren sich in der Kommunalpolitik und machen beim Bau des eigenen Hauses noch den Bauleiter. Zum Ausgleich gegen Stress soll ja Bewegung gut sein, hat ihnen ihr Arzt gesagt. Sie haben daraufhin die alten Sportklamotten herausgekramt. Einfach nur joggen gehen und sich dabei wohlfühlen ist viel zu einfach, darum trainieren sie nach ein paar Laufeinheiten gleich für den Marathon. Ein ambitioniertes Ziel gehört schließlich zum Sport dazu. Und ein solches Ziel kann ein guter Motivator sein, regelmäßig das Lauftraining einzubauen. Es gibt Menschen, die das brauchen. Überlegen Sie, was Sie für ein Typ sind.

Es gibt in der Tat Menschen, die stressresistenter sind als andere – man nennt das natürliche Resilienzfähigkeit. Es gibt in allen Bereichen Menschen, die mehr können oder haben. Jedoch gibt es bei allen Fähigkeiten Grenzen. Leider gestehen sich genau diese Menschen nicht ein, dass auch sie Grenzen haben. Sie wollen nicht wahrhaben und blenden aus, dass sie schon im roten Bereich drehen. Selbst die ersten ernstzunehmenden Krankheitsanzeichen werden ignoriert. Für diese Menschen kann eine

HRV-Langzeitmessung sehr sinnvoll sein, denn hier bekommen sie objektiv im Ampelprinzip aufgezeigt, dass selbst sie nicht »unkaputtbar« sind. Speziell das Messergebnis zum Marathontraining kann in diesem Zusammenhang aufschlussreich sein.

Es ist generell nichts gegen regelmäßigere, längere Trainingseinheiten einzuwenden. Intensive Trainingseinheiten haben ihre Berechtigung und können förderlich sein, für die Gesundheit und beim Thema Stress. Die Frage ist, wann ich diese Trainingseinheiten setze und wann sie genau das Gegenteil bewirken. Im Leistungssport weiß man schon lange, dass wir in der Regeneration besser werden. Das ist in Studien hinreichend belegt. Werden schon in der Regenerationsphase die nächsten intensiven Trainingseinheiten gesetzt, dann kommt es zum Übertraining, zum Leistungsabfall und meist auch zu Krankheit und/oder Verletzung. Sportler werden hierzu umfassend betreut, haben Leistungsdiagnostiker an ihrer Seite, und die meisten Sportler haben ein exzellentes Körpergefühl.

Wie sieht es bei unserem gestressten Manager Herbert aus? Der hatte eine kurze und unruhige Nacht und im Anschluss einen extrem harten Tag. Herbert hat gerade sehr hohe Stresswerte und ist, wenn er mal in sich hineinfühlen würde, richtig platt und ausgelaugt. Auf dem Trainingsplan für den Marathon in 3 Monaten steht heute ein erster langer Lauf über 25 Kilometer. Der Trainingsplan ist von einem Laufspezialisten, der ein erfolgreiches Trainingsbuch über Marathon geschrieben hat, speziell für Herbert konzipiert. Da hat Herbert nicht gespart, denn er hat das Ziel, den Marathon unter 4 Stunden zu finishen, alles andere wäre eine Schande für ihn. Sein Chef hat das ja auch schon geschafft. Herbert kämpft sich durch den 25-Kilometer-Trainingslauf. Spaß macht das heute nicht, aber er ist hart, hat Disziplin, schafft das.

Ist das sinnvoll? Für Herberts Gesundheit, seinen Stresslevel, sein Wohlbefinden und seine Leistungsfähigkeit, ganz klar – Nein! Und auch für den bevorstehenden Marathon wäre es mit hoher Wahrscheinlichkeit besser, die lange Einheit auf einen anderen Tag zu verschieben.

Wenn Herbert den anstrengenden Tag, den Lauf und die Nacht danach die HRV-Langzeit-Messung nutzen würde, dann würde er sehen, dass sein Körper, seine Regenerations- und Stresswerte förmlich rebellieren. Speziell in der Nacht wird die Regeneration negativ beeinflusst sein und auch noch am Tag danach werden seine Werte schlechter sein. Diese Auswertungsgrafik könnte einen Umdenkprozess anschieben. Individuell – das ist das »Zauberwort«. An einem solchen Tag macht eine leichte Trainingseinheit Sinn, denn sie fördert die Gesundheit und baut Stresshormone ab. Nach einer anschließenden ausreichenden Nachtruhe, in der die Regeneration durch das moderate Training unterstützt wird, sammelt der Manager neue Energie. Er fühlt sich ausgeschlafen, wohl und kann am Folgetag 100 Prozent seiner Leistungsfähigkeit auch abrufen. Sein Wasserglas ist ein ordentliches Stück geleert und kann einige neue Stresstropfen aufnehmen. Vielleicht ist heute der richtige Tag für die 25-Kilometer-Einheit gekommen.

Was wollen Sie erreichen? Was ist das Ziel Ihrer Bewegungseinheiten? Was ist Ihnen wichtiger, der Job, die Familie, Ihre Gesundheit oder die Marathonzeit? Was tun Sie und zu welchem Ergebnis führt dieses Handeln? Nehmen Sie sich zur Beantwortung dieser Fragen im Alltag regelmäßig kurz Zeit. Vergleichen Sie Ihr Verhalten mit Ihren Zielen. Stellen Sie bei dieser objektiven Betrachtung fest, dass es dort Abweichungen gibt, dann verändern Sie Ihr Verhalten bzw. Ihr Denken (vgl. hierzu Kapitel *Kill deinen Stress mental* im Teil III, Reduktionsphase).

Da wir uns gerne mit anderen messen und vergleichen, ist eine weitere gute Frage: »Mit wem vergleichen Sie sich? Als Manager mit 60-Stunden-Wochen *(gilt für alle Vollzeitarbeitenden mit weniger Stunden)* sollten Sie sich nicht mit dem Studenten vergleichen und die gleichen Trainingspläne abtrainieren. Schon gar nicht sollten Sie sich mit dem Leistungssportler vergleichen. Sportler verdienen mit ihrem Körper das Geld. Sie stimmen ihr Training, die Ernährung und die Entspannungspausen aufeinander ab. Sie leben für den Sport. Ja, im Leistungssport sind Mittagsschläfchen und 7–9 Stunden Nachtruhe üblich. Dann sind auch unglaubliche Trainingsintensitäten möglich, wie Jan Frodeno *(Weltmeister im Triathlon und Gewinner des Iron Man auf Hawaii)* in seinem Buch eindrucksvoll beschreibt. Welcher normale Vollzeitbeschäftigte bzw. Selbstständige kann hier vergleichbare Rahmenbedingungen schaffen? Damals als Personal Trainer erlebte ich den übermäßigen und unpassenden Ehrgeiz immer wieder in der Praxis.

Der Vergleich mit inhomogenen Gruppen führt bei uns dann ganz schnell zu Stress, Frust und negativen Gefühlen. Das folgende Beispiel wird oft bei Frauen zum Thema Figur beobachtet. Über die Medien wird uns in Farbe und Hochglanz verkauft, wie Frau aussehen muss. Viele Frauen eifern diesem »Vorbild« nach, verfallen in ein ungesundes Essverhalten, zwingen sich wie unser Manager zu intensiven Sporteinheiten im Fitnesscenter, obwohl sie durch Mehrfachbelastung *(Kinder, Job, Familie zusammenhalten, Haushalt ...)* erschöpft sind und haben Stress. Sie vergleichen sich mit den 0,01 Prozent der Bevölkerung, den Models. Diese verdienen, wie die Leistungssportler, mit dem Körper das Geld und werden dank Make-up-Artists und Photoshop dann auch noch perfekt in Szene gesetzt. Wie soll Frau mit 40, zwei Kindern, Hund, 30-Stunden-Arbeitswoche, Haus und Garten das bewerkstelligen? Da sind Stress, Scheitern und negative Gefühle vorprogrammiert. Auch sei an dieser Stelle die Frage erlaubt: Wie gesund und entspannt sind eigentlich die Models hinter den Kulissen?

Zurück zur HRV-Langzeitmessung. Speziell am Abend ist es fraglich, ob intensive Sporteinheiten Sinn machen. Wer am Abend um 22 Uhr das Fitnessstudio nach einer hochintensiven Einheit verlässt und am nächsten Morgen wieder um 6 Uhr raus muss, der wird in der nächtlichen Regeneration unterdurchschnittliche Werte aufweisen. Der Spruch »Viel hilft viel« ist nicht immer der beste Weg, vor allem nicht, wenn es um die Verbesserung des Stresslevels geht. Im Umkehrschluss soll das nicht heißen, dass wir mit 43 Jahren nun nur noch Rentnersport treiben sollen. Unser Organismus ist belastbar und kann einiges wegstecken. Fordern Sie sich, aber überfordern Sie sich nicht.

Frankys Praxistipp: Beachten Sie hierfür zukünftig zwei wesentliche Punkte:

1. *Hören Sie auf Ihr Körpergefühl und geben Sie Ihrem Körper das, was er braucht. Wir alle haben ein natürliches Körpergefühl. Bei Babys funktioniert das hervorragend. Nach und nach verlernen viele von uns diese Wahrnehmung. Wir trainieren es uns ab bzw. bekommen es in unserer Zivilisationsgesellschaft abtrainiert. Die gute Nachricht: Ihr Körpergefühl schlummert noch in Ihnen und wartet darauf, wiederentdeckt zu werden.*
2. *Halten Sie sich größtenteils an Punkt 1. Ab und zu dürfen und sollen Sie in jeder Hinsicht über die Stränge schlagen. Das ist Leben. Das gehört dazu. Schlagen Sie regelmäßig über die Stränge, treiben intensiv Sport bei 14-Stunden-Arbeitstagen und ernähren sich dabei von Fast Food und abends zum Runterkommen ein bisschen Alkohol und haben die ganze Zeit regelmäßig und dauerhaft Stress, dann wird es zum Problem. Bei 007 ist das anders? Ja, das ist Kino …*

Regeneration unterstützen

Ein weiterer Punkt, der über die HRV-Langzeitmessung sehr gut abgebildet werden kann, ist der Zusammenhang von Ernährung und Stress sowie Regeneration.

Generell sollten wir genügend Zeit nach der letzten Mahlzeit lassen, um unseren Organismus dabei zu unterstützen, die Nachtruhe auch effektiv für die Regeneration zu nutzen. Vereinfacht dargestellt, gibt es einen Tagstoffwechsel und einen Nachtstoffwechsel. Beide haben unterschiedliche Aufgaben. Die Nachtruhe ist für die Regeneration vorgesehen. In den unterschiedlichen Schlafzyklen, die wir jede Nacht mehrfach durchlaufen, regeneriert unser kompletter Organismus. Muskeln, Organe, Knochen, unser Gehirn und unser Nervensystem – überall findet Erneuerung statt. Dafür benötigt unser System zum einen die bereits in Teil I Analyse erwähnten essenziellen Nährstoffe *(kann unser Organismus nicht selber herstellen)* und zum anderen hat er dafür ein ausgeklügeltes Recyclingsystem entwickelt.

Haben wir kurz vorm Schlafengehen noch etwas gegessen, dann schaltet unser Organismus beim Einschlafen nicht auf Regenerationsstoffwechsel um, sondern arbeitet weiter. Stellen Sie sich vor, was ansonsten passieren würde. Wir haben einen kleinen Snack im Magen, der halbverdaut und mit Magensäure vermischt ist. Dann wird während der sieben Stunden Nachtschlaf die Verdauung abgestellt. Der Nahrungsbrei bleibt im Magen und wartet auf den kommenden Morgen. Er würde gären und wir hätten einen aufgeblähten Bauch, Blähungen und Bauchschmerzen. Bevor sich also unser Magen schlafen legt, arbeitet er zu Ende, während wir schon schlafen. Die Schlafqualität ist dabei negativ beeinträchtigt. Die Zeitspanne fehlt uns am kommenden Morgen. Wir haben zwar sieben Stunden geschlafen, eigentlich lange genug. Leider haben wir nur vier Stunden davon grüne Regenerationswerte. Die ersten drei Stunden unserer Schlafzeit ist unser Körper mit anderen Dingen beschäftigt. Der Sympathikus feuert. Eine sehr ungünstige Sachlage zur Verbesserung des Stresslevels.

Natürlich haben auch die Menge und die Beschaffenheit dessen, was wir zuführen, Einfluss auf die Regenerationswerte. Steigt der Blutzucker und beim Gesunden somit der Insulinspiegel stark an, da wir Süßes auf der Couch essen? Ist es etwas schwer Verdauliches oder etwas Leichtes? Ist es eine Kleinigkeit oder mengenmäßig eine ganze Mahlzeit? Unterschiedliche Nahrungsmittel haben unterschiedliche Passagezeiten im Magen. Wenn wir auf leeren Magen beispielsweise einen Apfel essen, hat der nach ca. 30 Minuten den Magen passiert. Ein paar Schokoriegel hingegen brauchen mehr als doppelt so lange. Selbst Getränke, die eine schnelle Passagezeit haben, erhöhen stark den Blutzucker- und Insulinspiegel. Und da wir gerade dabei sind,

Hand aufs Herz: »Wer nascht denn abends auf dem Sofa gesunde Dinge?«

Ich hatte vor Jahren einen Kunden im Personal Training, der abnehmen und fitter werden wollte und dem sein Arzt angeraten hatte, unbedingt von seinem hohen Stresslevel herunterzukommen. Er hatte beim Check-up neben einigen schlechten Werten vor allem beunruhigende Werte, die sein Herzinfarktrisiko betrafen, von seinem Arzt diagnostiziert bekommen. Wie sich bei einer 72-stündigen Stressmessung herausstellte, schlief er nachts nicht durch. Gegen 3 Uhr wurde er wach und danach waren bis zum Weckerklingeln um 5:30 Uhr nur noch rote Regenerationswerte in seiner Auswertungsgrafik. Auf Nachfrage gab er an, dass er regelmäßig zur gleichen Zeit gegen 3 Uhr erwachte, allerdings recht schnell wieder einschlief. Komisch, dass anschließend keinerlei Regeneration mehr stattfand. Nach mehrmaligem »Nachbohren« rückte er mit der Sprache heraus. Er hatte seit Jahren ein Ritual: Nach dem Aufwachen um 3 Uhr ging er runter in die Küche, 2 Löffel Nutella und danach wieder ab ins Bett und weiterschlafen. Dass ein solches Verhalten nicht zielführend für die Gewichtsreduktion ist, ist allseits bekannt. Jeder Ernährungsmediziner und Zahnarzt würde an dieser Stelle zusammenbrechen. Was für frappierende Auswirkungen es jedoch auf die Regeneration und den Stresslevel hat, wurde ihm so deutlich nie vor Augen geführt. Ihm fehlte durch diese Angewohnheit knapp ein Drittel seiner möglichen Regeneration in der Nachtruhe, und das seit Jahren. Als ehrgeiziger Unternehmer mit hohen Ansprüchen an sich und seine Leistung ein »No-Go«. Er entsorgte nach dieser Erkenntnis sämtliche Nutellavorräte aus dem Haus und ist seither »clean«.

»Alkohol und Regeneration.« Ein Thema, das sich hier nahtlos anschließt, ist das Thema Alkohol. Alkohol fährt die Regeneration auf Null. Dabei spielt die Menge lediglich dafür eine Rolle, wie lange die Regeneration ausgeschaltet wird. Schauen wir uns kurz an, was passiert.

Alkohol ist Gift für den Körper. Ab einer gewissen Dosis an Alkohol erleiden wir eine Alkoholvergiftung. Der Dauerkonsument braucht hierzu zwei Flaschen Wodka, derjenige, der selten Alkohol trinkt, findet sich schon nach einer halben Flasche im Krankenhaus wieder. Man kann wirklich alles trainieren.

Wenn Alkohol in den Körper gelangt, dann stellt der Organismus sofort seinen Stoffwechsel um. Der Alkohol wird zur Energiegewinnung herangezogen, mit dem Ziel, diesen so schnell es geht, aus dem Blut abzubauen. Alles andere, was an Energien mit dem Alkohol zusammen zugeführt wird *(Essen, Knabberzeug etc.)*, wird umgebaut und eingelagert. Da wir in unserer Kultur Alkohol meist abends konsumieren und dazu/danach meist etwas essen/knabbern, kann er einen großen Störfaktor für unsere nächtliche Regeneration darstellen.

In meinen Seminaren kommt an dieser Stelle regelmäßig der Einwand: »Aber wenn ich abends gemütlich 2–3 Gläschen Wein trinke, dann fahre ich runter, bekomme eine angenehme Bettschwere und schlafe schnell ein. Mir tut das gut.« Das kann gefühlt so sein, bzw. das Einschlafen kann dadurch in der Tat beschleunigt werden. Je nach Menge an und Verträglichkeit von Alkohol laufen die ersten Schlafzyklen und die dort stattfindende Regeneration komplett anders ab als ohne Alkohol.

Ich habe dazu mittels der Langzeit-HRV-Messung einen Selbstversuch gemacht. Ich habe ein Wochenende lang gemessen und mich bemüht, an beiden Tagen zeitgleich zu essen, mich gleich viel zu bewegen, nicht zu arbeiten und auch ansonsten alles identisch zu machen. Am ersten Abend habe ich gemütlich vier Flaschen Bier (0,33 ml) getrunken, am zweiten Abend Tee. Ich bin zur gleichen Zeit ins Bett gegangen und habe zur gleichen Zeit meinen Wecker gestellt, sodass in beiden Nächten 7,5 Stunden Zeit zum Schlafen war. In der ersten Nacht waren die ersten 3 Stunden im roten Bereich *(Sympathikusaktivität)* und ich habe 4,5 Stunden im grünen Bereich regeneriert. In der zweiten Nacht waren 7 Stunden der Nachtruhe im grünen Bereich und somit im Regenerationsbereich. Ich denke, das bedarf keiner weiteren Erläuterungen.

Wenn Sie ein Problem mit Stress haben und Ihren Stresslevel senken möchten, dann ist Alkohol ungünstig! Es hat sich in diesem Bereich viel getan. Dennoch erlebe ich gerade in Hotels am Abend häufig noch das Treffen an der Bar bei dem einen oder anderen Absacker. Wenn man z. B. den Gesprächen von Vertrieblern lauscht, die sich im Hotel zu regelmäßigen Vertriebsmeetings treffen, dann geht es häufig auch um das Thema Arbeitsbelastung und Stress. Da wird erzählt, wie anstrengend es doch geworden ist, wie hoch die gesteckten Vertriebsziele der Unternehmen sind, wie viel Extrazeit durch die Verkehrslage hinzukommt und wie groß der Stresslevel ist. Man hört von Schlafthematiken, Energiemangel bis hin zu Gesundheitsproblemen. Dabei wird dann fleißig ein Absacker nach dem anderen getrunken. Das heißt im Umkehrschluss wieder nicht, dass jetzt kein Alkohol mehr getrunken werden soll und man nicht entspannt an der Bar sitzen und zusammen Spaß haben darf. Die Fragen, die sich auch hier stellen: Passt das Problem zum Verhalten? Gibt es andere Möglichkeiten, sich gemeinsam auszutauschen/Spaß zu haben? Läuft das Ganze bewusst oder unbewusst ab, und welches Maß haben Sie dabei? Ich kenne beispielsweise einige Vertriebsgruppen, die sich nach einem solchen Meeting vorm Hotel zum Laufen treffen, nicht alle Mitarbeiter, aber ein Großteil. Die gehen zum »Kopf frei kriegen« gemeinsam joggen, dabei bilden sich je nach Fitnessgrad Grüppchen, die dabei lebhaft kommunizieren und Spaß haben. Nach dem Duschen wird dann gemeinsam gegessen und ein erfrischendes alkoholfreies Hefeweizen getrunken. Das kann totaler Genuss sein oder eine Bewertung von »wie spießig« haben. Welche Gedanken haben Sie im Kopf?!

Frankys Praxistipps:

1. *Die beste und einfachste Grundregel lautet daher: Lassen Sie nach der letzten Mahlzeit mindestens 3–4 Stunden Zeit, bevor Sie zu Bett gehen. Was Kalorien hat, ist in dieser Zeit Tabu. Wasser und ungesüßten Tee dürfen Sie konsumieren. Klingt erst einmal hart und ist zu Beginn definitiv eine Umstellung, wenn Sie es anders gewöhnt sind. Es funktioniert aber. Sie haben keinen Hunger und sterben in der kommenden Nacht nicht an Schwäche, wenn Sie abends vorm Fernseher nichts mehr essen. Sie haben lediglich Appetit und eine ungünstige Gewohnheit entwickelt.*
2. *Seien Sie nicht päpstlicher als der Papst. Ein bisschen Verrücktheit und Risiko gehören zum Leben dazu – sonst ist es stinklangweilig. Und wenn Sie zu der Fraktion gehören, die gerne mal einen richtig gemütlichen Videoabend macht, mit allem, was dazu gehört, oder Sie sind in der Bar mit Freunden verabredet, dann lassen Sie alle Fünfe gerade sein. Wenn fünf Abende die Woche bei Ihnen so aussehen und Sie sich auf der anderen Seite wundern, dass Sie sich ständig morgens so fühlen, als seien Sie vor den Bus gelaufen, tagsüber immer wieder Durchhänger haben und einen dauerhaft zu hohen Stresslevel spüren, dann dürfen Sie das kritisch hinterfragen.*
3. *Die Lösung ist nicht, das Naschen und Alkohol trinken zukünftig auf morgens zu verlagern. Das wäre für Ihren Nachtschlaf und die Regeneration zwar in der Tat besser als abends, bringt aber speziell beim Alkohol andere soziale Probleme mit sich.*
4. *Lassen Sie zwischen letzter und erster Mahlzeit mindestens 12 Stunden vergehen, besser noch 14 Stunden. In dieser Zeit essen und trinken Sie nichts Kalorisches. Wasser und ungesüßte Tees sind erlaubt.*

Je nachdem, was für einen Job Sie haben und wie Ihr Alltag aussieht, werden Sie dabei einige organisatorische Hürden zu bewältigen haben. Sie werden das vielleicht nicht jeden Tag in Ihren Alltag installiert bekommen. Das ist okay. Versuchen Sie es während des Selbstversuches möglichst häufig, für eine gute Wahrnehmung und um es gut bewerten zu können. Nach einem Monat ziehen Sie Bilanz. Überwiegt das Positive? Dann implementieren Sie das intermittierende Fasten so häufig es geht in Ihren Alltag. Auch wenn Sie das künftig nur zweimal die Woche schaffen, hat es an diesen Tagen sofort positive Auswirkungen auf Ihren Stoffwechsel, Ihre Stimmung und Ihr Nervensystem.

Falls Sie zu den Perfektionisten gehören: Stressen Sie sich nicht, wenn es eine Woche nur zweimal mit 13 Stunden Fastenzeit klappt. Das ist zweimal mehr als vorher und ab 12 Stunden Fastendauer werden vermehrt Ketonkörper gebildet. Stressen Sie sich nicht durch überhöhte Anforderungen, die vielleicht gar nicht zu Ihnen und Ihrem Alltag passen.

Sie stressen diese Selbstversuche zur Ernährung generell? Welche Perspektive nehmen Sie gerade ein? Wird Ihnen gerade Lebensqualität genommen oder vielleicht neue gegeben? Ist das übermäßige und permanente Essen und Trinken normal für unseren Organismus oder unnormal? Was ist eigentlich normal? Was ist Ihr Ziel? Was tun Sie dafür? Was ist günstig und was ungünstig für Sie, Ihre Gesundheit, Ihren Stresslevel?

Viel Spaß beim Reflektieren und beim Selbstversuch!

»Always on«

Eine Angewohnheit, die mir immer häufiger begegnet, ist in jeder freien Minute am Tag das Smartphone in der Hand zu haben bzw. bis kurz vorm Schlafengehen im Bett mit dem Notebook/Tablet/Smartphone zu arbeiten, im Internet zu surfen, Videos zu streamen, zu spielen, zu chatten und in den Sozialen Medien unterwegs zu sein. Auch dieses Verhalten hat messbare Auswirkungen, sowohl am Tag als auch auf die Schlafqualität und die Regenerationswerte in der Nacht und somit auf den Stresslevel.

Wir haben bereits erarbeitet, dass ein Wechsel aus An- und Entspannung essentiell für unseren Stresslevel ist. Wir brauchen Pausen. Im Durchschnitt greifen wir 76-mal am Tag zu unserem Smartphone und entsperren es. Die durchschnittliche Nutzungszeit betrug bei der Studie 145 Minuten.

Wenn es sich irgendwie vermeiden lässt, und mit ein wenig Selbstreflexion tut es das, dann nehmen Sie von diesem Verhalten Abstand. Das ist keine Pause für Ihren Organismus. Speziell wenn Sie einen Bürojob ausüben und in Ihrer »Pause« dann nicht mehr auf den großen Bildschirm Ihres PCs/Notebooks schauen, sondern auf den kleinen Ihres Smartphones, sollten Sie das unbedingt überdenken.

Wenn Sie zu den Menschen gehören, die abends noch einmal eine Phase haben, in der sie gut arbeiten können, dann kann das in Zeiten flexibler Arbeitszeiten, Homeoffice etc. Sinn machen. Wenn Sie die Arbeit beenden, führen Sie noch ein Ritual ein. Dieses Ritual kann kurz sein, banal, eine Kleinigkeit *(ein paar Seiten in einem guten Buch lesen – nicht auf dem Tablet, E-Reader –, etwas Musik hören, ohne dabei permanent auf das Display zu schauen, einfach die Ruhe genießen, ein paar Schritte im Garten machen, ein Gespräch mit dem Partner, gemütlich einen Tee trinken ...).*

Schalten Sie dabei bewusst ab und beenden Sie Ihre Arbeitsgedanken. Automatisch, durch das Nicht-mehr-auf-den-Bildschirm-schauen, werden die visuellen Reize auf ein natürliches Maß heruntergefahren. Das entspannt die Augen und Ihr ANS. Das gilt auch, wenn Sie nicht am Rechner arbeiten, sondern nur im Netz surfen, chatten etc. Auch vermeintlich Spaß bringende Tätigkeiten erzeugen eine Stressantwort. Direkt mit dem Lichtausschalten das Gerät wegzulegen, sich umzudrehen und dann einzuschlafen, ist für unser Thema Stress ein No-Go! Das ist vergleichbar mit dem Mitternachtssnack im Bett oder dem Sport direkt vorm Schlafengehen. Unser Organismus benötigt danach Zeit, um herunterzufahren.

Sämtliche internet- und netzwerkfähigen Geräte *(Notebook,*

Tablet, Smartphone etc.) gehören im Übrigen nicht auf den Nachttisch, sondern raus aus dem Schlafzimmer. Jedes akustische/optische Signal beim Einschlafen bzw. in unseren Leichtschlafphasen weckt uns auf und vermindert unsere Schlafqualität drastisch. Die Qualität des Schlafes mit den einzelnen Schlafphasen ist viel wichtiger als die Quantität. Auf die Strahlung als Stressor bzw. Gesundheitsrisiko möchte ich hier nicht detailliert eingehen, da das an dieser Stelle den Rahmen sprengt.

Einige aktuelle Fakten, aber in Kürze: Die Stadt Brüssel hat aktuell den Ausbau von 5G wegen des nicht einzuschätzenden Gesundheitsrisikos für die Bevölkerung untersagt. Die Wiener Ärztekammer warnt offiziell seit Jahren vor der Strahlenbelastung von Mobilfunktelefonen und hat 2015 ihre Tipps zu den zehn medizinischen Handyregeln neu aufgelegt.

Die Qual der Entscheidung haben Sie. Und auch an dieser Stelle appelliere ich an den gesunden Menschenverstand. Wenn wir uns die kurz skizzierte Faktenlage anschauen, dann besteht ein Risiko für die Gesundheit. Mir reicht das aus, um an den Stellen, an denen ich es beeinflussen kann, die Strahlung zu minimieren. Wenn sich durch Langzeitstudien in 20 Jahren herausstellt, dass von der Strahlung kein Risiko ausgeht, dann habe ich mein Handy 20 Jahre umsonst abends auf Flugmodus gestellt und nicht neben meinem Bett liegen gehabt. Das ist ein verschmerzbarer Verlust. Wenn sich in 20 Jahren die Risiken bewahrheiten und ich dann gesundheitliche Probleme habe, möchte ich mich nicht fragen müssen: »Was wäre gewesen, wenn ich achtsamer mit meiner Strahlenbelastung umgegangen wäre?«

Die Analysephase ist nun geschafft. Ich hoffe, Sie haben schon an dieser Stelle einige Selbsterkenntnisse gezogen und sich einige Puzzleteile mitgenommen. Im nun folgenden Teil III werde ich Ihnen die entsprechenden Werkzeuge an die Hand geben, damit Sie in der Praxis effektiv an der Reduzierung Ihrer Stressoren bzw. an dem Abbau Ihres Stresslevels arbeiten können.

III Reduktionsphase – Stress **R**-eduzieren

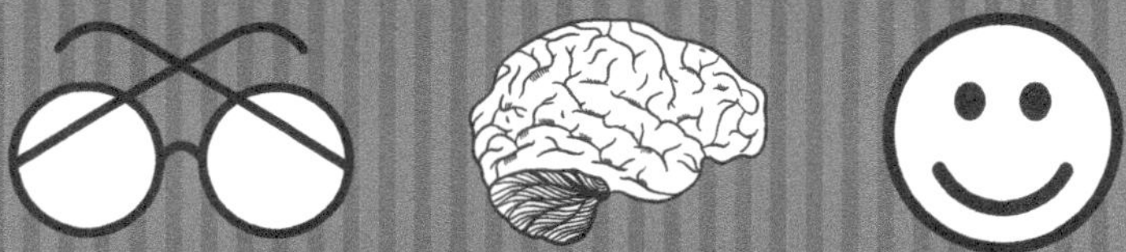

Kill deinen Stress rational

Die Um-Bewertung – Die Championsleague

In meinen Seminaren mache ich als Einstieg zu diesem Thema seit Jahren eine kleine Übung, die ich Ihnen hier kurz skizzieren möchte. Ich sage zu meinen Teilnehmern: »Beschreibt, wie ich hier sitze.« Dann fläze ich mich auf einen Stuhl vor die Gruppe. Meine Körperhaltung und Mimik drückt Arroganz, Langeweile, Genervtsein, ja etwas Flegelhaftes aus. Genau diese Begriffe und einige mehr kommen dann aus der Gruppe. Ich stehe, ohne Bezug auf die Antworten zu nehmen, auf und setze mich erneut vor die Gruppe: »Beschreibt, wie ich jetzt sitze.« Dieses Mal ist meine Körperhaltung kerzengerade, auf dem Sprung, ein angespanntes Lächeln im Gesicht, die Füße und Hände permanent in Bewegung, als ob ich jeden Moment lossprinten würde. Aus der Gruppe kommen Worte wie gespannt, angespannt, aufgeregt, nervös, hibbelig, in freudiger Erwartung …

Wieder lasse ich alles unkommentiert. Bei der dritten Runde sage ich beim Hinsetzen: »Hört ganz genau zu!« Pause. »Beschreibt, wie ich sitze.« Ich fläze mich wieder hin, wie in der ersten Runde. Nach einer kurzen Verwirrung, dass ich wieder meine erste Sitzposition eingenommen habe, fällt in den meisten Gruppen nach einigen Sekunden bei den Teilnehmern der Groschen. »Du sitzt auf einem Stuhl, den rechten Fuß auf dem linken Knie, die rechte Hand am Kinn, der Blick schräg nach oben …« Bingo, das ist eine Beschreibung, und die Aufgabe lautete: »Beschreibt, wie ich hier sitze.« Alles, was vorher an vermeintlichen Beschreibungen aus der Gruppe kam, waren Bewertungen. Da wir zu diesem Zeitpunkt schon mitten im Seminar sind, die Teilnehmer einen halben Tag lang entspannt zugehört haben, und ich sie schon mit einigen anderen Übungen gefoppt habe, sollten Sie eigentlich in »Habachtstellung« sein. Seit Jahren klappt die Übung dennoch bei jeder Gruppe. Keiner beschreibt, alle bewerten.

Wir leben in einer bipolaren Welt. Solange wir im Bauch der Mutter sind, ist alles gut. Im Moment der Geburt beginnt die Bipolarität und wir lernen Bewertungen. Der ist dick und der ist dünn. Der ist nett und der ist doof. Die ist hübsch und die ist hässlich, das ist ja stressig und das ist entspannt …

Wir bewerten jede Situation – bewusst oder unbewusst. Erweitern wir das Verhaltensmodell nun um die Bewertung. Wir wissen bereits, dass alle Reize von außen zuerst in unser Unterbewusstsein kommen. Dort werden sie vorgefiltert. Was ist wichtig bzw. neu und was ist unwichtig für uns und unsere aktuelle Situation. Bei dieser Vorfilterung werden die eintreffenden Reize mit all unseren abgespeicherten Erfahrungen, unserer Erziehung, unseren Werten, Einstellungen, der Kultur und Religionsgemeinschaft, in der wir leben, unseren Glaubenssätzen und vielem mehr abgeglichen, da sonst eine Bewertung in wichtig/unwichtig gar nicht möglich wäre. Erst aus dieser Bewertung entstehen Gedanken und Gefühle. Einen wesentlichen Einfluss hat auf diesen Ablauf auch mein aktueller Zustand.

Der Wecker klingelt am Montagmorgen. Als Herbert mit kleinen Sehschlitzen an der Stelle seiner Augen in die Küche schlurft, um sich seinen morgendlichen Kaffee zu machen, stellt er voller Entsetzen fest, dass der Kaffee aufgebraucht ist. Was für ein Wochenstart. Das kann doch nicht wahr sein. Wie soll er denn da an einem Montag wach werden. Herbert hat Stress. Über seine Bewertung der Situation ist dieser Stress entstanden. Herberts Reiz-Reaktions-System feuert.

Anne passiert am anderen Ende der Stadt an diesem Morgen genau das gleiche, der Kaffee ist leer. Anne trinkt ebenfalls gerne Kaffee und ist im ersten Moment nicht erfreut über die Situation. Allerdings hat sie eine andere Bewertung für die Situation. Kaffee hat bei ihr keinen Einfluss auf das Wachwerden. Sie macht sich einen Tee und genießt diesen. Durch die andere Bewertung feuert Ihr Reiz-Reaktions-System nicht.

Unsere Bewertung ist in allen Situationen Teil des Spiels. Bei Herbert läuft die Bewertung unbewusst ab. Er könnte das ändern, wenn er nur wüsste, wie.

Im nächsten Beispiel ist nun noch der aktuelle Zustand eingebaut.

Variante 1: Herbert ist Verkäufer. Er hat gerade einen fetten Abschluss eingetütet. Er freut sich kolossal und ist stolz auf sich, denn es war kein einfacher Kunde. Er gönnt sich einen Kaffee in der Cafeteria und trifft dort auf drei Kollegen. Einer begrüßt ihn mit einer unpassenden Bemerkung. Herbert ignoriert diese mit einem Lächeln oder kontert mit einem humorvollen Spruch. Herbert bewertet die Bemerkung in seinem aktuellen Zustand als unwichtig. Er ist gerade in seinem »Higher Self« und steht über den Dingen. Der Kommentar prallt emotional an ihm ab.

Variante 2: Herbert hat nach langen Verhandlungen einen sehr großen Auftrag nicht abgeschlossen. Er fühlt sich kaputt, es war ein anstrengender Kunde. Er ist betrübt, ja, niedergeschlagen, dass er am Ende ohne Abschluss da steht. Negative Gedanken kreisen durch seinen Kopf. Er braucht jetzt erst einmal einen Kaffee und geht in die Cafeteria. Dort trifft er auf drei Kollegen. Einer begrüßt ihn mit einer unpassenden Bemerkung. Herbert kann das jetzt nicht einfach mit einem Lächeln ignorieren. Durch seinen aktuellen Zustand bewertet er den gleichen Kommentar anders. Er steht nicht über den Dingen. Er ist angestachelt, sauer und kontert mit einem Spruch unter der Gürtellinie. Emotional fühlt er sich tief gekränkt.

Zweimal die gleiche Situation, der gleiche Stressreiz mit einer kleinen Änderung der Vorgeschichte. Herbert reagiert auf den Kommentar unterschiedlich, weil sein aktueller emotionaler Zustand ein anderer ist und er den Kommentar in beiden Situationen anders bewertet. Unser Verhalten hängt stark von unserer Bewertung und unserem emotionalen Zustand ab. Wenn wir nicht aufpassen, wird beides von unserem Autopiloten übernommen.

Wir können bewusst bewerten, unsere Emotionen bewusst beeinflussen und somit unser Verhalten bewusst steuern. Wir tun es nur leider viel zu selten.

Wer nicht trainiert, zwischendurch im Alltag innezuhalten, sich kurz zurückzunehmen und in die bewusste Wahrnehmung zu wechseln, der steckt in der unbewussten Bewertungsschleife fest, wird unbewusste Emotionen fühlen und sich unbewusst verhalten. Gerade wenn wir in Stress geraten, sind die emotionalen Impulse groß.

Unsere erlernten Bewertungen können uns den Alltag erleichtern. Manchmal können sie aber auch ungünstig sein.

- Es ist günstig, wenn wir uns auf bestimmte Reize eine Bewertung angeeignet haben, die uns in positive Emotionen versetzt, uns nicht stresst und aus der ein zielführendes Verhalten resultiert.
- Eine automatisierte Bewertung ist günstig bei den vielen tausend wiederkehrenden kleinen Reizen unseres täglichen Lebens, da wir ja gelernt haben, dass unser Bewusstsein damit überfordert wäre. Wir sparen dadurch Energie und vermeiden Stress.
- Es ist ebenfalls günstig, wenn wir auf einen echten Stressreiz mit der Stressreaktion reagieren. Genau hierfür ist unser Reiz-Reaktions-System gemacht.
- Es kann jedoch ungünstig sein, wenn unser System einen banalen Reiz als Stress bewertet, unser Reiz-Reaktions-System auslöst und wir uns dadurch nicht zielführend verhalten können. Objektiv betrachtet ist gar kein Stress da, und eigentlich würden wir uns viel lieber anders fühlen und anders verhalten. Wir sind aber leider gerade auf Autopiloten unterwegs. Wenn es uns überhaupt auffällt, dass wir gerade überreagieren, dann geschieht das erst hinterher, und die Stresshormone sind schon längst ausgeschüttet. Genau das passiert sehr häufig in der Praxis.

Die Bewertung ist ein Schlüsselelement. Mittels bewusster Wahrnehmung können wir unnötigen Stress entlarven. Über eine gezielte Um-Bewertung können wir zukünftig Stressreize ausschalten oder verringern.

Wir durchlaufen täglich Hunderte von Situationen. Als erstes müssen wir wahrnehmen, in welchen Situationen wir automatische und ungünstige Bewertungen von Stress an den Tag legen. Hierdurch wird der beschriebene Mechanismus in Gang gesetzt und unser Stresslevel steigt an.

Mal angenommen, wir schaffen es, das wahrzunehmen. Dann können wir die ungünstigen Bewertungen in zukünftigen Situationen durch günstige bewusste Bewertungen ersetzen. Wir ändern dadurch unsere Hormonausschüttungen. Als Folge davon verändern sich unsere Emotionen. Das wirkt sich auf unser Verhalten aus, und unser Stresslevel bleibt konstant bzw. sinkt.

Die Situation ändern

Stellen Sie sich vor, Sie sind mit einem Kunden auf dem Hamburger Dom. Es ist ein wichtiger Kunde und Sie möchten zukünftig von ihm Aufträge bekommen. Der Kunde liebt es, Achterbahn zu fahren. Er lädt Sie mit einem Leuchten in den Augen auf eine Runde ein. Sie hassen Achterbahn zu fahren, denn Ihnen wird dabei speiübel. Allein der Gedanke, in dieses Ding zu steigen, ist für Sie purer körperlicher Stress.

Erste Frage: Können Sie die Situation ändern? Das muss für Sie immer die erste Frage sein, die Sie sich stellen sollten, wenn Sie zukünftig Stress wahrnehmen. Es ist die einfachste Art und Weise, Stress zu umgehen. Objektiv betrachtet können Sie die Situation ändern. Sie können »Nein« sagen. Sie müssen nun nicht in die Achterbahn steigen, Ihnen wird nicht übel und Sie haben keinen Stress. Problem gelöst. Sie ändern im Modell die Situation und alles darunter findet gar nicht erst statt. Ihr Stresslevel bleibt unverändert.

Ist das einfach? Objektiv betrachtet nicht. Die Antwort hängt stark davon ab, was für ein Stresstyp Sie sind, um was für eine Situation es sich handelt und ob Ihnen der rationale Ansatz liegt.

Ich bin sicher, dass einige hier denken werden: »Okay, wo ist das Problem? Ich sage einfach ›Nein‹ und fertig ist die Sache. Wo ist hier der Stress?« Wenn Sie in diese Kategorie Stresstyp gehören, ist es in diesem Beispiel sehr einfach für Sie, die Situation zu ändern. Nutzen Sie das für sich. Es darf auch mal einfach sein.

Einige andere Leser werden an dieser Stelle denken: »Naja, ganz so einfach ist das nun doch nicht. Ich möchte ja zukünftig Geschäfte mit dem Kunden machen. Ich möchte, dass der Kunde ein gutes Bild von mir hat. Wenn ich jetzt einfach ›Nein‹ sage, was denkt dann der Kunde? Ist der dann nicht enttäuscht von mir? « Für diesen Stresstyp ist das Neinsagen gar nicht einfach. Das kann ordentlich stressen.

An dieser Stelle geht es mir um die objektive Betrachtung der Situation und die aktuelle Wahrnehmung. Dazu können wir festhalten: Wenn Sie wahrnehmen, dass Sie eine Situation stresst, dann überlegen Sie immer als Erstes: Können Sie die Situation ändern? Falls das aus objektiver Sicht möglich ist, dann tun Sie das, denn es ist fast immer die einfachste Möglichkeit.

Frankys Praxistipp:
Nehmen Sie sich jetzt bitte Ihre Liste mit Stressoren aus der Analysephase zur Hand. Gehen Sie Ihre Stressoren einzeln durch und überlegen Sie, ob es auf der Liste Stressoren gibt, die in das Thema Um-Bewertung passen. Fallen Ihnen, nachdem Sie bis hierher die Einleitung und das erste Beispiel zur Um-Bewertung gelesen haben, noch weitere Stressoren ein, die bisher noch nicht auf der Liste standen? Ergänzen Sie unbedingt Ihre Stressorenliste. Gibt es Stressoren, bei denen Sie die Situation ändern können?
Wahrscheinlich werden Sie feststellen, dass das bei den wenigsten Stressoren, die etwas mit dem Thema Bewertung zu tun haben, funktioniert. Es sind vielleicht 5 Prozent der Situationen, die Sie aktiv verändern können, um zukünftig Stress zu vermeiden. Dennoch, es ist ein sehr einfacher Weg. Wenn Sie durch einen geringen Zeitaufwand an dieser Stelle nur 1–2 Situationen ausmachen

können, für die Sie zukünftig die Situation verändern können und damit zukünftig in den Situationen stressfrei sind, dann haben Sie damit Ihren Stresslevel ein kleines Stückchen reduziert, und der Aufwand hat sich schon gelohnt.

Umbewertung – »Banale« Stressoren

Sie sind auf dem Weg von der Arbeit nach Hause. Es ist schon spät, und Sie haben es eilig. Sie springen noch kurz in den Supermarkt, da Sie 2–3 Dinge dringend benötigen. Sie stellen sich mit Ihren zwei Teilen an die mittlere der drei gleich langen Kassenschlangen und stellen recht schnell fest, dass Sie natürlich wieder mal die langsamste Kassiererin erwischt haben.

Sie könnten jedoch schon an dem Punkt, an dem Sie wahrnehmen, dass Sie an der langsamsten Kasse anstehen, Stress bei Ihnen aufkommt und Sie abwägen, die Kasse zu wechseln, einmal die Frage nach der Bewertung stellen. Macht das eigentlich Sinn, sich von dieser Situation stressen zu lassen? Worum geht es hier gerade? Ist das Reiz-Reaktions-System an dieser Stelle angebracht? Bringt es Sie schneller ans Ziel, und wie viel Zeit sparen Sie dadurch wirklich? Ist das günstig oder ungünstig für Ihr Ziel, Ihren Stresslevel zu senken?

Es geht beim Thema Um-Bewertung um den schon einige Male angesprochenen Perspektivwechsel. Natürlich bewerten wir eine solch banale Situation wie die an der Supermarktkasse nicht bewusst als Stress und lassen auch nicht bewusst zu, dass uns das runterzieht. Das wäre dumm und wir sind nicht dumm. Wenn wir jedoch mit den Gedanken schon ganz woanders sind, unter Zeitdruck stehen, noch viele Dinge auf der To-do-Liste haben usw., könnte es sein, dass wir unbewusst aufs Gaspedal treten und Stresshormone ausschütten. Das sind kleine Stressoren, winzige Energieräuber und nicht der Rede wert. Doch sie summieren sich, wenn wir nicht aufpassen, und bringen irgendwann unser Fass zum Überlaufen. Genau diese kleinen Situationen können wir ändern bzw. unsere Bewertung der Situation wahrnehmen und ändern. Wir verhalten und fühlen uns dadurch entspannter.

Frankys Praxistipp:
Um-Bewertung – Banal-Stressoren

Wenn Sie das nächste Mal auf einen Banal-Stressor mit Stress reagieren, nehmen Sie das wahr? Wahrnehmung ist der erste Schritt zur Veränderung. Falls ja, fragen Sie sich: »Ist es das jetzt wirklich wert, sich stressen zu lassen?« Falls die Antwort »Nein« lautet, dann ändern Sie sofort Ihre Bewertung.

Atmen Sie ein paar Mal bewusst tief ein und aus. Sagen Sie bei jedem Einatmen mit Ihrer inneren Stimme (je nach Situation können Sie es auch laut aussprechen): »Ich bin mir viel zu wertvoll, um mich von dieser Banalität stressen zu lassen.« Sagen Sie bei jedem Ausatmen: »Ich atme tief aus und entspanne mich dabei.« Probieren Sie diese Technik bei Banal-Stressoren aus. Machen Sie die Übung 10 Atemzüge lang. Sie werden merken, wie sich Ihre Emotionen sofort verändern. Sie spüren, wie die Anspannung von Ihnen abfällt. Ihr Verhalten (Haltung, Bewegung, Mimik etc.) verändert sich. Sie werden ruhiger. Ihr Stresslevel sinkt. (Warum an dieser Stelle das Thema Atmung hilft, erfahren Sie im Kapitel Atmung beim körperlichen Ansatz.).

Haben Sie Banal-Stressoren auf Ihrer Stressoren-Liste? Für welche dieser Banal-Stressoren möchten Sie die Technik ausprobieren? Streichen Sie diese an bzw. markieren Sie die Stressoren als Banal-Stressoren.

Umbewertung – »wichtige« Stressoren

Stellen Sie sich vor, Sie haben einen wichtigen Geschäftstermin, einen Vorstellungstermin für einen neuen Job. Es geht um Ihre Karriere, um Ihr zukünftiges Leben. Sie sind selbstverständlich gut vorbereitet. Sie haben Ihre Unterlagen zusammen, haben sich ein adrettes Outfit zurechtgelegt und waren noch einmal beim Friseur. Sie fahren mit dem Auto haben Ihre Route geplant und die Staumeldungen auf der A7 beobachtet. Alles ist frei, und trotzdem haben Sie einen ordentlichen Zeitpuffer eingeplant, sicher ist sicher. Plötzlich sehen Sie vor sich die roten Bremslichter und orangenen Warnblinker. Ein Unfall – Vollsperrung. Nichts geht mehr. »Das kann doch jetzt nicht wahr sein. So ein verdammter Mist! Warum jetzt? Warum ich...?« Ihre Gedanken überschlagen sich.

Könnte es sein, dass in diesem Moment Stress aufkommt? Falls Sie das ganz ehrlich mit »Nein« beantworten können – herzlichen Glückwunsch. Sie sind schon sehr gut aufgestellt und können wahrscheinlich das restliche Thema Bewertung überspringen. Alle anderen dürfen gerne weiterlesen.

Wir gehen nach dem bekannten Schema vor:

Erste Frage: Können Sie die Situation ändern? Ganz klare Antwort: Nein, in diesem Beispiel nicht. Sie stehen in der Vollsperrung und haben keine Möglichkeit, abzufahren beziehungsweise umzudrehen. Die Situation ist, wie sie ist.

Zweite Frage: Können Sie Ihre Bewertung in dieser Situation ändern? Rein objektiv betrachtet: Ja. In der Situation sind Sie natürlich im ersten Moment nicht objektiv, sondern schwer genervt. Deshalb spielen wir dieses Beispiel nun gemeinsam durch, damit Sie sich Ihre zukünftige Strategie schon jetzt zurechtlegen können. Diese Strategie dürfen Sie dann für Situationen aus Ihrer Stressoren-Liste anwenden, die Sie zukünftig anders bewerten möchten. Die konkrete Praxisanleitung folgt am Ende dieses Kapitels.

Zurück zum Stau-Beispiel. Als erstes müssen Sie Ihren Termin regeln. Das sollten Sie unverzüglich machen, auch wenn Sie ja noch Ihren Zeitpuffer haben. Rufen Sie an, erklären Sie Ihre Situation und versuchen Sie, den Termin entweder nach hinten zu verschieben oder auf einen anderen Tag zu verlegen. Mit der Begründung des Unfalls und der Vollsperrung werden Sie mit ziemlicher Sicherheit auf Verständnis bei Ihrem Gesprächstermin treffen. Das ist höhere Gewalt und nun mal nicht zu ändern. Rufen Sie nicht direkt an, dann wird dieser Termin die ganze Zeit in Ihrem Hinterkopf herumschwirren und Ihren Fokus bestimmen. Sie werden die ganze Zeit auf die Uhr schauen. Mit diesem Kopfkino wird es mit der Um-Bewertung und der Entspannung schwierig bis unmöglich werden, da Sie keinen klaren Gedanken fassen können.

Nachdem Sie den Hauptstressor durch den Anruf entschärft haben, können Sie sich nun auf Ihre Um-Bewertung konzentrieren. Sie bewerten den Stau wahrscheinlich aktuell als negativ. Er hat Ihnen schließlich Ihren wichtigen Termin vermasselt.

Jetzt gehen wir mal rational und objektiv an dieses Beispiel heran: Ein Stau kann weder negativ noch positiv sein. Ein Stau ist, objektiv betrachtet, eine Situation. Er ist neutral. Ihre Bewertung macht ihn positiv oder negativ für Sie. Ihre Bewertung vom Stau bestimmt, welche Hormone in Ihrem Organismus ausgeschüttet werden. Durch Ihre Hormone werden Ihre Emotionen beeinflusst. Das, was wir Gefühl nennen, ist rein rational gesehen die hormonelle Zusammensetzung in unserem Organismus. Wir wissen, bei einem Stressreiz werden binnen Millisekunden 1400 unterschiedliche Hormone und Neurotransmitter ausgeschüttet. Nur dadurch fühlen wir Stress. Unser Gefühl bestimmt unser Verhalten. Unser Stresslevel steigt, bleibt konstant oder sinkt.

Franky:
Wenn Sie sich in Deutschland ein Auto kaufen, dann kaufen Sie den Stau gleich mit. Schauen Sie sich hierzu die ADAC-Staustatistik der letzten Jahre an. Die unterstreicht das eindrucksvoll.

Wie können wir nun das Beste aus dem Stau machen? Sind wir nicht den ganzen Tag über fremdbestimmt? Sie sitzen in dem Beispiel allein im Auto. Niemand kann Sie in der Situation fremdbestimmen.

Sie können bestimmen, ob Sie geschäftliche Telefonate führen, E-Mails beantworten oder das Smartphone ausstellen. Sie können bestimmen, ob Sie Mutti anrufen, weil Sie Mutti lange nicht angerufen haben. Sie können sich gemütlich hinsetzen und schöne Musik hören und sich entspannen. Sie können aussteigen und ein paar Übungen für Ihren Rücken machen. Es geht um Ihr Ziel, Ihren Stresslevel zu senken.

Wenn Ihnen diese Anregungen noch nicht reichen, um in Ihrem Kopf die Situation auf neutral zu drehen, dann stellen Sie sich folgende Fragen: Was wäre passiert, wenn Sie 500 Meter weiter vorne gefahren wären? Wären Sie dann vielleicht der Wagen gewesen, den der LKW gerammt hat? Würden Sie jetzt blutüberströmt und eingeklemmt hinterm Lenkrad sitzen und ums Überleben kämpfen? Über was regen Sie sich hier hinten eigentlich auf? Ist Ihre Situation im Vergleich zu dem/den Verunfallten nicht eine Banalität? Sie und alle anderen im Stau dürfen dankbar dafür sein, nicht im Unfallwagen zu sitzen. Sie sollten auf gar keinen Fall negative Gefühle von Stress zulassen, nur weil Sie jetzt ein oder zwei Stunden Ihrer Lebenszeit in diesem Stau stehen. Bei einer durchschnittlichen Lebenserwartung von 85 Jahren *(742.560 Stunden)* stressen Sie sich wegen 0,0003 Prozent Ihrer Lebenszeit. Das ist im Verhältnis ein Wimpernschlag. Viel schlimmer ist es, wenn Sie sich regelmäßig stressen lassen, denn das verkürzt Ihre Lebenszeit.

Wenn Sie dieses Beispiel zur Um-Bewertung entspannt auf Ihrem Sofa sitzend lesen, erscheint das gar nicht so kompliziert. Ist das Um-Bewerten in der Praxis einfach? Nein, ganz und gar nicht. Das ist meine ehrliche Meinung. Wir befinden uns hier in der Championsleague und nicht in der Kreisklasse. Dass ich das hier so schreibe, soll Sie nicht abschrecken, ganz im Gegenteil. Es soll Ihnen helfen, nicht zu ungeduldig mit sich zu sein. Denn dazu neigen viele von uns, ich auch. Sie dürfen die Technik der Um-Bewertung üben, so wie ich das seit Jahren immer wieder tue. Sie werden scheitern und in alte Denk- und Verhaltensmuster verfallen. Dann dürfen Sie wieder üben, bis es irgendwann klappt. Sie werden nach den ersten Erfolgen wieder scheitern. Allerdings im Laufe der Zeit immer seltener, vorausgesetzt Sie üben kontinuierlich weiter. Irgendwann ist ein reflektiertes und entspanntes Verhalten in solchen Situationen für Sie ganz normal. Sie sind fertig mit dem Prozess der Um-Bewertung. Ihr neues Verhalten hat sich automatisiert. Sie haben einen Stressor gekillt. Sie werden zukünftig in ähnlichen Situationen keinen Stress mehr haben. Sie sind eine Stufe auf der Stresstreppe nach unten gestiegen.

Eine Frage, die mir häufig zum Thema Um-Bewertung in meinen Seminaren gestellt wird, möchte ich hier noch beantworten: »Soll ich mich jetzt etwa immer freuen und dankbar sein, wenn ich in einen Stau fahre, Frank? Das ist doch nicht realistisch.« Nein, natürlich ist das nicht der erste Impuls. Auch ich kann mir schönere Freizeitaktivitäten vorstellen, als im Stau zu stehen. Wenn ich in einen Stau fahre, ist mein erster Impuls kein Glücksgefühl. Das muss es auch gar nicht sein. Was Sie jedoch nun zukünftig aktiv nach der ersten, automatischen Reaktion einleiten können, ist die bewusste Um-Bewertung, so wie im Beispiel erläutert. Viele sind nach einer solchen Stausituation den restlichen Tag über genervt und schlecht drauf. Sie erzählen allen, die es nicht wissen möchten, wie blöd das gelaufen ist und durchleben die negative Emotion dadurch wieder und wieder. Das ist für den Stresslevel, die Gesundheit und die Lebensfreude ungünstig und objektiv betrachtet sinnlos. Es bringt keinerlei Vorteile. Dennoch ist es gängige Praxis. Sie entscheiden von nun an, wie Sie es zukünftig haben möchten!

Frankys Praxistipp: 3 Fragen zur Um-Bewertung in der Praxis

Schalten Sie im Alltag in Aktionsphasen regelmäßig für einen kurzen Moment Ihr Bewusstsein ein. Empfinden Sie gerade etwas als stressig? Haben Sie ein ungutes Gefühl? Dann stellen Sie sich die drei folgenden Fragen, bevor Sie den Stress zulassen:

1. *1x tief ein- und ausatmen: Ist Ihr Leben durch die Situation, die Sie gerade stresst, akut in Gefahr? Falls ja, unbedingt handeln ☺ falls nein – weiter mit Frage 2!*
2. *1x tief ein- und ausatmen: Wenn Sie nur noch 3 Monate zu leben hätten, würden Sie sich von dieser Situation wirklich stressen lassen? Falls nein – weiter mit Frage 3.*
3. *1x tief ein- und ausatmen: Wenn Sie die Situation, die Sie gerade stresst, einem 4-jährigen Kind erklären müssten, würde das Kind verstehen, warum Sie gerade gestresst sind?*
4. *Falls nein, dann ist es die Situation auch nicht wert, dass Sie sich jetzt stressen und Ihr Reiz-Reaktions-System zu feuern beginnt. Lächeln Sie über sich, die Situation, die anderen Beteiligten. Atmen Sie dabei noch 3–5x tief ein und aus und machen Sie dann ohne Stress weiter.*

Jeder Stressreiz, den Sie durch diese kurze Sequenz weniger haben, ist für Ihre Gesundheit, Ihren Stresslevel und Ihre Performance von Vorteil.

Damit diese Technik bei Ihnen funktioniert, ist es unabdingbar, dass Sie diese kurzen Momente des Bewusstseins in Ihren Alltag installieren. Denn nur so nehmen Sie Stress in den Momenten wahr, in denen er entsteht, und können direkt gegensteuern.

Achtsamkeit

Ein sehr schönes Format für die bewusste Wahrnehmung ist das Achtsamkeitstraining. Wir sind sehr häufig im Alltag mit unserem Kopf ganz woanders als unser Körper. Wir können in alten Erinnerungen schwelgen oder uns Zukunftsvisionen ausmalen. Dabei geht es nicht immer um Fantasien von der nächsten Traumreise, der Hochzeit oder sonstigen großen Ereignissen, sondern vielmehr um alltägliche kleine Szenarien. Wenn ich jetzt hier abbiege, könnte ich die Baustelle von gestern umfahren. Wenn ich jetzt anrufe, ist der Kunde vielleicht gerade beim Mittag, rufe ich lieber später an und schreibe jetzt die E-Mails. Wenn ich gleich so argumentiere, dann kommt von Kollege XY bestimmt folgendes Argument. Wir sind den lieben langen Tag am »Halluzinieren« und selten bewusst wirklich mit Kopf und Körper im »HIER und JETZT«.

Warum tun wir das? Weil wir es können! Tiere können das nicht, wir schon. Das hat viele Vorteile, allerdings auch den Nachteil, dass wir z. B. in Stress-Situationen auf Autopiloten unterwegs sind, anstatt diese bewusst wahrzunehmen.

Frankys Selbstversuch: Achtsamkeit 1

Koppeln Sie von nun an täglich drei Tätigkeiten mit bewusster Wahrnehmung. Das heißt, Sie wechseln bei diesen Tätigkeiten in die bewusste Wahrnehmung, in das »HIER und JETZT«. Sie führen die Tätigkeit achtsam aus. Alles andere ist für diesen Moment egal. Sie konzentrieren sich dabei zu 100 Prozent auf die Tätigkeit. Eine Tätigkeit kann die tägliche Dusche sein. Genießen Sie die Dusche. Spüren Sie das warme Wasser auf Ihrem Körper und wie gut es Ihren Muskeln tut. Shampoonieren Sie die Haare bewusst ein. Denken Sie dabei nicht an die Zeit, den Müll, den Sie noch rausbringen müssen, den Anruf, den Sie tätigen wollten, das Handy aufladen … Stopp! Achtsam duschen heißt mit allen Sinnen. Alles

andere hat dabei nichts zu suchen. Sie werden merken, dass das zu Beginn selbst bei solch vermeintlich simplen und kurzen Tätigkeiten gar nicht so einfach ist.
Eine weitere Tätigkeit, die ich sehr empfehlen kann, ist die Nahrungsaufnahme. Hierbei handelt es sich schon um eine längere Sequenz – eine Übung für Fortgeschrittene. Essen Sie bewusst und achtsam. Beißen Sie ab, kauen, schmecken und spüren Sie, wie sich der Bissen im Mund mit dem Speichel vermischt. Spüren Sie, wie es sich im Bauch anfühlt, wenn der Nahrungsbrei dort ankommt. Spüren Sie, wann Ihr Körper Ihnen ein Sättigungsgefühl anzeigt. Wenn Ihnen eine ganze Mahlzeit noch zu viel ist, dann probieren Sie es bei einem Snack oder einem Tee, Kaffee zwischendurch.
Machen Sie diesen Selbstversuch einen Monat lang mit täglich drei Tätigkeiten. Der Vorteil bei diesem Selbstversuch ist, dass Sie keine zusätzliche Zeit benötigen. Sie koppeln die bewusste Wahrnehmung an Tätigkeiten, die Sie sowieso täglich durchführen. Wenn Sie die Mahlzeit wählen, kann es natürlich passieren, dass Sie anfangen, dadurch anders zu essen, und mehr Zeit benötigen. Beim Duschen, Zähneputzen, dem Arbeitsweg etc. ist es aber zeitlich kein Mehraufwand.

Den Fokus setzen

Warum ist die Achtsamkeitsübung wichtig? Ich hatte bereits das Beispiel mit den 10 Ruderern vorgestellt. Wir setzen durch diese Übung Unterbewusstsein und Bewusstsein in ein Boot und erreichen, dass unser Unterbewusstsein uns bei der Veränderung unterstützt.

Was passiert da genau? Durch das tägliche Achtsamkeitstraining wird der Fokus auf das bewusste Wahrnehmen gerichtet, das in unserem Alltag ja häufig zu kurz kommt. Unser Bewusstsein und Unterbewusstsein kommunizieren ständig miteinander. Diese Kommunikation lenken wir nun in unsere gewünschte Richtung. Unser Bewusstsein bekommt durch das tägliche Üben das

Signal: »Bewusste Wahrnehmung ist wichtig.« Nach einiger Zeit gibt es die Information ans Unterbewusstsein weiter: »Bewusste Wahrnehmung ist wichtig. Liebes Unterbewusstsein, bitte hin und wieder mal umschalten in bewusste Wahrnehmung.« Nach 2–3 Wochen täglichen Übens wird Folgendes passieren: Bei einer ganz anderen Tätigkeit als den an die bewusste Wahrnehmung gekoppelten Tätigkeiten schaltet plötzlich unsere bewusste Wahrnehmung ein. Wir kommen ins »HIER und JETZT«, automatisch, weil unser Unterbewusstsein uns plötzlich hilft. Das, worauf wir den Fokus legen, wird regelmäßig vom Unterbewusstsein ins Bewusstsein durchgelassen. Wenn wir das nicht machen, kann es sein, dass unser Unterbewusstsein es einfach wegfiltert, so wie es das mit vielen Dingen macht.

Anne möchte ein neues Auto kaufen. Sie schlendert an einem schönen Samstagvormittag die sogenannte Automeile in Hamburg *(das Nedderfeld)* entlang. Hier ist von Kia bis Porsche alles vertreten. Nach einer Weile entdeckt sie ein traumhaft schönes Auto. Ein weißer Fiat 500 mit rotem Lederfaltdach – wow. Vielleicht ist es nicht Ihr Traumauto, aber Anne hat sich gerade verliebt. Sie nähert sich vorsichtig, geht um das Auto herum und schaut durch die Scheiben. Der Autoverkäufer steht etwas abseits und beobachtet Anne. Er sieht das Blitzen in den Augen und weiß: »Das Auto ist verkauft – Heimspiel.« Er geht zu Anne, öffnet ihr die Autotür, bittet sie, sich einmal hineinzusetzen und verstärkt ihre Emotionen, ein guter Verkäufer. Anne hat das Auto in Gedanken schon gekauft und sieht sich damit fahren. Sie muss am Montag zur Bank und das abklären, das sollte aber eigentlich kein Problem sein. Der Verkäufer gibt ihr zum Abschluss noch eine Broschüre zum Auto mit und bietet großzügig Hilfe mit der hauseigenen Bank für die Finanzierung an. Anne hat das Auto gefühlt gekauft und schlendert mit der Broschüre unterm Arm nach Hause. Was sieht sie an jeder Ecke? Genau, überall fahren Fiat 500 herum, nicht alle in Weiß mit rotem Dach, da es hiervon nicht viele gibt, aber in allen anderen Farben. Wo kommen die plötzlich alle her?

Kennen Sie das? Sie sind schwanger bzw. Ihre Partnerin ist schwanger und plötzlich sehen Sie nur noch Babybäuche auf der Straße. Sie haben Nachwuchs bekommen und plötzlich schiebt gefühlt jedes Paar einen Kinderwagen vor sich her. Worauf unser Fokus liegt, das nehmen wir wahr.

Bevor Anne sich in den Fiat 500 verliebt hat, sind genauso viele Fiat 500 an ihr vorbeigefahren. Keinen davon hat sie bewusst wahrgenommen. Es war keine wichtige Information, und somit filtert unser Unterbewusstsein sie weg. Durch starke Emotionen, wie in den Beispielen Auto, Schwangerschaft und Nachwuchs, wird der Fokus direkt gesetzt. Eine so starke Emotion bei unserer Veränderungsarbeit zu erzeugen, gestaltet sich als schwierig. Schaffen Sie es, sich für die Achtsamkeitsübungen so zu begeistern, dass es Sie emotional umhaut? Ich nicht. Die zweite Möglichkeit, den Fokus auf etwas zu richten, ist das bewusste und tägliche Wiederholen. Wenn Sie das konsequent einen Monat lang dreimal täglich praktizieren, am allerbesten mit einem positiven Gefühl, dann geschieht das gleiche wie beim Beispiel des Fiat 500.

Frankys Praxistipp:
Setzen Sie Ihre 10 Ruderer in Ihr Boot und schicken Sie sie in die Richtung Ihres Ziels. Zu Beginn ist es etwas Arbeit und benötigt Disziplin. Nach einiger Zeit wird es einfacher und Sie können die Früchte ernten, da der Automatisierungsprozess voranschreitet und Ihr Unterbewusstsein Sie unterstützt. Ihr Unterbewusstsein ist mächtig. Nutzen Sie diese Kraft für sich!

Umbewertung – Personen als Stressoren

Kommen wir nach der Praxis der Achtsamkeit zurück zum Thema Bewertung. Noch ein bisschen herausfordernder ist eine Um-Bewertung, wenn es dabei um Interaktionen mit Menschen geht.

Anne sitzt an ihrem Schreibtisch, vertieft in ihre Arbeit und ist ein kleines bisschen im Zeitdruck. Das Telefon klingelt. Anne schaut beim Griff nach dem Hörer aufs Display und erstarrt. Das ist die Nummer von Herrn Meier. Binnen Millisekunden stellen sich bei Anne die Nackenhaare auf. Sie hört auf zu atmen, ihr Herz beginnt zu rasen und Stresshormone schießen in ihr System. »Nicht schon wieder dieser Nervkunde. Er wird mich jetzt wieder mindestens 20 Minuten aufhalten, sich dreimal den gleichen Sachverhalt erklären lassen und es dann immer noch nicht verstanden haben …«

Kennen Sie ähnliche Situation aus Ihrem Alltag? Jemand betritt Ihr Büro, kommt auf Sie zu bzw. ruft nur an. Derjenige hat noch nichts gesagt, und Sie haben schon Stress?

Erste Frage: Können Sie die Situation ändern? Nein, denn wenn Sie das Gespräch wegdrücken, ruft Herr Meier wieder an. Und da der Kunde offenbar Anne zugeordnet ist, wird sie mit ihm früher oder später kommunizieren müssen.

Zweite Frage: Können Sie die Bewertung ändern? »Halt«, denken Sie vielleicht. »Warum soll ich denn jetzt um-bewerten? Der Kunde ist doch die Nervensäge. Ist das wirklich so?

Wir sollten dafür eine Zwischenfrage klären. Können wir andere Menschen ändern? Nein. Selbst wenn wir jemanden gut kennen und möchten, dass dieser Jemand sein Verhalten ändert und auf offene Ohren stoßen, können wir diese Person lediglich unterstützen, ändern muss sich die Person selbst.

Das ist das erste, was ich als Coach lernen durfte. Diese Erkenntnis möchte ich gerne an Sie weitergeben. Wir können einem Menschen Hilfestellung zur Veränderung geben, wir können ihm Wege aufzeigen, ihm die Tür aufhalten – durchgehen muss er selbst. In dem Moment, in dem die Person auf Durchzug stellt und sich gar nicht verändern möchte, können wir uns auf den Kopf stellen.

Das heißt nicht, dass wir von nun an alles erdulden sollen, was von anderen Personen auf uns zukommt. Es geht nicht darum, eine »Scheiß-egal-Haltung« an den Tag zu legen. Wir sollten unbedingt unsere Standpunkte vertreten und nach außen kommunizieren. Wir sollten diskutieren und das auch gerne emotional. Wir dürfen aber zukünftig das Thema Um-Bewertung im Hinterkopf haben. Wir sollten bewusst abwägen, wann es günstig für uns und unseren Stresslevel ist und wann nicht. Wo ist der Punkt, an dem wir unsere innere Haltung ändern sollten? Wir grenzen uns dadurch emotional vom anderen ab bzw. schützen uns emotional vor der Energie des Gegenübers. Und das hat einen bedeutenden Einfluss auf unseren eigenen Energie- und Stresslevel.

Herbert geht das ständige Gemecker seiner Frau Hilde auf die Nerven. Wegen jeder Kleinigkeit keift Hilde in unschönem Tonfall herum. Herbert hat das Gefühl, nichts richtig machen zu können. Er beschließt, Hilde muss sich ändern.

Ganz sicher wird Herberts Plan super bei Hilde ankommen. Und natürlich kann man jetzt über dieses überzogen dargestellte Beispiel müde lächeln. Aber leider ist ein Teil davon sehr häufig exakt unsere Denkweise. Wenn wir selbst in der Situation, im Problem stecken, merken wir nicht, dass wir gerade ähnliche Denkmuster an den Tag legen wie Herbert.

Da kommt ein Problem mit einem Gegenüber auf, der sich so verhält, dass es uns nervt, ärgert, beleidigt … stresst. Der erste Denkimpuls ist nicht selten, dass der Gegenüber schuld ist, eine Nervensäge oder gar ein Idiot ist. Wir selbst sind ganz schnell in der Rolle des armen Opfers, das immer alles abbekommt.

Wenn Sie ein ähnliches Verhalten von sich kennen, Sie gerade Bilder von Situationen im Kopf haben, dann könnte dieses Puzzleteil der Um-Bewertung von Personen für Sie sehr interessant sein.

Zwei Themen haben sich hier versteckt. Zum einen geht es um die Schuldfrage, zum anderen um das Kommunikationsverhalten. Auf die Schuldfrage, die Opferrolle und die Frage der

Verantwortung gehe ich im nächsten Kapitel ein. An dieser Stelle möchte ich einen kurzen Schwenk zur Kommunikation machen, denn bei Stress mit anderen geht es meist genau darum.

Bitte schreiben Sie jetzt die ersten drei Assoziationen (Begriffe) auf, die Ihnen zum folgenden Wort einfallen. Denken Sie nicht lange darüber nach, sondern bearbeiten Sie diese Aufgabe aus dem Bauch heraus.

HUND:

____

____

____

____

In meinen Seminaren habe ich in größeren Gruppen meist alle Facetten dabei.

Variante 1: süß, bester Freund, streicheln

Auf Nachfrage erzählt der Teilnehmer, dass er einen Hund hat. Er hat bei dem neutralen Begriff Hund seinen Hund vor dem inneren Auge gesehen und beim Aufschreiben der Begriffe eine positive Emotion gefühlt.

Variante 2: Leine, Hundenapf, Fell

Der Teilnehmer hat keinen Hund und auch keinerlei emotionale Bindung zu Hunden. Er hat nicht zwingend ein Bild beim Begriff Hund gesehen und vor allem keine Emotion beim Aufschreiben der Begriffe gespürt.

Variante 3: bellen, Angst, beißen

Dieser Teilnehmer hat schlechte Erfahrungen mit Hunden/einem Hund gemacht, wurde gebissen bzw. angebellt und hat eine Angst entwickelt, gebissen zu werden. Der Teilnehmer hatte Bilder im Kopf und beim Aufschreiben ein negatives Gefühl.

Wie war es bei Ihnen? Welcher Variante können Sie sich zuordnen?

Rational betrachtet, habe ich einen neutralen Begriff genannt und eine ganz einfache Aufgabe gestellt. Schreiben Sie die ersten drei Begriffe auf, die Ihnen zum Wort Hund einfallen. Ich habe nichts von Bildern gesagt oder dass Sie in Emotionen eintauchen sollen.

Durch diesen einen Reiz von außen *(akustischer Reiz: Hund)* ist die Kette angestoßen worden. Wenn ich jemanden im Seminar habe, der eine ausgeprägte Angst vor Hunden hat, dann hat derjenige allein beim Gedanken daran Stress. Der eintreffende Reiz wird mit den in diesem Fall negativen Erfahrungen abgeglichen, negativ bewertet, ein Bild von der negativen Erfahrung entsteht, die das Gefühl von damals auslöst. Das Resultat ist Stress im System. Durch ein Wort drücke ich den sogenannten roten Knopf beim Gegenüber. Wir haben alle viele und sehr unterschiedliche rote Knöpfe.

Wenn wir mit anderen kommunizieren, dann benutzen wir und der Gegenüber haufenweise Worte, Sätze und ganze Dialoge. Jedes Wort von mir kann beim Gegenüber einen roten Knopf drücken, eine negative Erfahrung wecken und zu Stress oder anderen Emotionen führen – umgekehrt genauso. Wenn es nicht die Wortwahl ist, dann kann es durch die nonverbale Kommunikation *(Gestik, Mimik, Stimmlage …)* ausgelöst werden oder durch das Verhalten des Gegenübers. Es können die Einstellung, die Wertestruktur oder Überzeugungen des anderen sein, die bei mir den roten Knopf drücken.

Über Worte kann ich mein Gegenüber beeinflussen. Meine Worte wirken aber auch auf mich selbst. Seien Sie sich dessen bewusst und ergründen Sie, woran es liegen könnte, dass ein Gegenüber Sie in Stress versetzt. Welchen Knopf drückt er bei Ihnen?

Kommen wir zurück zum Thema Um-Bewertung von Personen und unserem Beispiel von Anne und Herrn Meier. Fakt ist, Annes Gedanken und Verhalten sind ungünstig für Annes Stresslevel. Sie spürt den Stress, nicht Herr Meier. Selbst wenn Herr Meier ebenfalls Stress hätte, dann wäre das für Annes Stresslevel an dieser Stelle nicht relevant.

Es gibt Menschen, die weder merken, dass sie selbst in Stress geraten, noch dass sie durch ihr Verhalten andere in Stress versetzen. Manche Menschen sind mehr, andere auch ein bisschen weniger zur Empathie fähig.

Im Fallbeispiel ist Herr Meier in der Tat vollkommen empathielos. Er nervt Anne seit Jahren mit seiner Art bis zum Anschlag. Das tut er weder böswillig noch bewusst. Er drückt bei Anne aus für sie unerfindlichen Gründen rote Knöpfe, die sie in den beschriebenen emotionalen Ausnahmezustand versetzen. Anne hat nun drei Möglichkeiten.

Erstens könnte sie nett und charmant auf sachlicher Ebene mit Herrn Meier, den sie ja seit über zehn Jahren als Kunden betreut, sprechen. Sie könnte versuchen, ihm zu vermitteln, welches Gefühl er bei ihr über das ständige Nachfragen erzeugt und dass er sie teilweise sehr viel Zeit kostet. Nur wenn ich dem Gegenüber spiegele, was ich empfinde, kann ich überhaupt eine Änderung erwarten. Mal angenommen, das würde funktionieren und Herrn Meier würde dadurch ein Licht aufgehen, dann wären wir im Beispiel: Sie können die Situation doch ändern. Das wäre toll. Annes Stressor würde sich in Luft auflösen. Zu schön, um wahr zu sein. Genauso wie im Fallbeispiel ist das auch in vergleichbaren Situationen im wahren Leben ziemlich aussichtslos. Dass Sie bei einer solchen Situation mit einer offenen Kommunikation auf Verständnis und Einsicht treffen, Ihr Gegenüber sich ändert und die Situation entschärft ist, das klappt extrem selten. Wägen Sie diese Möglichkeit dennoch ab, denn es ist eine Option.

Zweitens könnte Anne so weitermachen wie bisher. Sie sucht weder das Gespräch mit Herrn Meier, um die Situation zu ändern, noch setzt sie sich weiter mit dem Thema auseinander und überlegt, was sie selbst ändern könnte. Sie lässt sich weiter nerven, ärgert sich und ist gestresst. Und dann liegt Anne mit 53 Jahren mit dem ersten Herzinfarkt im Krankenhaus und erzählt allen, die es nicht wissen wollen: »Aber der Herr Meier, der ist schuld daran, dass ich hier liege. Denn der hat nicht aufgehört, mich zu stressen.« Herr Meier unterdessen ruft auch an diesem Tag wieder an. Allerdings spricht er heute ausnahmsweise mit Frau Müller, denn Anne ist ja im Krankenhaus und somit für ihn nicht erreichbar.

Drittens könnte Anne das Heft selbst in die Hand nehmen. Sie könnte eine Um-Bewertung für Herrn Meier vornehmen. Sie könnte durch diese Um-Bewertung die Situation für sich entstressen. Damit verhindert sie, dass die gewohnten Emotionen aufkommen, wenn Herr Meier zukünftig anruft. Dadurch verändert sie ihren Stresslevel. Langfristig beeinflusst sie so ihre Gesundheit positiv und umgeht den Herzinfarkt mit 53.

Ganz wichtig hierbei ist: Es geht nicht darum, etwas an der Situation zu ändern. Es geht nicht darum, etwas an der eigenen Arbeitsweise zu verändern. Es geht nicht darum, an der höflichen Kommunikation etwas zu ändern. Es geht nur darum, in der Situation andere Emotionen zu empfinden. Denn die eigenen Emotionen in der Situation, in Annes Fall Stress, sind es, die das Problem darstellen. Die eigenen Emotionen entstehen durch die eigene Bewertung.

Ich hatte es angedeutet. Wir befinden uns bei der Um-Bewertung in der Championsleague. Wir dürfen uns für eine solche Um-Bewertung Zeit nehmen. Wir dürfen uns in Geduld üben. Wir dürfen üben, üben und wieder üben. Doch die gute Nachricht ist auch an dieser Stelle: Es ist möglich. Wir können es schaffen, wenn wir wirklich wollen!

Wie stellen wir das an? Diese Frage wird Sie schon die letzten zwei Seiten über beschäftigt haben.

Praxis: Um-Bewertung von Personen

Nehmen wir das Fallbeispiel Anne und Herr Meier. Es gibt mehrere Wege, die wir in der Praxis anwenden können. Sie müssen schauen, welcher für Sie am besten passt.

Wir verlassen nun die rationale Ebene, da sie an dieser Stelle an ihre Grenzen stößt, und wechseln in den mentalen Bereich.

Anne kennt Herrn Meier als langjährigen Kunden nicht nur per

Telefon, sondern durch einige Kundenveranstaltungen auch persönlich. Ja, wenn es etwas umsonst gibt, ist Herr Meier ganz vorne dabei. Anne weiß, wie Herr Meier aussieht. Da in unserem Gehirn Bilder eine sehr wesentliche Rolle spielen, arbeiten wir mit Anne nun an dem Bild von Herrn Meier.

Bilder können bei uns Emotionen auslösen, auf Knopfdruck. Das belegen viele Studien.

Stellen Sie sich vor, Sie sitzen vor einem Rechner und Ihnen werden Fotos als Diavortrag eingespielt. Die einfache Aufgabe ist: Schauen Sie die Bilder in Ruhe an und spüren Sie, was passiert.

Die ersten Fotos sind tolle Landschaftsaufnahmen. Wenn Sie sich darauf einlassen, beruhigt das und bringt ein angenehm entspanntes Gefühl mit sich. Dann folgen ein paar wunderschöne Sonnenuntergänge. Die Entspannung verstärkt sich. Vielleicht fallen Ihnen kurze Momente und eigene Bilder von Ihrem letzten Urlaub und den herrlichen Sonnenuntergängen ein, die Sie auf Ihrer Terrasse genossen haben. Ein Gefühl von Urlaub kommt auf. Vielleicht kommt bei Ihnen aber auch ein Sehnsuchtsgefühl auf, ein bisschen Wehmut, weil Sie so lange keinen Urlaub mehr hatten. Das nächste Bild ist das Bild von einem Kriegsschauplatz, an dem gerade eine Bombe explodiert ist. Alle Einzelheiten sind auf dem Bild abgebildet. Ein Mann, der blutend am Boden liegt und dem beide Beine abgerissen wurden, eine tote Frau unter Trümmern, daneben ein weinendes und blutverschmiertes Kleinkind. Sie sind schockiert und Trauer kommt in Ihnen auf. Das nächste Bild ist eine pornografische Szene. Sie sind noch schockierter und werden jetzt sogar ein wenig sauer. Wie kann man solche Bilder hintereinander schneiden?

Es sind nur Bilder. Es ist ein externer Reiz, den wir in diesem Fall über unseren visuellen Kanal aufnehmen. Wir wissen nichts über die Herkunft der Bilder, warum sie ausgewählt wurden, sie sind kontextlos. Die Aufgabe war lediglich, die Bilder in Ruhe anzuschauen. Allein das Anschauen der Bilder ruft bei uns Emotionen hervor. Diese Emotionen werden sich von Mensch zu Mensch unterscheiden, je nachdem, in welchem Grundzustand wir diese Dias anschauen. Sind wir gerade sehr sentimental, werden wir anders auf die Bilder reagieren, als wenn wir gerade genervt und im Stress sind. Die Emotionen werden sich bei jedem unterscheiden, je nachdem, in welchem Zustand derjenige gerade ist, welche Erfahrungen er gesammelt hat und welche Assoziationen er automatisch mit den Bildern verknüpft. Jemand der selbst einen Krieg miterlebt hat, wird anders auf das Kriegsbild reagieren als jemand, der keinen Krieg erlebt hat.

Wenn Anne die Nummer von Herrn Meier auf dem Display sieht, dann hat sie ein Bild von Herrn Meier im Kopf. Sie hört schon seine piepsige Stimme, bevor sie den Hörer abgenommen hat. Sie weiß, dass er wieder eine dusselige Rückfrage hat, dass sie das Zeit kostet und dass sie genervt sein wird. Sie ist schon voll im negativen Gefühl angekommen, wenn sie den Hörer in die Hand nimmt. Dieser beschriebene Ablauf vom ersten Klingeln bis zum Abnehmen des Hörers wird als Sequenz bezeichnet. Diese Sequenz gilt es nun zu ändern.

Mal angenommen, Anne hat in ihrer Jugend viel und gerne Bugs Bunny im Fernsehen geschaut und sich köstlich über ihn amüsiert. Was wäre, wenn sie ihr Bild von Herrn Meier nun umbaut. Herr Meier bekommt zuerst einmal ein Hasenkostüm angezogen, ein richtig schönes, flauschiges. Dieses Kostüm ist nicht grau, wie bei Bugs Bunny, das ist zu langweilig. Nein, zu seiner Piepsstimme passt viel besser ein rosafarbenes, am Bauch natürlich weiß. Die langen Hasenohren sind ebenfalls innen weiß, und ein Ohr ist ein wenig abgeknickt. Die Stoppelhaare sind giftgrün und die Nase ist leuchtend orange. Auf der Nase sitzt eine Brille mit viel zu großen Gläsern, durch die die Augen vergrößert, wie durch eine Lupe, wirken. Die Hasenzähne ragen aus dem Mund, und in der Hand hat Herr Meier eine große Möhre, an der er knabbert. Das Puschelschwänzchen ist groß und weiß und Herr Meier stellt es ein bisschen zur Schau und streckt es raus. Der Blick von Herrn Bunny - äh, Herrn Meier – ist ein wenig dümmlich, klar, er checkt ja wieder einmal nichts. Fertig ist das Bild.

Was soll das? Warum sollte Anne das tun? Weil sie es kann!

Nein, jetzt mal im Ernst. Anne wird bei der Verwandlung von Herrn Meier an irgendeinem Punkt anfangen zu schmunzeln. Vorausgesetzt Anne stellt sich die Situation mit allen Sinnen vor ihrem geistigen Auge vor und findet Bugs Bunny wirklich witzig. Sie wird ein heiteres Gefühl in sich aufsteigen spüren und innerlich schmunzeln. Herr Meier als rosa Häschen mit Piepsestimme, da kann sie nicht ernst bleiben. Dieses Bild triggert Emotionen an, genauso wie der Diavortrag. Sie kommt dadurch nicht in die für sie normale Sequenz von: Herr Meier ruft an – »ahhh, der schon wieder, ätzend, nervig, Stress«. Sie durchbricht die Sequenz, den normalen Ablauf in ihrem Gehirn und installiert eine neue Sequenz. Diese Sequenz hat zwar den gleichen Ablauf: Das Telefon klingelt und sie sieht die Nummer von Herrn Meier auf dem Display. Herr Meier sieht aber jetzt aus wie Herr Bunny in zartrosa. Die ursprüngliche Emotion kann nicht abgerufen werden, sondern eine neue, andere Emotion kommt hoch, ein Schmunzeln. Das ist genau der Anspruch dieser Übung, nicht mehr und nicht weniger.

Sie zweifeln noch, ob das funktioniert? Ja, selbst als ZDF-Mensch klappt das, denn auch deren Gehirn speichert Emotionen als Bilder. Bilder lösen automatisch Emotionen aus. Bewusst eingesetzt können sie uns auf diese Weise davon abhalten, in Stress und ungünstiges Verhalten zu verfallen.

Es geht hierbei ähnlich wie beim Stau nicht darum, die Situation ins Positive zu wenden und sich zu freuen oder gar wild darauf zu sein: »Yippieh, endlich wieder ein Stau, in dem ich stehen darf.« »Cool, endlich ruft Herr Meier wieder an. Ich habe mich schon so darauf gefreut.« Es geht darum, Situationen und Personen die Macht zu entziehen, Sie zu stressen. Eine Neutralität ist vollkommen okay und ausreichend.

Stellen Sie sich an dieser Stelle die drei Fragen aus dem vorherigen Beispiel.

1. Bedroht Herr Meier mit seinem Anruf gerade Ihr akutes Leben oder das Ihrer Liebsten?

2. Wenn Sie nur noch drei Monate zu leben hätten, würden Sie sich ernsthaft von Herrn Meiers mit Piepsstimme vorgetragenen Fragen stressen lassen?
3. Wenn Sie die Situation mit Herrn Meier einem 4-jährigen Kind erklären müssten, würde das Kind verstehen, warum Sie gerade gestresst sind?

Falls nein, dann lassen Sie sich bitte nicht von Herrn Meier stressen. Er ist es nicht wert, er ist nicht Ihr Lebensinhalt. Er darf keine Macht darüber haben, welche Hormone Sie ausschütten, Ihnen Ihre Energie rauben, Ihr freies Denken einschränken und langfristig Ihre Gesundheit schädigen. Nur Sie bestimmen darüber, sonst keiner und schon gar nicht Herr Meier.

So, das war nun vor allem für die ZDF-Fraktion harter Tobak, ich weiß. In diesem sehr komplexen Thema Um-Bewertung, das ich hier versucht habe, möglichst einfach darzustellen, ist extrem viel Performance für Ihren Stresslevel drin. Allein mit dieser Thematik könnte man problemlos ein eigenes Buch füllen. Das wollen wir hier nicht tun, da ich lieber noch andere Beispiele aus anderen Bereichen mit anderen Ansätzen vorstelle.

Hier möchte ich noch kurz auf eine Frage eingehen, die häufig in Seminaren zum Thema Um-Bewertung von Teilnehmern gestellt wird:

Ist das nicht unethisch, sein Gegenüber so zu verunstalten? Das sollten Sie unbedingt für sich und Ihre Wertvorstellungen abwägen und dann entscheiden.

Mein Ansatz bei dieser Frage ist der Folgende: Die Grundannahme ist immer, dass jeder Mensch okay ist, wie er ist. Und jeder Mensch hat das Recht, sich so zu verhalten, wie er es für richtig empfindet, solange er damit nicht gegen Gesetze verstößt bzw. durch sein Verhalten anderen Menschen schadet.

Mein Fokus liegt bei der beschriebenen Technik zur Um-Bewertung von Personen klar bei den Themen Stresslevel und Wohlbefinden. Wie können Sie in Situationen, in denen Sie durch Menschen gestresst werden, zukünftig diesen Stress umgehen? Wenn es Ihnen durch diese Technik beim Umgang mit manchen Personen besser geht, dann finde ich es legitim, diese anzuwenden.

Die Situation aus dem Beispiel ist Folgende: Die Person von Herrn Meier ist okay. Aber Anne hat ein Problem mit Herrn Meier bzw. mit dessen Verhalten. Und deshalb verändert sie bei sich etwas, damit sie das Verhalten nicht mehr stört, ohne Herrn Meier dabei zu schaden. Es handelt sich lediglich um Annes »Kopfkino«. Wenn Sie die Technik ausschließlich so, wie im Fallbeispiel von Anne und Herrn Meier verwenden, dann wird die Würde Ihres Gegenübers nicht angetastet. Im Gegenteil, es bringt allen Beteiligten Vorteile.

Wie wir bewerten und empfinden, so verhalten wir uns auch. Anne hatte bisher ein negatives Gefühl bei der Kommunikation mit Herrn Meier. Das wird bei Anne unterschwellig Auswirkungen auf ihr Kommunikationsverhalten gehabt haben. Egal wie gut Anne auch immer in Kommunikation geschult ist, sie ist ein Mensch und in schwachen Momenten wird sie mit Herrn Meier anders kommunizieren als mit einem Kunden, den sie mag. Auch wenn Herr Meier wenig empathiefähig ist und das nicht bewusst bemerkt hat, unbewusst bekommt er es mit. Wenn Anne durch die Um-Bewertung künftig bei Telefonaten mit Herrn Meier ein besseres Gefühl hat, dann ist das für ihr Kommunikationsverhalten günstig. Bei Herrn Meier werden unbewusst bessere Schwingungen ankommen. Es entsteht eine Win-win-Situation.

Nehmen wir in dieses Beispiel noch Annes Firma hinein, dann partizipiert diese ebenfalls davon. Anne ist weniger gestresst, was günstig für Annes Gesundheit ist und sich automatisch langfristig auf ihre Arbeitsleistung auswirkt. Gesunde und leistungsstarke Mitarbeiter sind vorteilhaft für das Unternehmen. Herr Meier fühlt sich als Kunde bei Anne nun noch besser aufgehoben, da ihr Kommunikationsverhalten mit Herrn Meier besser ist. Zufriedene Kunden sind sehr gut für das Unternehmen. Wir haben eine Win-win-win-Situation.

Wenn Sie dennoch anderer Auffassung sind, dann kommt hier eine kleine Alternative zur Um-Bewertung von Personen. Die Grundannahme lautet wieder: Mein Gegenüber ist okay. Diese

Technik kommt aus einem anderen Kulturkreis. Man verändert nicht sein Gegenüber. Man stellt sich vor, dass der Gegenüber eine kleine Figur *(einen kleinen Gral)* auf der Schulter hat. Dieser Gral ist das Problem. Der Gral verhält sich so, dass er negative Gefühle antriggert, und da der Gegenüber ja okay ist, kommuniziert man mit diesem und verunstaltet den Gral auf der Schulter. Sämtliches negatives Verhalten, verletzende Kommunikation etc. gehen zulasten des Grals. Der Gegenüber kann gar nichts dafür. So fällt es leichter, sachlich zu bleiben, sich emotional nicht angegriffen zu fühlen und den eigenen Stresslevel zu halten. Ich persönlich finde diese Technik schwerer als die erste Variante mit dem Bugs-Bunny-Kostüm. Entscheiden Sie, welche Alternative für Sie besser passt.

Das ist Leben

Gibt es Situationen, die ich nicht um-bewerten kann?

Zu dieser Frage gibt es in der Wissenschaft zwei Positionen. Die einen sagen, dass theoretisch jede Situation um-bewertet werden kann. Das andere Lager sagt, dass das zwar theoretisch machbar wäre, jedoch in der Praxis nicht anzuraten ist, da bestimmte Emotionen unbedingt ausgelebt werden sollten. Sonst kann es zu Blockaden, Ängsten und ernsthaften psychischen Problemen kommen.

Anne hat seit knapp drei Jahren einen Goldhamster. Eines Samstagmorgens will sie ihm frisches Wasser bringen und ihr Goldhamster liegt steif und regungslos im Käfig. Anne könnte nun den Goldhamster begraben und dann direkt in die Um-Bewertung der Situation gehen: »Naja, es ist zwar traurig, aber er hat ja ein langes und gutes Leben bei mir gehabt. Normalerweise werden Goldhamster nur zwei Jahre alt. Wir hatten eine schöne Zeit …« Hiervon wäre emotionspsychologisch abzuraten, vor allem wenn es sich dabei um einen menschlichen Trauerfall handeln würde. Anne sollte die Trauer über den Verlust ausleben. Sie darf sich erlauben, traurig zu sein. Wenn die Trauer dann abebbt, kann sie in die obigen Gedanken einsteigen, um sich selbst positiver zu stimmen. Falls Anne im Beispiel des Goldhamsters nach sechs Monaten immer noch schwarz trägt, dann stimmt eventuell etwas an der Verhältnismäßigkeit nicht und sie sollte sich dringend mit dem Thema Um-Bewertung beschäftigen.

Ich würde zur dritten Frage: »Gibt es Situationen, die ich nicht um-bewerten kann?« gerne eine Gegenfrage stellen. »Müssen wir denn alle Situationen um-bewerten?« Nein! Das Ziel war nicht, den Stresslevel auf Null zu senken. Erinnern wir uns. Stress ist ein wichtiger Mechanismus in unserem Organismus. Ein gesunder Grundlevel an Stress ist wichtig. Kein Stress ist keine Lösung!

Wenn Sie also feststellen, dass Sie einige Situation nicht um-bewerten können, wollen, es zu anstrengend, unethisch ist etc., dann ist das okay. Wir müssen nicht alles um-bewerten. Es ist eine Technik, die bei bestimmten Banal-Stressoren sehr gut hilft und den Stresslevel senkt. Unsere Bewertung verändert sich ständig durch neue Erfahrungen, die wir im Leben machen. Vielleicht sehen Sie Situationen in fünf Jahren ganz anders. Vielleicht haben sich Stressoren in fünf Jahren automatisch erledigt. Außerdem gibt es noch eine Reihe anderer Techniken, die Ihnen bei der Senkung Ihres Stresslevels helfen können. Sie entscheiden, in welcher Situation Ihnen welche Technik am besten hilft.

Beginnen Sie mit den Situationen, bei denen eine Um-Bewertung in Ihren Augen realistisch, machbar und sinnvoll ist. Jede einzelne Situation, bei der Sie mittels der Um-Bewertung den Stress verringern oder gar ganz umgehen, bringt Sie eine Stufe nach unten auf Ihrer Stresstreppe.

Frankys Praxistipp: Praxisanleitung Um-Bewertung

Ich möchte Ihnen hier nochmal in einer kurzen Übersicht die wesentlichen Punkte einer Um-Bewertung für die Praxis mitgeben. Den ersten Step haben Sie schon in der Analysephase gemacht. Hier bekommen Sie nun eine detaillierte Anleitung für den kompletten Ablauf:

- *Fertigen Sie eine Stressorenliste an und vervollständigen Sie diese im Laufe einer Woche (siehe Stressorenliste Teil II Analysephase).*
- *Was genau steckt dahinter (Situationen, Personen, Werte, Glaubenssätze …)?*
- *Welche Situationen können Sie ändern und somit Stress vermeiden? (Das werden sehr wenige Situationen sein, ist aber am einfachsten auszuschalten.)*
- *Bei welchen anderen Situationen können Sie Ihre Bewertung ändern und somit Stress vermeiden?*
  - *Ist es eine Banalität? Technik aus Kassenbeispiel benutzen.*
  - *Ist es eine vermeintlich wichtige Situation? Technik der 3 Fragen benutzen.*
  - *Ist der Auslöser eine Person? Technik Um-Bewertung von Personen benutzen.*
- *Greifen Sie sich 3–5 Situationen heraus, mit denen Sie beginnen. Erst wenn die neue Bewertung automatisiert ist, können Sie sich die nächsten 3 Situationen Ihrer Liste vornehmen.*
  - *Nehmen Sie zu Beginn nicht die schwierigste und nicht die einfachste Situation (Schwierigkeitsstufe langsam steigern.)*
  - *Machen Sie lieber kleine und kontinuierliche Steps.*
- *Welche Ressourcen/Fähigkeiten benötigen Sie dafür?*
  - *Haben Sie diese Ressourcen?*
  - *Falls nein, woher bekommen Sie die Ressourcen?*
- *Schreiben Sie die Änderung Ihrer Bewertung für jede Situation auf eine Lernkarte auf:*
  - *Stresssituation 1*
  - *Wo in Ihrem Alltag kommen Sie in diese Situation?*
  - *Wie haben Sie in der Situation 1 bisher bewertet, gefühlt und sich verhalten?*

- *Wie möchten Sie die Situation 1 zukünftig bewerten, sich fühlen und verhalten?*
- *Welche Technik möchten Sie anwenden?*

- *Stellen Sie diese Lernkarte an Ihre Kaffeemaschine und nehmem Sie sie einen Monat lang jeden Morgen zur Hand und wiederholen Sie sie*

- *Jedes Mal, wenn die Situation in Ihrem Alltag auftritt, üben Sie. Falls es nicht klappt, nicht ärgern. Beim nächsten Mal haben Sie die nächste Chance. Weiterüben, bis es automatisiert ist.*

- *Handelt es sich um eine Situation, die Sie nicht um-bewerten können oder wollen?*
  - *Das ist okay.*
  - *Sie müssen nicht alles um-bewerten.*
  - *Kein Stress ist keine Lösung! Es gibt noch viele andere Möglichkeiten, um Stress abzubauen.*

Tipp 1: *Könnte es Ihnen im Alltag passieren, dass Sie sich einige Situationen aus Ihrer Stressorenliste ausgesucht haben, diese für sich um-bewertet haben, einen genauen Plan im Kopf haben, wie Sie zukünftig anders in den Situationen reagieren möchten und es dann in der Situation trotzdem vergessen? Vielleicht weil Sie gerade mehrere andere Dinge im Kopf haben oder nicht darauf vorbereitet waren, dass jetzt gerade die Situation auftritt? Das ist nicht ungewöhnlich. Denn aktuell nutzen Sie Ihre alte, gut eingefahrene Neuronenverbindung. Sie sind auf Autopiloten und werden sich automatisch so verhalten/so bewerten wie immer. Das ist ganz normal, wenn es um Banal-Stressoren geht. Denn hierbei geht es eben nicht um Leben und Tod. Dann würden Sie dran denken.*
Mir ist klar, dass Sie nach 3–4 Tagen Ihre Lernkarten mit der Umbewertung auswendig können. Nehmen Sie diese trotzdem täglich mindestens einen Monat lang in die Hand und gehen Sie sie durch.

Erstellen Sie jede Lernkarte in einer anderen Farbe. Dadurch setzen Sie Ihren Fokus auf die Um-Bewertung und holen wieder Ihr Unterbewusstsein mit ins Boot. Sie legen eine neue Neuronenverbindung an und stärken sie täglich. Nach 2–3 Wochen kommt Ihnen, wenn Sie im Alltag in eine der Situationen auf Ihren Um-Bewertungs-Karten geraten, automatisch das Bild dieser bunten Karte in den Kopf. Sie haben einen »lichten Moment«. Nun haben Sie bewusst die Möglichkeit, sich so zu verhalten/so zu bewerten, wie Sie es möchten.

Tipp 2: *Besorgen Sie sich einen kleinen Klebepunkt.*

Kleben Sie diesen Punkt als Erinnerung für Ihre Um-Bewertung dorthin, wo die Situation normalerweise vorkommt. Sie wissen, was dieser Klebepunkt bedeutet, und dieser Punkt wird Sie zukünftig daran erinnern. Arbeiten Sie am Staubeispiel oder daran, allgemein entspannter Auto zu fahren und sich nicht von der Rushhour, den Radfahrern oder dem Mann mit dem Hut vor Ihnen stressen zu lassen. Dann kleben Sie den Punkt aufs Lenkrad. Sobald Sie ins Auto steigen, geht Ihnen durch den Kopf, was Sie sich an Gedanken zurechtgelegt haben. Sie können sich bewusst dagegen entscheiden und einen Tag nicht üben, weil Sie keine Lust haben. Aber Sie können es nicht ungewollt vergessen.
Arbeiten Sie am Fallbeispiel von Herrn Meier? Dann gehört der Punkt aufs Telefon. Jedes Mal, wenn es klingelt und Sie abheben,

fällt Ihr Auge auf den Punkt. Sie werden automatisch erinnert, kommen kurz zurück ins Hier und Jetzt und können dadurch Ihr altes, automatisch ablaufendes Verhalten bewusst durch das neue ersetzen. Sie dürfen üben.
In Ihrer Situation gibt es nichts, auf das Sie einen Punkt zur Erinnerung kleben können? Sie haben ja Ihre Lernkarten, die Sie täglich wiederholen.

Tipp 3: *Auch wenn Sie gerade nur an kleinen Situationen arbeiten sollten. Eine Verhaltensänderung ist nie leicht. Sie werden auch mit der täglichen Fokussierung, geklebten Punkten und anderen Hilfsmitteln scheitern und in manchen Situationen ins alte Verhalten zurückrutschen. Das ist normal und Teil eines Veränderungsprozesses. Auf gar keinen Fall sollten Sie sich dann ärgern. Autoaggression macht es nicht besser. Dadurch haben Sie doppelten Stress. Einmal in der Situation, in der die Stressvermeidung nicht funktioniert hat, und einmal in dem Moment, in dem Ihnen das bewusst wird und Sie sich darüber ärgern. Nehmen Sie bewertungsfrei wahr, dass es dieses Mal noch nicht geklappt hat. Die neue Neuronenverbindung in Ihrem Gehirn scheint noch nicht stark genug zu sein. Zum Glück kommt ganz sicher die nächste Situation, und Sie haben einen neuen Versuch.*
Wenn es dann das erste Mal mit der Um-Bewertung in der Situation klappt und Sie nicht in Stress geraten, müssen Sie sich unbedingt belohnen. Ihr Unterbewusstsein steht auf Belohnungen und die damit verbundenen Dopaminausschüttungen. »Ja, soll ich mich jetzt für jedes Mal belohnen? Ist das nicht albern? Das kann ich doch machen, wenn ich es wirklich beherrsche.« Nein, Sie dürfen auch hier wieder die Perspektive wechseln. Belohnen Sie sich für die kleinen Erfolge, immer und immer wieder, damit Sie es möglichst bald beherrschen. Ihrer Verhaltensveränderung wird der Turbo zugeschaltet. Das ist wieder so eine Kleinigkeit mit großer Wirkung. Nutzen Sie dieses Wissen für Ihre Praxis.
Und nun viel Erfolg und Spaß bei Ihrer Um-Bewertung!

Raus aus der Opferrolle und hinein ins Selbstvertrauen

Wenn wir in Situationen Stress empfinden, hat das nicht selten etwas mit unserem Rollenverständnis zu tun. Wir nehmen dabei gerne die Rolle des Opfers ein und geben äußeren Gegebenheiten oder anderen Personen die Schuld am Stress.

Bei den Ausführungen über die Um-Bewertung war das einige Male der Fall. Die Kassiererin hat Schuld, dass es so lange dauert und wir Stress haben. Der Stau ist schuld daran, dass wir unseren wichtigen Termin verpassen. Herr Meier trägt Schuld daran, dass Anne Stress hat usw. Wir sind Opfer der äußeren Umstände, sind machtlos, ausgeliefert und bedauernswert. Und damit sind wir auch schon beim Knackpunkt. Wir wollen bedauert werden und ringen um Aufmerksamkeit. So wird es in der Psychologie häufig beschrieben. Das hören wir natürlich nicht gerne und wollen es am liebsten abstreiten. Wenn wir an dieser Stelle kurz die Hubschrauber-Perspektive einnehmen, dann stellen wir schnell fest, dass in einigen Situationen an dieser Aussage etwas dran sein könnte.

Wenn wir uns bemitleiden und anderen den ganzen, bösen Stress erzählen, der uns widerfährt, dann kommt häufig auch von irgendjemandem Mitleid und Aufmerksamkeit und wir werden bedauert. Wenn es von außen keiner macht, dann bedauern wir uns selbst.

Leider schieben wir durch dieses Verhalten die Verantwortung für die Situation und unseren Stress von uns. Wir können ja gar nichts dafür. Wenn wir könnten, dann würden wir ja. Das macht es einfach. Wir sind machtlos und ergeben uns den Stressoren. Wir warten auf den Retter auf dem weißen Pferd, der uns aus dem Stress herausholt. Meist kommt der aber nicht.

Wir müssen selbst und aktiv aus der Opferrolle aussteigen und beginnen, Verantwortung für uns, unsere Stressoren, unser Verhalten, unser Denken – unser Leben zu übernehmen. Um aus der Opferrolle zu entkommen, benötigen wir Selbstbewusstsein und Selbstvertrauen.

Wenn wir das Wort Selbstvertrauen einmal auseinandernehmen, dann geht es darum, uns selbst zu vertrauen. Können wir uns selbst so sehr vertrauen, dass wir die Verantwortung für alles, was uns widerfährt, übernehmen können und uns nicht beim nächsten Problem wieder in die Opferrolle begeben? Ja, es geht. Am einfachsten funktioniert es, wenn wir wieder einmal Bewusstsein und Unterbewusstsein in ein Boot holen.

Unser Gehirn sucht bei allem immer nach Logik und Beweisen. Ohne Logik ist unser Gehirn verwirrt, ein Zustand, den es nicht mag. Ohne Beweise fällt es uns schwer, etwas zu glauben, speziell den ZDF-Menschen.

Eine Praxisübung, die sehr gut funktioniert, ist die Timeline-Arbeit. Wenn Sie aktuell zu wenig Selbstvertrauen haben, Sie sich in gewissen Situationen wünschen, es doch zumindest einmal zu versuchen und dann doch nicht wagen, dann haben Sie eine Blockade. Sie haben wahrscheinlich in einer solchen Situation Erlebnisse im Kopf, in denen Sie Dinge nicht hinbekommen haben. Ihr Fokus ist auf ehemaliges Scheitern gerichtet. Ihre Emotionen sind dadurch eher auf Vorsicht getrimmt. Ihr Gefühl sagt Ihnen: »Ich probier's beim nächsten Mal. Ich bin mir nicht sicher, ob ich mir hier selbst vertrauen kann.«

Frankys Praxistipp: Selbstvertrauen mit der Timeline

Nehmen Sie sich mehrere DIN-A4-Blätter und kleben Sie sie aneinander, sodass eine Kette entsteht. Malen Sie in die Mitte Ihre Timeline (Lebenslinie). Nun gehen Sie Ihre einzelnen Lebensstationen durch (Kindergarten, Grundschule, Musikgruppe, Schule ...) und überlegen kurz: »Wann konnte ich mir nicht vertrauen? Wann habe ich mir etwas vorgenommen und bin dennoch gescheitert? Wann war ich nicht konsequent genug, obwohl ich eigentlich wollte? Wann habe ich etwas nicht geschafft, was ich schaffen wollte, habe gekniffen etc.?

Wenn Sie den Fokus darauf richten würden, dann würden Sie Situationen in Ihrem Leben finden. Ein paar davon werden wahrscheinlich auch in jetzigen Situationen automatisch hochkommen, in denen Sie Selbstvertrauen benötigen. Das macht Sie klein, schwach und sorgt für negative Emotionen, die in keinem Kontext günstig für Sie sind. Diesen Fokus setzen Sie bitte nur ganz kurz und tragen davon nichts auf Ihrer Timeline ein. Den negativen Fokus haben wir leider viel zu häufig automatisch gesetzt. Das ist ungünstig. Deshalb hören wir von jetzt an damit auf.
Sie legen nun bewusst den Fokus auf Situationen, in denen Sie Ihr Leben in die Hand genommen haben. Situationen, in denen Sie etwas geschafft haben, Situationen, die Sie trotz Gegenwind und Schwierigkeiten gemeistert haben. Suchen Sie nach Situationen in Ihrem Leben, in denen Sie sich bewiesen haben, dass Sie sich vertrauen können. Damit Ihr Bewusstsein und Unterbewusstsein Ihnen zukünftig glauben, dass Sie sich vertrauen können, braucht es diese Beweise.

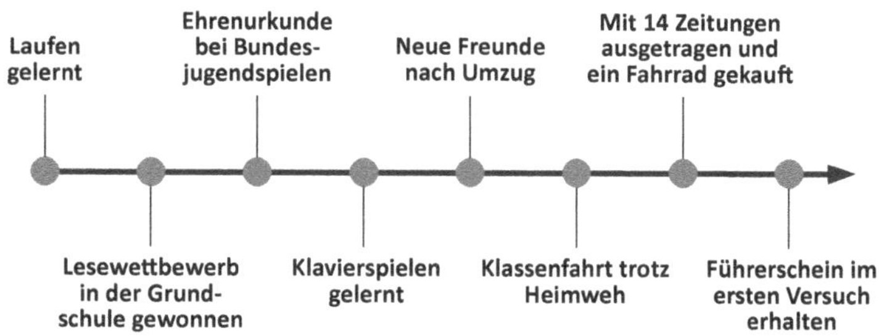

Grafik 14: Timeline

Nehmen Sie sich für diese Übung Zeit. Versuchen Sie, viele Beweise zu finden, und vervollständigen Sie Ihre Timeline auch nachträglich weiter, wenn Ihnen später noch Dinge/Situationen aus Ihrem Leben einfallen. Es geht dabei nicht darum, nach Situationen zu suchen, in denen Sie die Welt gerettet haben. Das macht 007, und der ist im Kino. Wir sind hier im realen Alltag. Viele Kleinigkeiten sind auch bei dieser Praxis viel besser als drei große Ereignisse. Beispiele können sein:

1. *Sie haben das entscheidende Tor geschossen. Bei hundert anderen Spielen haben Sie das nicht gemacht. Das ist egal, fokussieren Sie sich auf das eine Mal.*
2. *Sie haben einem Freund geholfen, waren für jemanden da. Das war für denjenigen in der Situation wichtig.*
3. *Sie haben den Führerschein bestanden. Sie haben es geschafft, darum geht es. Für die, die es beim ersten Versuch geschafft haben, war es leicht. Sie mussten beim dritten Versuch mit viel mehr Druck umgehen als die und haben das geschafft. Es ist eine Frage der Perspektive, und Sie dürfen bei dieser Übung eine einnehmen, die positiv für Sie ist.*

»Ihnen fällt diese Übung schwer?« Selbstverständlich, denn sonst hätten Sie ja das Problem mit dem niedrigen Selbstvertrauen nicht. Lassen Sie sich Zeit.

»Sie haben das Gefühl, sich jetzt etwas einzureden?« Nein! Sie richten Ihren Fokus auf Dinge, die Sie im Leben gut hinbekommen haben. Das dürfen Kleinigkeiten sein. Es geht nicht um einen Vergleich mit anderen. Es geht ausnahmsweise mal nur um Sie. Sie schreiben auf die Timeline nur Dinge, die Sie wirklich hinbekommen haben. Es ist somit kein Einreden, sondern eine Fokussierungsübung.

Ihr Leben und somit auch Ihr Stresslevel sind abhängig von Ihrem Fokus. Wenn Sie glauben, nicht die Disziplin zu haben, um etwas zu verändern, dann haben Sie in Ihrem Kopf den Fokus auf Situationen in Ihrem Leben, in denen Sie bei einer Veränderung gescheitert sind. Scheitern ist normal. Jeder Mensch ist im Leben schon gescheitert. Sie werden keine Biographie von einem berühmten, erfolgreichen Menschen finden (egal aus welchem Bereich), der nicht gescheitert ist.

Wenn Sie glauben, über die nötige Disziplin zu verfügen, um sich

zu verändern, haben Sie den Fokus auf Situationen, in denen Veränderung funktioniert hat. Sie wissen bereits, dass Sie mehr als 1000-mal aufgestanden sind, um Laufen zu lernen. Sie haben sich verändert, vom Krabbler zum Läufer. Sie haben Disziplin.
Suchen Sie nach günstigen Situationen für Ihr Selbstvertrauen in Ihrem Leben, richten Sie den Fokus darauf, und es wird Ihnen nicht nur beim Thema Stress helfen.
Bewahren Sie Ihre Timeline auf. Kleben Sie sie z. B. an die Wand, damit Sie immer wieder darauf schauen können. Sie können sie auch jederzeit um neue Ereignisse bzw. alte, die Ihnen noch einfallen, erweitern.

Zeit als Stressor – Engpass oder Erfolgsformel

Wenn es um das Thema Stress geht, kommt zwangsläufig irgendwann das Thema Zeit auf. Häufig begegnen mir folgende Einwände: »Ich habe keine Zeit.« »Durch den Zeitdruck komme ich erst in Stress.« »Ich würde ja gerne beginnen, Entspannungstechniken zu lernen, ich habe aber keine Zeit dafür.« »Wenn der Tag bloß mehr Stunden hätte, dann hätte ich auch weniger Stress.«

Bisher habe ich die »Zeit-Hürde« recht klein gehalten. Viele Selbstversuche und Praxistipps benötigten keinen oder nur geringen Zeitaufwand. Erstmals beim rationalen Ansatz, in dem wir uns ja immer noch befinden, habe ich angefangen, Ihre Zeit in Anspruch zu nehmen. Hatten Sie in diesem Kapitel schon ähnliche Gedanken im Kopf: »Wann soll ich denn meine Stressorenliste machen? Ich hab' doch gar keine Zeit. Und dann soll ich die noch eine Woche mit mir rumtragen und täglich meine Stressoren reflektieren und ergänzen. Wie stellt der sich das vor? Als wenn ich nichts zu tun hätte. Und dann die Lernkarten für die Um-Bewertung. Wann soll ich die denn schreiben?...« Falls ja, dann kommen hier einige Anregungen zum Thema Zeit. Nehmen Sie sich unbedingt die Zeit, diese Anregungen zu reflektieren, es könnte Ihnen Zeit verschaffen.

Sie werden Zeit benötigen. Es folgen in den nächsten Kapiteln Puzzleteile, die mit Zeitaufwand verbunden sind und natürlich auch weitere, die mit geringem Zeitaufwand umzusetzen sind. Wie viel Zeit Sie sich dann nehmen wollen oder können, entscheiden Sie. Mir ist nur wichtig, dass Sie es bewusst und reflektiert tun.

Um die eigenen Zeitressourcen zu kennen, ist die objektivste und genaueste Methode, die Zeit einmal zu messen. Wir haben 168 Stunden pro Woche Zeit. Womit verbringen wir unsere Zeit? Was ist für uns und unser Leben wichtig? Welche Prioritäten setzen wir im Alltag bei unserer Zeitverteilung. Stimmen diese Prioritäten mit der »Lebenswichtigkeit« überein?

Wir müssen schlafen, aufs Klo gehen, essen und trinken, und wenn wir kein Privatiers sind, auch arbeiten. Und natürlich müssen wir uns an Recht und Gesetz halten und z. B. eine Steuererklärung anfertigen etc. Dafür benötigen wir ein gewisses Kontingent der uns zur Verfügung stehenden Zeit. Alles andere ist, rein rational betrachtet, selbstgewähltes Schicksal.

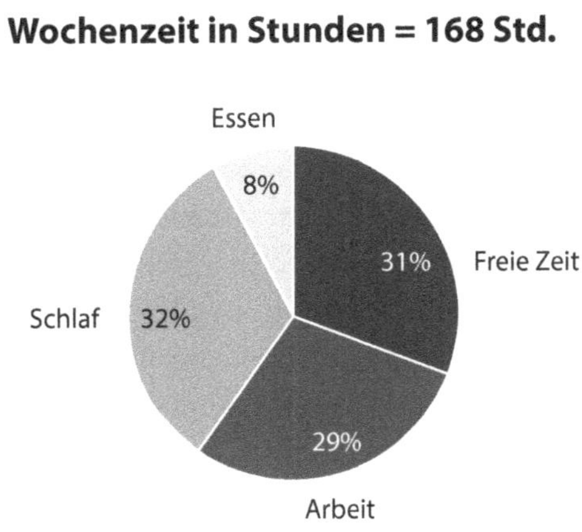

Grafik 15: Der Zeitkuchen

Sie müssen den Garten pflegen, das Auto waschen, saugen und Staub wischen …? Wo steht das geschrieben? Wie ist Ihr Anspruch? Wo liegt Ihre Priorität? Ich kenne Menschen mit Vorzeigegärten und welche mit Naturgärten. Ich kenne Menschen, die täglich saugen und andere, die das einmal die Woche machen und wieder andere, die gar keinen Staubsauger besitzen.

Sie haben ein Ehrenamt, arbeiten nebenbei als Trainer im Sportverein für ein bisschen »Extrageld« oder sind in der Kommunalpolitik engagiert? Dafür haben Sie sich freiwillig gemeldet, richtig?

Sie haben Freunde, einen Partner und Kinder, um die Sie sich kümmern müssen? Auch die haben Sie sich hoffentlich in unserer aufgeklärten Kultur selbst ausgewählt.

All die Dinge, die Ihnen jetzt vielleicht im Kopf herumschwirren, sind selbst gewählt. Nehmen Sie mir diese Aussage nicht böse, Ihr Quatschi bewertet gerade schon wieder. Ich meine das bewertungsfrei. Es ist okay, dass Sie sich ein Leben aufgebaut haben. Das habe ich auch. Ich verwende Zeit für ganz viele Dinge außerhalb der in der Grafik eingezeichneten Tätigkeiten. Das ist meine freie Wahl und Entscheidung. Wenn ich jedoch merke, dass ich für bestimmte Dinge, die für mich wichtig sind, keine Zeit habe, dann darf ich meinen Zeitkuchen reflektieren und schauen, ob ich eventuell zu viele »Verpflichtungen« eingegangen bin bzw. für bestimmte Dinge zu viel Zeit investiere, die mir an anderer Stelle dann fehlt. Wenn dem so ist, dann habe ich die Macht, das zu ändern. Das geht manchmal nicht von jetzt auf gleich. Ich kann jedoch direkt jetzt damit anfangen, es für die Zukunft in die richtige Richtung zu schieben.

Ich weiß, dass das Thema Zeit sehr oft ein emotionales ist. Ich habe knapp acht Jahre als Personal Trainer gearbeitet. Dabei ging es immer auch darum, im Alltag meiner Klienten Bewegung, Ernährung und Entspannung unterzubringen. Anfangs argumentierten 90 Prozent meiner Klienten, dass dafür nicht genügend Zeit zur Verfügung stehe. Am Ende hat es doch bei jedem funktioniert. Ich kenne wirklich alle »Ausreden.«

Führen Sie deshalb doch ganz neutral Ihre eigene Zeitanalyse nach der folgenden Anleitung durch. Wenn Sie dabei feststellen, dass bei Ihnen objektiv keine großen Zeitfenster freizuräumen sind, ist auch das eine Erkenntnis. Nehmen Sie sich aus diesem Buch dann erst einmal nur die Techniken heraus, die keine bzw. nur ganz geringe Zeitfenster benötigen. Fangen Sie außerdem an, an der Vergrößerung Ihrer Zeitfenster zu arbeiten.

Falls Sie bei der Zeitanalyse feststellen, dass Sie Zeiten mit unwichtigen Dingen füllen, dann räumen Sie diese Zeitfenster frei und schöpfen bei den folgenden Puzzleteilen aus dem Vollen.

Frankys Praxistipp: Zeitkuchen – »Womit verplempern SieIhre Zeit?«

Um wirklich genau zu wissen, wie es sich mit Ihrem Zeitkuchen verhält, sollten Sie akribisch und ehrlich für mindestens drei Tage, besser für eine ganze Woche, aufschreiben, wie viel Zeit Sie täglich für welche Tätigkeiten aufbringen. Das bedeutet konkret, dass Sie nach dem Aufstehen aufschreiben, wie viele Stunden Sie geschlafen haben, wie lange Sie vielleicht noch im Bett gelegen haben, wie lange Sie für Ihren ersten Kaffee brauchen, im Bad, beim Frühstück etc.

Auf dieser Basis können Sie dann objektiv berechnen, wie viel freie Zeit Ihnen wirklich bleibt und womit Sie diese Zeit konkret füllen. Alles andere ist »halluzinieren«.

Nutzen Sie die folgende Tabelle für Ihre Zeitanalyse der nächsten Woche.

Spalte wichtig/unwichtig: *Welche Tätigkeiten sind wichtig und welche unwichtig? Arbeiten Sie in dieser Spalte gerne mit einer Skala von 1 = total unwichtig bis 10 = sehr wichtig. Das vereinfacht die Arbeit im Anschluss, da Sie sich beispielsweise erst die unwichtigen Tätigkeiten anschauen können.*

Spalte veränderbar: *In der Spalte geht es nicht ausschließlich darum zu prüfen, welche Tätigkeiten Sie ganz weglassen können. Bei den unwichtigen Tätigkeiten kann das natürlich eine Option sein.*

Es geht aber auch darum zu sehen, wie viel Zeit Sie wöchentlich im Badezimmer, zum Fernsehen, zum Telefonieren, zum Chatten, zum Surfen aufwenden. Soll das zukünftig so bleiben?
Fragen Sie sich ehrlich und objektiv:

- *Können Sie bei unwichtigen Tätigkeiten die Zeit eventuell reduzieren?*
- *Welche dieser Tätigkeiten reduzieren objektiv Ihren Stresslevel, welche sind neutral, und welche Tätigkeiten stressen Sie sogar?*
- *Bei welchen Tätigkeiten können Sie sinnvoll Zeit »abzwacken«, um aktiv an der Verbesserung Ihres Stresslevels zu arbeiten?*

In meinen Seminaren habe ich häufig die Erfahrung gemacht, dass Klienten erschrocken über die eigenen Ergebnisse waren. Ärgern Sie sich nicht über das Ergebnis, wenn Sie es anders erwartet hätten. Sie wissen jetzt, woran Sie sind und können es von nun an bewusst ändern und steuern. Das ist eine sehr positive Erkenntnis.

Selbstversuch Zeit			
Tätigkeit	**Aufgewendete Zeit**	**Wichtig/ Unwichtig?**	**Veränderbar?**

Selbstversuch Zeit			
Tätigkeit	**Aufgewen-dete Zeit**	**Wichtig/ Unwichtig?**	**Veränderbar?**

Die Macht der Magic 3: TV, Smartphone, PC

Wenn wir beim Thema Zeitfresser sind, dann kommen wir an den »Magic 3« unserer Zivilisationsgesellschaft nicht vorbei:

- TV/YouTube
- Handy/Tablet
- PC/Notebook

Wie steht es bei Ihnen mit diesen Medien? Wie viel Zeit geht bei Ihnen für deren Nutzung am Tag drauf? Ist alles, was diese Medien betrifft, wirklich notwendig und sinnvoll und eine »Bereicherung« für Ihr Leben? Halten diese drei Medien Sie von wichtigen Dingen ab bzw. rauben Ihnen die Zeit für die wichtigen Dinge? Haben Sie einen Überblick über die Nutzungszeit oder nutzen Sie einige dieser Medien automatisch? Ist die Nutzung dieser Medien Entspannung für Sie?

Um mit der letzten Frage zu beginnen. Nein. Wir wissen, dass eines der Kernthemen in der Stressdebatte die Reizüberflutung unseres ANS ist. Durch die vielen unterschiedlichen Reize kommt das ANS ins Ungleichgewicht. Die Nutzung der »Magic 3« stellt keine Entspannung dar, denn auch hier sprechen wir von Reizen, die unser ANS nur zu gerne als Stressreiz bewertet. Ausnahmen bestätigen die Regel. Wenn Sie auf Ihrem Smartphone als Pause Musik hören oder eine Entspannungs-App nutzen, dann ist das eine dieser Ausnahmen. Wenn Sie in jeder freien Minute chatten, bei Facebook, Instagram etc. unterwegs sind oder im Internet surfen, dann geht die Reizüberflutung in diesen »vermeintlichen Pausen« weiter.

Dass diese Medien zum heutigen Alltag gehören, lässt sich nicht wegdiskutieren. Dass sie viele Vorteile mit sich bringen, ist ebenfalls ein klarer Pluspunkt für die Medien. Sie können bei falscher Nutzungsweise bzw. zu häufiger, unbewusster Nutzung aber auch den Stress verstärken.

Wir stehen auch hier wieder in der Verantwortung für unser Verhalten. Wir dürfen unser Verhalten bewusst hinterfragen und kontrollieren bzw. bewusst Verhältnisse schaffen, um dieser Reizfalle aus dem Weg zu gehen. Tun Sie sich einen Gefallen und unterschätzen Sie diese Kleinigkeit nicht.

Frankys Selbstversuch: Bewusster Umgang mit den Magic 3

Benutzen Sie Ihr Smartphone im kommenden Monat ganz bewusst. Und noch viel wichtiger, benutzen Sie es zu bestimmten Zeiten bewusst nicht.

Wie oft ziehen Sie Ihr Smartphone täglich automatisch aus der Tasche, schauen nach, ob eine Nachricht eingegangen ist, und stecken es wieder weg? Wie oft benutzen Sie es als Hilfe, für etwas Sinnvolles? Wie oft am Tag tippen Sie nur darauf herum, weil Sie gerade auf den Bus warten, Langeweile haben, in Gedanken sind, gerade etwas essen oder bloß nichts »Wichtiges« verpassen möchten? Sind wirklich alle Posts und WhatsApp-Nachrichten in dem Moment des Eingangs wichtig?

Es geht nicht darum, Ihr Smartphone nicht zu benutzen – es geht darum, es bewusst zu benutzen: Bevor Sie Ihr Smartphone zukünftig in die Hand nehmen, aus der Tasche ziehen, bauen Sie ein visuelles Stoppschild ein und überprüfen zuerst mit folgenden Fragen objektiv:

- *Warum möchten Sie jetzt gerade auf Ihr Smartphone gucken? Haben Sie das nicht vor fünf Minuten gemacht? Falls ja, dann bitte nicht in die Hand nehmen, außer …*
- *Benötigen Sie es für eine Funktion (Navi, Recherche, Notiz, … als Hilfe oder für die Arbeit)*
- *Erwarten Sie eine wirklich wichtige Nachricht?*
- *Falls Nein, können Sie sich bewusst dafür entscheiden, das Smartphone nicht in die Hand zu nehmen. Sie haben einen Reiz, eine Information, eine Ablenkung, eventuell einen Stressor eingespart.*

Mir ist klar, dass diese Übung für den einen oder anderen zur Verwirrung führen könnte, vielleicht sogar zu Stress oder unterschwelligen Aggressionen gegen mich? Na, trifft das zu? Beobachten Sie mal Ihre Gedanken und seien Sie ehrlich. Falls es zutrifft, ist dieser Selbstversuch gerade für Sie sehr wichtig.
Wichtig für den Selbstversuch: Er läuft über einen Monat. Hören Sie nicht nach zwei Tagen auf, wenn es sich »doof anfühlt«. Denn vielleicht ist das Gefühl, dass Sie wahrnehmen, gar nicht »doof«, sondern nur ungewohnt. Ungewohntes fühlt sich meistens erst einmal komisch an. Gerade wenn es sich zu Beginn »doof anfühlt« und Ihnen dieser Selbstversuch schwer fällt, ist die Wahrscheinlichkeit groß, dass Sie einen ordentlichen Nutzen daraus ziehen. Machen Sie sich zu Beginn frei von vorschnellen Bewertungen. Nach einem Monat dürfen Sie dann Bilanz ziehen und bewerten: »Hat mir der Selbstversuch für meinen Stresslevel etwas Positives gebracht?« Wenn ja, unbedingt weitermachen, bis das neue Verhalten zur Gewohnheit wird!
Falls nein, dann haben Sie einen Monat Ihres langen Lebens bewusst den Umgang mit Ihrem Smartphone trainiert. Das hat Sie kein Geld und nur einen ganz geringen Aufwand gekostet und Sie sind um eine Erkenntnis reicher: »Das ist nicht mein Problem beim Thema Stress – abhaken.« Ich bin ganz sicher, das Aufwand-Nutzen-Verhältnis ist zu verkraften.

Warum dieser Selbstversuch?

Wenn wir bei der Arbeit konzentriert an etwas arbeiten müssen, dann ist jede Ablenkung ein potenzieller Stressor, eingehende E-Mails, eingehende Nachrichten auf dem Handy, Anrufe, Kollegen in der Tür etc. Diese Ablenkungen bringen uns aus dem Denkfluss, und wir müssen uns danach wieder neu konzentrieren. Das stresst und ist zusätzlich unproduktiv. Natürlich kann ich nicht jegliche Ablenkung bei der Arbeit abschalten. Darum geht es auch nicht. Das Smartphone allerdings kann ich je nach Aufgabe und Arbeitsplatz für gewisse Zeiten ausschalten.

Beispiel: Wenn ich in einem wichtigen Meeting sitze, kann ich mein Smartphone auf lautlos stellen und in die Tasche packen *(Variante 1)* oder ich stelle es auf Vibrieren und habe es in der Hosentasche *(Variante 2)*.

Bei Variante 1 habe ich den Kopf im Meeting frei und kann mich ohne Ablenkung auf das Meeting konzentrieren, denn ich bekomme keine Nachricht und keinen Anruf mit. Nach Beendigung des Meetings schaue ich dann auf mein Smartphone. Ich kann nun Nachrichten beantworten bzw. verpasste Anrufe zurückrufen. Das ist effizient und stressfrei.

Bei Variante 2 vibriert jede Nachricht und jeder Anruf in meiner Hosentasche und ich bekomme das mit. Jedes Mal bin ich kurz abgelenkt, mit meinen Gedanken woanders. Das stresst, ist unsinnig und verschlechtert meine Leistung.

Wenn ich wirklich einen wichtigen Anruf erwarte, dann sage ich das vor dem Meeting und habe mein Handy auf Vibration gestellt auf dem Tisch liegen. Objektiv betrachtet ist es jedoch in den seltensten Fällen wirklich so, dass von diesem einen Anruf das Fortbestehen der Welt abhängt.

Muss ich 24/7 erreichbar sein *(24 Stunden, 7 Tage die Woche)*? Wenn ich Notarzt bin, in der Steuerung eines Atomkraftwerks arbeite oder als Nachrichtenreporter meinen Lebensunterhalt verdiene, ja, dann darf ich erreichbar sein. Allerdings sollte ich zu meinem eigenen Wohl auch in diesen Berufen freie Tage und Urlaub haben. Der Stressreport der Techniker Krankenkasse zeigt das ganz klar auf.

Ich bin als Seminartrainer in Unternehmen der unterschiedlichsten Branchen und Größenordnungen unterwegs. In allen Branchen begegnet mir die Spezies, die soooooo wichtig ist, dass der beschriebene Selbstversuch nicht durchführbar wäre. Und natürlich kann man dann bis aufs Blut diskutieren. Das mache ich schon lange nicht mehr. Es geht mir nicht um Rechthaberei. Wenn Sie Ihren Stresslevel reduzieren möchten, ist ständige Erreichbarkeit und ein Zuviel bzw. eine unkontrollierte Nutzung ungünstig für dieses Ziel, nicht mehr und nicht weniger.

Solche Erkenntnisse beim Reflektieren der eigenen Verhaltensweisen können unangenehm sein und manchmal sogar schmerzen. Es hilft jedoch nicht weiter, diese Punkte auszuklammern. Meist liegen dahinter die größten Erfolge und Potenziale verborgen.

Die Problematik gilt für alle Bereiche der Magic 3. Den Umgang mit dem Smartphone habe ich exemplarisch für die anderen Bereiche gewählt. Erfahrungsgemäß ist das Smartphone immer mit von der Partie. Welches Medium ist Ihr größter Zeitfresser? Schauen Sie in Ihrer angefertigten Tabelle nach.

Ich hoffe, Sie sind nun bereit für den Selbstversuch. Viel besser als alle Erklärungen ist das eigene Erleben. Und denken Sie daran: Der Selbstversuch geht einen Monat lang. Danach wird Bilanz gezogen. Das Tolle an dem Versuch ist, Sie benötigen kaum Zeit dafür. Vielleicht bekommen Sie am Ende sogar freie Zeitintervalle heraus, an denen Sie sonst unkontrolliert und ineffizient am Handy getippt hätten?!

Mehr Tipps, Tricks und Übungen zum rationalen Ansatz bekommen Sie im Online-Anti-Stress-Training auf der Homepage: www.frank-ritter-stresskiller.de Mit dem Rabattcode erhalten Sie 50 % auf alle Online-Seminare: Stresskiller50

Kill deinen Stress körperlich ☺

Nachdem der rationale Ansatz sehr viel mit Denken zu tun hatte, folgt nun der Ansatz, bei dem der Kopf am wenigsten benötigt wird. Hier geht es darum, einfach zu machen, der Rest erledigt sich dann wie von selbst. Erinnern Sie sich bei diesem Ansatz einmal kurz zurück an das Erfolgsmodell aus der Einleitung. Beim körperlichen Ansatz ist der Engpass das Tun. Sie müssen die vorgestellten Puzzleteile regelmäßig in Ihren Alltag integrieren und üben. Wenn Sie das schaffen, dann ist es wirklich einfach und wird große Wirkung auf Ihren Stresslevel haben.

STRESSKILLER Atmung

Die Atmung ist einer der zentralen Punkte für unsere Gesundheit und hat große Auswirkungen auf unseren Stresslevel. Genau aus diesem Grund ist die Atmung der »kleinste gemeinsame Nenner« aller Entspannungstechniken. Wenn Sie einen kompetenten Lehrer aufsuchen, egal bei welcher Entspannungstechnik, dann wird die Atmung immer eine zentrale Rolle einnehmen. Zur Verdeutlichung, wie wichtig die Atmung für uns Menschen ist, ein Vergleich:

Wir können Wochen ohne feste Nahrung überleben. Wir können hingegen nur wenige Tage ohne Flüssigkeit überleben. Ohne zu atmen, überleben wir nur wenige Minuten.

Jetzt können Sie natürlich sagen, dass der Vergleich hinkt. Wenn wir nicht gerade ohne Sauerstoffflasche den Mount Everest besteigen oder Apnoe-Tauchen betreiben, dann haben wir in unserem Alltag überall auf der Welt genügend Luft und können jederzeit atmen. Beim Thema Wasser und Nahrung ist das anders, denn hier gibt es in vielen Teilen der Erde leider immer noch Engpässe. Warum sollen wir uns dann mit dem Thema Atmung befassen, wo doch gar kein Engpass vorliegt?

Wir atmen von unserer Geburt bis zum Tod. Die Atmung geschieht unbewusst, außer wir konzentrieren uns darauf, z. B. beim Sport oder bei Entspannungstechniken. Unser Unterbewusstsein hat hierzu feine Sensoren, die mehrere Parameter messen und bei Bedarf den Atemreflex auslösen. Leider haben sich sehr viele von uns in den vergangenen Jahrzehnten durch chronischen Stress, Bewegungsarmut und überwiegend sitzende Tätigkeiten, unnatürliche Ernährung, überheizte Häuser und mangelnde Fitness eine zu schnelle und zu flache Atmung antrainiert. Dieser »Fehler im System« kann dazu führen, dass das Unterbewusstsein falsche Impulse für die Atmung setzt. Das hat negative Auswirkungen auf unsere Gesundheit, unseren Stresslevel und unsere Leistungsfähigkeit. An dieser Stelle wieder die gute Nachricht: Wir können alles verändern, wenn wir wollen. So ist es auch beim Puzzleteil Atmung.

Falls Sie in diesem Kapitel feststellen, dass Sie ungünstig atmen, dann schreiben Sie dieses Puzzleteil unbedingt auf Ihre To-do-Liste! Richtig zu atmen ist einfach und das Natürlichste der Welt. Als Kind haben wir richtig geatmet. Falls Sie es, wie im Folgenden beschrieben, verlernt haben, können Sie es wieder erlernen. Es ist jederzeit im Alltag anwendbar und hat keinerlei Nachteile – nur Vorteile.

Wenn man Meister von traditionellen Entspannungstechniken wie Yoga, Tai Chi, Qigong etc. nach einer richtigen Alltags-Atmung befragt, die zur Entspannung verhilft und uns gesund erhält, dann lehren sie eine sanfte, langsame und leichte Atmung. Das überlieferte Wissen ist teilweise Jahrtausende alt. Heute kann es mittels moderner Messverfahren wissenschaftlich untermauert werden. Es hilft. Es funktioniert. Nutzen Sie die richtige Atmung zukünftig für sich!

Physiologische Grundlagen der Atmung

Weit verbreitet ist der Irrglaube, dass der alles entscheidende Parameter unserer Luft der Sauerstoff sei. Wenn wir einen Engpass an Sauerstoff haben, dann entstehen Probleme. Wir sollen deshalb tief und kräftig ein- und ausatmen, mal richtig durchatmen, eine Sauerstoffdusche nehmen … So lauten die häufig gegebenen Ratschläge aus dem »Volksmund«. Wir sollen dadurch genügend Sauerstoff aufnehmen, damit unser Körper, der Stoffwechsel und das Gehirn richtig arbeiten können und unser System sich entspannt.

Das ist so nicht ganz richtig. Die Sauerstoffsättigung eines gesunden Menschen im Blut beträgt 95–99 Prozent. Das kann man mittels eines Pulsoximeters ganz einfach messen. Messungen, die ich seit Jahren in Seminaren und Coachings durchführe, um diese Aussage zu verdeutlichen, führen bei meinen Teilnehmern, und zwar speziell bei den sportlich ambitionierten, regelmäßig zu großem Erstaunen.

Ich messe mittels Pulsoximeter die Sauerstoffsättigung im Blut eines Teilnehmers, während er ganz normal atmet, ohne vorher Anweisungen bekommen zu haben. Gleichzeitig wird der Puls mitgemessen. Ich lasse den Teilnehmer nun tiefe, kräftige Atemzüge durch den Mund nehmen. Die Sauerstoffsättigung verändert sich dabei nicht, sie ist ja schon am oberen Ende. Anschließend fordere ich den Teilnehmer auf, die Einatmung zu halbieren. Er atmet nun halb so viel Luft ein wie vorher. Danach atmet er ganz entspannt wieder aus. Nach einigen Atemzügen fühlt der Teilnehmer einen sogenannten »Lufthunger« aufkommen. Er hat das Verlangen tiefer einzuatmen, wir geben diesem Lufthunger aber noch nicht nach, sondern behalten die halben Atemzüge bei. Nach ein paar weiteren halben Atemzügen darf der Teilnehmer seinen Lufthunger befriedigen und wieder seinen normalen Atemrhythmus einnehmen. Die ganze Zeit lang bleibt die Sauerstoffsättigung im Blut konstant, obwohl der Teilnehmer danach allen anderen live und exklusiv berichtet, dass er »Lufthunger« gefühlt habe. Kaum ein Teilnehmer empfindet beim ersten Mal und dann auch noch vor der Gruppe sitzend Entspannung. Der Ruhepuls ist interessanterweise am Ende niedriger als zu Beginn. Wie kann das sein? Die Sauerstoffsättigung müsste doch abnehmen, wenn nur halbe Atemzüge genommen werden, und der Puls müsste doch eigentlich zunehmen. Ist Sauerstoff an dieser Stelle vielleicht gar nicht der limitierende Faktor?

Der oben beschriebene »Lufthunger« bei den halben Atemzügen wird in der Tat durch den Anstieg von Kohlendioxid (CO_2) ausgelöst. Durch die halbe Atmung wird weniger vom CO_2 ausgeatmet. Der Pegel im Körper steigt. Wir haben feine Rezeptoren im Körper, die permanent den CO_2-Pegel, die Sauerstoffsättigung und den PH-Wert im Blut messen und an unsere Zentrale – das Gehirn – senden. Ab einem gewissen CO_2-Pegel löst unser Gehirn dann den Atemreflex bei unserer Atemhilfsmuskulatur aus. Die Sauerstoffsättigung bleibt dabei die ganze Zeit konstant. Über die tiefere Ausatmung atmen wir jedoch das angesammelte CO_2 aus. Das beseitigt unser Gefühl von Lufthunger. Der Lufthunger entsteht also durch den höheren Pegel an CO_2 und nicht mangels Sauerstoffs.

Wenn Sie zu den Menschen gehören, die schnell und flach atmen, dann gehören Sie zur Spezies der »chronischen Hyperventilierer«. Wir können problemlos dreimal so viel Luft einatmen wie wir benötigen, ohne es zu bemerken. Das bringt keinerlei Mehrwert, sondern hat negative Auswirkungen auf unsere Gesundheit und unseren Stresslevel. Sie können ganz einfach testen, ob Sie zu den »chronischen Hyperventilierern« gehören, indem Sie die folgenden Fragen beantworten:

- Atmen Sie häufig durch den Mund ein und aus? (z. B. bei Bewegung, Treppensteigen, Einkaufen oder beim Sport …)
- Atmen Sie in den Brustkorb ein und aus?
- Machen Sie mehr als 12 Atemzüge die Minute? Nicht, wenn Sie sich jetzt darauf konzentrieren und bewusst tiefer atmen, sondern im ganz normalen Alltag.
- Machen Sie keine Pause zwischen dem Aus- und Einatmen?
- Seufzen Sie häufig im Alltag bzw. atmen Sie häufig geräuschvoll ein und aus?
- Atmen Sie zur Entspannung häufig tief und kräftig ein und durch den Mund aus?

Haben Sie einige der Fragen mit »Ja« beantwortet? Dann könnte es sein, dass Sie hier Optimierungspotential haben. Durch den schnelllebigen Zivilisationsalltag haben sich viele ein falsches, zu schnelles und flaches Atmen angewöhnt. Unter Stress verflacht und beschleunigt sich die Atmung automatisch und es wird vermehrt in den Brustkorb geatmet. Speziell ist das der Fall, wenn häufig durch den Mund geatmet wird.

Was passiert dabei nun genau? Hier ein mögliches Szenario. Wird z. B. durch eine Stressphase für einige Wochen falsch geatmet, dann verschiebt sich unsere Toleranzschwelle für CO_2 Der CO_2-Pegel ist dauerhaft niedrig, da ja durch die beschleunigte Atmung permanent CO_2 ausgeatmet wird. Das Gehirn »gewöhnt« sich an den niedrigen Pegel und toleriert weniger CO_2. Es löst nun zukünftig viel früher den Atemreflex aus. Ist die Stressphase vorbei, atmen wir durch die »Umprogrammierung der CO_2-Toleranzschwelle« weiter flach und schnell. Unsere Rezeptoren zwingen uns dazu, da sie viel zu früh Lufthunger signalisieren. Wir haben uns eine falsche Atmung angewöhnt. Das ist ein Negativ-Beispiel für Veränderung, die wir unbedingt rückgängig machen sollten.

Das Hauptproblem beim »chronischen Hyperventilieren« ist Folgendes: Der Sauerstoff aus dem vollkommen ausreichend gesättigten Blut muss in die Zellen gespeist werden. Dort wird er benötigt, um Energie zu erzeugen. Denn in den Zellen findet der Stoffwechsel statt, das Blut ist nur das Transportmittel zur Zelle. Paradoxerweise ist es so: je niedriger der CO_2-Pegel ist, desto schlechter funktioniert der Sauerstoffaustausch vom Blut zur Zelle. Das kann man mit modernen Methoden messen. Wir kommen in einen Engpass an Sauerstoff. Der Sauerstoff kommt nicht in optimaler Menge zur Zelle *(Gehirn, Organ, Muskel etc.)*, in der er für reibungslose Stoffwechselprozesse benötigt wird. Das Blut hält den Sauerstoff fest – das nennt man Hypokapnie. Je höher hingegen der CO_2-Pegel steigt, desto besser funktioniert der Sauerstoffaustausch von Blut zur Zelle, und der Stoffwechsel läuft wie geschmiert.

Problem zusammengefasst: Das Gehirn wurde in der Stressphase durch falsche Atmung umprogrammiert. Es signalisiert schon bei geringem CO_2-Pegel Lufthunger und löst den Atemreflex aus. Wir atmen und atmen, halten den CO_2-Pegel dadurch unten und unsere Zellen bekommen nicht genügend Sauerstoff ab, obwohl das Blut ausreichend gesättigt ist. Wir stecken in einem gefährlichen Hamsterrad.

Lösung des Problems: Um diesem Hamsterrad zu entfliehen, müssten wir unseren Körper darauf trainieren, wieder mehr CO_2 zu vertragen. Wir müssten die Toleranzschwelle unserer Rezeptoren für CO_2 wieder auf das ursprüngliche Niveau bzw. sogar darüber hinaus verschieben. Denn der Schlüssel zur Freisetzung des Sauerstoffs aus den roten Blutkörperchen ist das CO_2.

Good to know: Stickstoffmonoxid (NO) ist ein gefährliches Gas in der Außenwelt. In der richtigen Dosierung in unserem Körper ist es jedoch sehr gesund. Das Gas wird vermehrt in unserer Nasenhöhle gebildet. Atmen wir durch die Nase ein, dann gelangt das NO in unsere Lungen und von dort ins Blut. Dabei entspannt und weitet es sowohl die feinen Verästelungen der Atemwege *(Alveolen)*, in denen der Gasaustausch zwischen Lunge und Blut stattfindet, als auch die Blutgefäße. Das Blut kann besser fließen, was positive Auswirkungen auf den Blutdruck hat. Außerdem trägt NO zur Senkung des Cholesterinspiegels bei, baut Ablagerungen in den Blutgefäßen ab und beugt Blutgerinnseln vor. Damit wirkt es gleich mehreren Faktoren für Herz-Kreislauf-Erkrankungen entgegen. Und das alles nur durch entspanntes, gleichmäßiges Atmen durch die Nase – wie einfach es sein kann.

Auswirkungen von falscher Atmung

Zu schnelles und flaches Atmen hat folgende Auswirkungen:

- Verengung der Atemwege und Blutgefäße.
- Elastizitätsverlust der Blutgefäße und Anstieg des Risikos für Arteriosklerose
- Erschöpfung und Müdigkeit
- Verringerung der Konzentrationsfähigkeit und Leistungsfähigkeit – körperlich und geistig.
- Unser Gaspedal feuert, und es werden Stresshormone ausgeschüttet – der Stresslevel steigt.

Es reichen schon ein paar Minuten schweren Atmens aus, um die Blutzirkulation des Körpers *(speziell des Gehirns)* zu reduzieren. Laut der Studie von Dr. Daniel M. Gibbs zu arterieller Gefäßverengung durch übermäßige Atmung verringerte sich der Durchmesser der Blutgefäße einiger Teilnehmer um bis zu 50 Prozent. Die Durchblutung verringert sich hierdurch um den Faktor 4.

Eine Studie zu Kampfjet-Piloten zeigt, dass Hyperventilieren die geistige und körperliche Leistungsfähigkeit einschränkt. Nach einer kurzen Phase der beschleunigten Atmung wurden im Simulator Extremsituationen getestet. Die Piloten hatten dabei um bis zu 30 Prozent verschlechterte Werte beim Thema Leistungsfähigkeit.

Richtig atmen

Wie funktioniert nun richtiges Atmen? Es gibt sehr viele und auch sehr unterschiedliche Atemtechniken. Viele davon haben eine ganz spezielle Wirkung, die für gewisse Ziele und Trainingseffekte sinnvoll sein können. Zur Stimulation bestimmter Energiebahnen oder Organe werden z. B. im Qigong und Tai Chi spezielle Atemtechniken eingesetzt. Auch im Yoga gibt es spezielle Atemtechniken, um beispielsweise Chakren anzuregen und den Energiefluss zu verbessern. In der Atemtherapie wird bei bestimmten Symptomen sogar bewusstes Hyperventilieren angeleitet. All diese Ansätze haben gezielt und richtig eingesetzt ihre Berechtigung. Ich selbst praktiziere regelmäßig eine Atemtechnik, bei der ich sehr kräftig durch den Mund einatme. Wenn Sie bereits bestimmte Atemtechniken einsetzen, die Ihnen gut tun, dann praktizieren Sie diese unbedingt weiter.

Mir geht es in diesem Buch um eine richtige Atmung im Alltag, die Ihre Gesundheit fördert und vor allem Ihre Entspannung günstig beeinflusst. Dazu möchte ich Ihnen nun einige allgemeingültige Tipps geben:

1. Die Nase ist zum Atmen da und der Mund zum Essen. Beachten Sie zukünftig nur diese Kleinigkeit, beginnen Sie automatisch, das Problem einer zu schnellen und flachen Atmung zu lösen.
   Bei der Nasenatmung wird die eingeatmete Luft erwärmt, befeuchtet und von Bakterien sowie Keimen befreit.
   Die Nasenatmung gilt übrigens auch bzw. speziell für

sportliche Bewegung. Wenn wir moderat Sport treiben, dann hat die Atmung durch den Mund dort nichts zu suchen. Als bisheriger Mundatmer wird sich die Nasenatmung zu Beginn ungewohnt und wahrscheinlich auch nicht gut anfühlen. Besonders bei Bewegung ist das eine ordentliche Herausforderung. Die ersten Wochen kann es sein, dass dabei ständig die Nase läuft und das Gefühl von zu wenig Sauerstoff mitschwingt. Trainieren Sie trotzdem weiter mit der Nasenatmung. Das Gefühl wird besser, die Nase hört auf zu laufen und die gefühlte Luftknappheit verschwindet. Nach einiger Zeit fühlt es sich richtig gut an und Ihre Leistungsfähigkeit steigt. Selbst wenn Sie keine Wettkämpfe bestreiten, ist es doch ein toller Nebeneffekt, dass Sie besser werden bzw. Ihr Training weniger anstrengt.
Ausnahme sind intensive Trainingseinheiten wie Intervallläufe, HIIT oder Einheiten im Maximalbereich. Hier ist die Mundatmung während der Belastung sinnvoll. In den Regenerationspausen sollte möglichst zügig wieder zur Nasenatmung gewechselt werden.

2. Die Nasenatmung gilt auch für die Nacht. Atmen Sie Tag und Nacht durch die Nase. Falls Sie nachts durch den Mund atmen, dann benutzen Sie für einige Wochen ein medizinisches Tape, mit dem Sie sich den Mund abends zukleben. Ich weiß, das hört sich jetzt verrückt an, funktioniert aber hervorragend. (Nicht bei Schnupfen oder krankhaft verengten Atemwegen) Wer im Schlaf lange nicht durch die Nase geatmet hat, weiß gar nicht, wie sich erholsamer Schlaf anfühlt. Wenn Sie nicht wissen, ob Sie nachts durch den Mund atmen, hier ein paar Anhaltspunkte:
   - Sie haben morgens einen ausgetrockneten Mund?
   - Sie fühlen sich morgens trotz ausreichend Schlafzeit gerädert und kommen schwer aus dem Bett?
   - Sie schnarchen bzw. haben Atemaussetzer im Schlaf?
   - Wenn Sie eine oder mehrere Fragen mit Ja beantworten,

dann ist die Wahrscheinlichkeit groß, dass Sie nachts vermehrt durch den Mund atmen. Manchmal hilft es an dieser Stelle, den Partner zu befragen.

3. Benutzen Sie Ihre Atemhilfsmuskulatur, speziell das Zwerchfell. Ihr Zwerchfell ist ein Muskel, der den Brust- vom Bauchraum trennt. Spannt sich das Zwerchfell beim Einatmen an, drückt es nach unten und der Bauch hebt sich sanft. Beim Ausatmen entspannt sich das Zwerchfell wieder, der Bauch senkt sich. Diese Bewegung ist wie eine Massage für Ihre inneren Organe und hat viele gesundheitlich positive Auswirkungen. Speziell für das Thema Stress: Ihr Atem wird regelmäßig, ruhig und gleichmäßig. Das wirkt entspannend auf Ihr ANS. In der Praxis am Ende des Kapitels finden Sie eine Anleitung zur richtigen Zwerchfellatmung.

4. Atmen Sie langsam, leicht und geräuschlos durch die Nase. Die Medizin sagt, dass ein gesunder Durchschnitt 10–12 Atemzüge mit einem Gesamtvolumen von 5–6 Litern pro Minute sind. Atmen Sie deutlich häufiger, vergrößert sich das Gesamtvolumen und es entstehen die beschriebenen Probleme. Atmen Sie kräftig und tief, wie es immer wieder empfohlen wird, dann atmen Sie zwar weniger als 10–12-mal pro Minute, haben aber trotzdem ein zu großes Gesamtvolumen, was zu den gleichen Problemen führt. Die Kunst besteht darin, gesteuert durch das Zwerchfell langsam und geräuschlos ein- und auszuatmen. Der Atem fließt dabei wie von selbst, ganz leicht, ohne Anstrengung. Von außen sind die Bewegungen dabei nicht zu erkennen. Die Meisterschaft erreichen Sie, wenn Sie es selbst gar nicht mehr spüren, und Ihr Atem wie von selbst fließt.

FrankysPraxistipp:

- *Atmen Sie durch die Nase ein und aus.*
- *Benutzen Sie Ihr Zwerchfell. Beim Einatmen hebt sich der Bauch sanft, beim Ausatmen senkt sich der Bauch.*
- *Zwischen den einzelnen Atemzügen liegt eine Pause von 1–2 Sekunden.*
- *Atmen Sie langsam, sanft und gleichmäßig.*

Der Atem sollte sich leicht anfühlen, so als wenn die Luft von selbst hinein- und wieder hinausströmt.

Atmung und Stress – Wirkung auf das ANS

Die Atmung ist die Schnittstelle zu unserem ANS. Sie kann eine Ressource sein und uns bei der Entspannung helfen. Sie kann ebenso eine Belastung sein und Stress befeuern.

- Atmen wir schnell und flach, dann treten wir damit auf das Gaspedal. Unser Sympathikus feuert durchgehend und unser Stresslevel steigt.
- Wenn wir Stress haben, wird unsere Atmung automatisch schnell und flach, was zusätzlich unseren Stresslevel erhöht – schon wieder eines dieser Hamsterräder.

Ob der »Gas-Pedal-Auslöser« nun ein externer Stressreiz ist oder ob es die ungünstige Atmung ist, spielt dabei keine Rolle. Das Ergebnis ist das gleiche: Der Stresslevel steigt, und das ist unerwünscht.

Über unsere Atmung können wir aus dem Hamsterrad aussteigen. Voraussetzung ist, dass unser System gesund ist. Wenn wir beginnen, ruhig, entspannt und gleichmäßig zu atmen, dann treten wir auf die Bremse. Der Parasympathikus beginnt zu feuern. Unser System entspannt sich. Über die HRV kann man das eindeutig messen.

Den größten Nutzen haben wir, wenn wir es schaffen, nicht nur in kurzen Phasen der Entspannung richtig zu atmen. Ziel sollte es sein, möglichst häufig im Alltag entspannt zu atmen. Die Praxisübungen hierzu finden Sie am Ende des Kapitels.

Ein Paradebeispiel für den Einfluss von Atmung bietet auch dieses Mal der Sport. Ein Biathlet gibt bei den Olympischen Spielen Vollgas, ganz klar, er will gewinnen. Wenn er mit Puls 180 am Schießstand ankommen würde, dann würde er selbst als bester Schütze des gesamten Starterfeldes nichts treffen. Wird der Puls auf ein zu niedriges Niveau gesenkt, ist das für das Schießergebnis ebenfalls ungünstig. Außerdem dauert das zu lange und die Konkurrenz wäre schon längst über alle Berge. Was macht der Biathlet, ohne dass wir es am Fernseher daheim mitbekommen? Die letzten paar Hundert Meter vorm Schießstand drosselt er ein ganz klein wenig die Geschwindigkeit – nicht zu viel, denn sonst wird er überholt, aber genug, damit sein Puls darauf reagiert. Zusätzlich fokussiert er sich auf die Zwerchfellatmung und senkt damit seine Atemfrequenz. Diese wirkt auf den Puls, der dadurch sinkt. Ein ganz wesentlicher Faktor dabei: Er tritt mit seiner Atmung auf die Bremse, stimuliert also seinen Parasympathikus – seine HRV steigt. Am Schießstand angekommen, fokussiert er sich weiter auf die Atmung. Außerdem arbeiten die meisten Athleten mit Bildern *(Visualisierung)* bzw. anderen mentalen Techniken, um sich auf das Schießen zu fokussieren. Die Bewegungen sind automatisiert *(Stöcke weg, Gewehr vom Rücken, entsichern, anlegen ...)*. Das wurde im Training Tausende Male geübt. Ein kurzes Reinhorchen in den Körper, ob der Puls auf dem richtigen Niveau angekommen ist, dann wird eingeatmet, und in der zweiten Hälfte der Ausatmung wird geschossen. Anschließend geht's mit Vollgas weiter.

Sie haben einen riesigen Vorteil gegenüber den Biathleten aus diesem Beispiel. Sie müssen die Atemtechniken nicht bei minus 15 Grad und Schneegestöber, bei körperlicher Höchstleistung und Lampenfieber praktizieren, weil 100 Millionen Zuschauer das Rennen weltweit verfolgen. Sie können ganz gemütlich daheim, sitzend oder liegend, trainieren und bei einfachen Alltagstätigkeiten die Techniken praktizieren.

Fügen wir das Puzzleteil Atmung in das bereits entstandene Bild der vielen anderen Puzzleteile aus den vorherigen Kapiteln ein. Viele Reize von außen können wir nicht beeinflussen. Wir können unsere Bewertung auf diese Reize steuern – rationaler Ansatz. Wenn Sie mit den Techniken der Um-Bewertung in der Praxis schon gearbeitet haben, dann wissen Sie, dass das alles andere als einfach ist. Sich eine andere Atmung anzutrainieren ist dagegen simpel.

Die Vorteile:

- Sie benötigen kaum Extra-Zeit.
- Sie haben die Atmung 24 Stunden dabei und können jederzeit üben.
- Sie brauchen nicht zu denken – einfach machen.
- Eine Veränderung der Atmung geht relativ schnell und ist einfach.
- Die Atmung wirkt auf das ANS und holt somit Ihr Unterbewusstsein mit ins Boot. Erinnern Sie sich an das Bild mit den zehn Ruderern.
- Atmung birgt viel Potenzial und wird noch heute von vielen unterschätzt.

Hier ein Beispiel für die Kraft der Atmung. Es wurde eine Studie mit Mönchen in Tibet durchgeführt. Die Mönche wurden verkabelt, sodass die Körperkerntemperatur gemessen werden konnte. Die Mönche setzten sich auf 3000 Meter Höhe bei 3 Grad Außentemperatur mit einem Lendenschurz bekleidet auf die nackten Steine und begannen zu meditieren. Sie praktizierten eine Tummo-Meditation, bei der eine besondere Atemtechnik in Kombination mit einer Visualisierung eines inneren Feuers angewendet wird. Die Mönche wurden dann mit nassen Lappen behangen und meditierten solange, bis die Lappen getrocknet waren. Alle hielten dabei ihre Körperkerntemperatur konstant über 37 Grad, ohne zu frieren, zu zittern etc. Bitte machen Sie diesen Versuch untrainiert nicht nach. Ich möchte hiermit lediglich die Kraft von Atmung und Gedanken aufzeigen.

Sie entscheiden von nun an, ob Ihre Atmung auf Ihr Gaspedal tritt und zusätzlich stresst oder Ihnen beim besseren Umgang mit Stressoren sogar hilft, die Bremse zu treten. Eine kleine Veränderung mit großer Wirkung.

Praxistest Atmung – BOLT

Der BOLT *(Body-Oxygen-Level-Test)* ist ein Test, der die Reaktion auf einen ansteigenden Kohlendioxid-Spiegel misst. Er unterscheidet sich von anderen Atemanhaltetests, denn er misst nur die Zeitspanne bis zum körperlichen Bedürfnis, wieder zu atmen. Er kann somit nicht durch Willenskraft verfälscht werden. *(Bitte den Test nicht mit vollem Magen machen.)*

Frankys Praxis – BOLT:

- *Nehmen Sie eine Stoppuhr zur Hand. Setzen oder legen Sie sich entspannt hin. Geben Sie sich einige Minuten, in denen Sie ganz ruhig, entspannt und gleichmäßig durch die Nase atmen.*
- *Atmen Sie nun einmal ruhig durch die Nase ein und wieder durch die Nase aus. Am Ende der Ausatmung halten Sie sich die Nase zu, halten den Mund geschlossen und den Atem an. Gleichzeitig starten Sie die Stoppuhr.*
- *Wichtig: Bitte den letzten Atemzug ganz normal atmen (weder tief ein- noch ausatmen).*
- *Spüren Sie während des Atemanhaltens in Ihren Körper hinein. Es kann sein, dass Sie das Bedürfnis haben zu schlucken, dass Sie spüren, wie sich Ihre Atemwege verengen oder dass Sie ein Bedürfnis verspüren, zu atmen.*
- *Die ersten »Mini-Impulse« dürfen Sie wahrnehmen und ignorieren. Sobald Sie den ersten deutlicheren Drang an Lufthunger spüren, atmen Sie bitte wieder ein und stoppen die Zeit. Dieser*

Drang kann der Impuls zum Schlucken sein oder ein Zusammenziehen Ihres Zwerchfells.

- *Wichtig: Es geht hierbei nicht darum zu testen, wie lange Sie die Luft anhalten können. Das geht deutlich länger als beim BOLT. Es geht beim BOLT darum zu messen, wann Ihr Körper ein klares Signal zur Wiederaufnahme der Atmung sendet, d.h. einen Lufthunger anzeigt. In diesem Moment zeigt der Körper Ihnen, dass der CO_2-Pegel erreicht ist, ab dem er abatmen möchte. Das ist Ihre körperliche CO_2-Toleranzschwelle, die nichts mit Willenskraft zu tun hat.*
- *Sie müssen mit dem ersten Atemzug ganz normal durch die Nase weiteratmen können. Wenn Sie nach dem Atemanhalten einen oder mehrere tiefe Atemzüge machen müssen, bevor Sie wieder ganz normal wie vorher bei der Entspannung atmen können, dann haben Sie die Luft zu lange angehalten. Der gemessene BOLT ist falsch. Machen Sie eine Pause von einigen Minuten, in denen Sie wieder entspannt atmen, und wiederholen Sie den BOLT.*

Wenn Ihr BOLT sehr niedrig ist, dann reagieren Ihre Atemrezeptoren besonders empfindlich auf eine Erhöhung des CO_2. Wenn Sie feststellen, dass Ihr BOLT viel niedriger ist, als Sie erwartet haben – kein Problem. Abhilfe können Sie problemlos mit den Atemübungen am Ende dieses Kapitels schaffen.

Ein **BOLT unter 20 Sekunden** ist viel zu niedrig, und die Wahrscheinlichkeit, dass Sie im Alltag zu den »chronischen Hyperventilierern« gehören, ist sehr groß. Wahrscheinlich atmen Sie häufig durch den Mund und sind kurzatmig. Bei Belastung geht Ihnen schnell die Puste aus und Sie atmen eher in den Brustraum ein und aus. Sie sollten hier nicht nur zur Verbesserung Ihres Stresslevels, sondern auch aus gesamtgesundheitlicher Sicht Abhilfe schaffen. Wenn Sie Ihren BOLT um nur 10 Sekunden steigern, werden Sie das ganz deutlich in vielen Alltagssituationen spüren und es wird Sie motivieren, ihn weiter zu verbessern. Bitte beginnen Sie erst einmal nur mit den Basisübungen. Erst wenn Ihr BOLT über 20 Sekunden beträgt, können Sie auch mit den Übungen für Fortgeschrittene beginnen.

Mit einem **BOLT von 20–30 Sekunden** sind Sie immer noch im unteren Bereich und werden bei körperlichen Belastungen Einschränkungen durch die Atmung empfinden. Sie sind jedoch so gut aufgestellt, dass Sie alle Übungen aus diesem Buch durchführen können.

Ein **BOLT von 30–40 Sekunden** ist meist nicht mit gravierenden negativen Auswirkungen behaftet. Dennoch ist Optimierungspotenzial vorhanden, und die positiven Auswirkungen auf Ihren Stresslevel sowie Ihre Gesundheit werden Sie deutlich spüren, wenn Sie Ihren BOLT verbessern.

Ein **BOLT von 40 Sekunden** gilt als gesund und normal. Sie nehmen mit einem solchen Wert zwischen sechs und zehn gleichmäßige Atemzüge pro Minute und haben zwischen jedem Atemzug eine natürliche Pause von 3–4 Sekunden. Ihre Atmung ist eine echte Ressource beim Thema Stress. Ein BOLT von 40 Sekunden ist das Ziel. Sie werden es spüren, mit steigendem BOLT-Wert werden Ihre Atemzüge feiner und länger. Es entstehen automatische Atempausen und die Anzahl der Atemzüge pro Minute sinkt. Das alles wirkt sich positiv auf Ihr Gesamtsystem aus.

Ein **BOLT von über 40 Sekunden** ist interessant, wenn Sie ambitionierter Sportler sind. Es lohnt, hier am Ball zu bleiben. Für Ihre Gesundheit und Ihren Stresslevel bringt ein höherer BOLT als 40 Sekunden keinen signifikanten Mehrwert.

Praxis: Basisübungen Atmung

Wenn Sie aktuell einen BOLT von unter 20 Sekunden haben, üben Sie bitte nur die Basisübungen, bis Ihr BOLT über 20 Sekunden liegt. Messen Sie dazu Ihren BOLT regelmäßig einmal die Woche.

Damit Sie schnell Erfolge erzielen, bauen Sie die unterschiedlichen Übungen täglich ein. Einige Übungen können Sie von Beginn an in Ihrem Alltag integrieren und benötigen somit keine zusätzliche Zeit. Die anderen sind so wichtig, dass Sie sich die kleinen Zeitfenster nehmen sollten.

Bei allen folgenden Übungen gilt: Atmen Sie durch die Nase ein und wieder aus. Die Zeitangaben bei den Übungen sind die Mindestzeiten. Länger dürfen Sie gerne üben.

Praxis: Bauchatmung/Zwerchfellatmung (5 Minuten)

Diese Übung empfehle ich zu Beginn in Rückenlage oder gemütlich sitzend durchzuführen. Legen Sie dazu beide Hände oberhalb des Bauchnabels auf den Bauch bzw. legen Sie dort ein Kissen drauf. Sie spüren Ihre Atembewegung direkt. Schließen Sie Ihre Augen und fokussieren Sie sich nun auf Ihre Atmung. Nichts anderes ist jetzt wichtig.

Die Einatmung leiten Sie bewusst über Ihr Zwerchfell ein. Mit jeder Einatmung hebt sich der Bauch *(spannt sich das Zwerchfell an)* und senkt sich mit der Ausatmung wieder ab. Zu Beginn kann es sein, dass Ihnen das schwer fällt, es sich noch nicht wirklich entspannt anfühlt bzw. die Bewegungen Ihres Bauches recht gering sind. Das ist vor allem dann normal, wenn Sie die letzte Zeit eher flach und in den Brustkorb geatmet haben. Der Körper ist an die flache Atmung gewöhnt. Verkrampfen Sie nicht, erzwingen Sie nichts, aber bleiben Sie fokussiert. Es wird Ihnen nach und nach besser gelingen. Irgendwann wird sich Ihr Bauch ganz einfach und ohne Anstrengung wie von selbst heben und senken.

Praxis: Entspanntes Atmen (10 Minuten)

Diese Übung funktioniert sitzend oder liegend. Sehr zu empfehlen ist ein gerader, aufrechter Sitz *(Fersensitz oder Schneidersitz)*. Schließen Sie Ihre Augen und fokussieren Sie sich nun auf Ihre Atmung. Nichts anderes ist jetzt wichtig.

Die Einatmung leiten Sie wieder bewusst über Ihr Zwerchfell ein, allerdings dieses Mal viel sanfter. Das Ziel dieser Übung ist, Ihre Atmung sanft, entspannt und leicht werden zu lassen. Versuchen Sie Ihre Atemzüge nach und nach zu verlängern. Das bedeutet nicht, dass Sie immer tiefer und tiefer atmen sollen, um damit pro Atemzug mehr Luftvolumen ein- und auszuatmen. Verteilen Sie das gleiche Atemvolumen auf ein längeres Ein- und Ausatmen. Ihr Bauch hebt und senkt sich dabei sanft. Beginnen Sie damit, zwischen der Ein- und Ausatmung eine kleine Pause einzulegen und zwischen der Aus- und Einatmung eine etwas größere Pause. Ihre Einatmung zieht sich langsam und leicht in die Länge, und bei der Ausatmung ist es, als wenn Luft aus einer schwach aufgepumpten Luftmatratze entweicht. Das passiert einfach so – ohne Kraftaufwand.

Sie sollten zu Beginn und auch später zum eigenen Feedback immer mal wieder ein paar Atemzüge in Gedanken mitzählen. Das kann helfen, ein Gefühl für die Länge der Atemzüge zu bekommen. Außerdem zeigt es Ihnen Ihre Fortschritte an. Danach wieder den Fokus auf die Atmung richten und weg von den Zahlen. Nichts ist jetzt wichtig, außer Ihrer Atmung.

Die Ausatmung ist ein wenig länger als die Einatmung. Die Pause zwischen der Aus- und der Einatmung ist ein wenig länger als die Pause zwischen der Ein- und der Ausatmung. Yoga- und Meditations-Meister schaffen es, eine Stunde und länger mit einem Atemzug pro Minute auszukommen. Auch hier dürfen Sie klein anfangen. Sie dürfen die Meisterschaft anstreben, aber bitte nicht nach einem Monat. Bei den Beispielintervallen liegen Sie zwischen sechs und drei Atemzügen pro Minute. Wenn sich diese Atemsequenzen entspannt und normal anfühlen, dann ist das schon ein super Ergebnis. Das sollte das Ziel sein.

Hier ein paar mögliche Intervalle, an die Sie sich herantasten dürfen. Wenn das zu Beginn noch nicht funktioniert, sich schlecht anfühlt, zu anstrengend ist … dann ist das okay. Üben Sie ruhig weiter, bis es irgendwann funktioniert:

Intervall 1: 4 / 0 / 6 / 1
Intervall 2: 4 / 1 / 8 / 2
Intervall 3: 5 / 2 / 10 / 3

Praxis:
Entspanntes Atmen an 3 Alltagsdinge koppeln

Wenn Sie Ihre Atmung verändern möchten, dann empfehle ich, im Alltag immer wieder den Fokus auf die Atmung richten. Ihre Atmung läuft weitestgehend unbewusst ab. Ausnahmen bilden Sport und Entspannungsübungen, bei denen wir bewusst atmen. Durch die bereits beschriebenen Atemübungen und die noch folgenden wird der Fokus bereits auf die Atmung gerichtet. Sie können das jedoch noch optimieren, und zwar ohne zusätzlichen Zeitaufwand. Hierdurch holen Sie wieder Unterbewusstsein und Bewusstsein in ein Boot und lassen sie in dieselbe Richtung rudern.

Koppeln Sie hierzu eine sanfte, entspannte und leichte Atmung an drei Alltagsdinge, die Sie regelmäßig durchführen. Diese drei Tätigkeiten koppeln Sie ab sofort an entspanntes Atmen.

Autofahren z. B. ist für mich Atemtraining. Sobald ich mich ins Auto setze, beginne ich damit, entspannt und sanft zu atmen. Ich setze mich gerade und entspannt hin, nehme die Schultern aktiv nach unten und entspanne so meinen Schulter-/Nackenbereich. Das habe ich mir antrainiert und denke nicht mehr darüber nach. Das können Sie auch.

Kleben Sie einen Punkt auf Ihr Lenkrad, der signalisiert: Entspannt atmen. Sie werden schon beim Einsteigen an Ihre Atmung erinnert, da Ihr Blick automatisch auf den Punkt fällt, der da gar nicht hingehört. Während der Fahrt werden Sie auch immer mal wieder erinnert, wenn Ihre Gedanken abschweifen. Jede Autofahrt wird zum Training, und entspanntes Atmen ist schon bald beim Autofahren automatisiert.

Weitere Beispiele sind: Kochen, Gartenarbeit, Computer-Arbeit bzw. bestimmte Tätigkeiten am Computer *(immer beim Lesen und Schreiben von E-Mails etc.)*, Lesen, TV schauen …. Ihr Bewusstsein, Ihr Fokus und Ihre Atmung verändern sich.

Ich gebe Ihnen mein Wort! Spätestens nach einem Monat, vorausgesetzt, Sie haben täglich Ihre Atmung trainiert und zusätzlich an drei Alltagsdinge gekoppelt, werden Sie bei einer ganz anderen Tätigkeit als den dreien, die an entspannte Atmung gekoppelt sind, plötzlich und automatisch an Ihre Atmung denken. Sie werden feststellen, dass Sie gerade wieder flach atmen. Nun haben Sie bewusst die Möglichkeit, in eine entspannte Atmung zu wechseln. Das wäre Ihnen ohne die Übungen niemals passiert. Diese bewussten Momente werden nun häufig »aufploppen« – weil Ihr Unterbewusstsein und Bewusstsein in einem Boot sitzen. Seien Sie gespannt, was das für Auswirkungen auf Ihren gefühlten Stresslevel, Ihr Denken, Ihr Verhalten, das Feedback von außen und Ihr Wohlbefinden hat.

Frankys Praxistipp:
Bevor Sie weiterlesen, nehmen Sie bitte einen Stift zur Hand. An welche drei Tätigkeiten werden Sie zukünftig die entspannte, sanfte und leichte Atmung koppeln?

Praxis: Atmung reduzieren zur Verbesserung des BOLT-Wertes (2 x 5 Minuten)

Diese Übung funktioniert sitzend oder liegend. Ich empfehle, sie in einem geraden, aufrechten Sitz *(Fersensitz oder Schneidersitz)* zu üben. Es ist eine meiner bevorzugten Übungen, um in die Meditation einzusteigen. Wenn Sie ebenfalls meditieren, durch dieses Buch damit beginnen oder andere Entspannungstechniken praktizieren, probieren Sie das unbedingt aus.

Schließen Sie Ihre Augen und fokussieren Sie sich auf die Atmung. Nichts anderes ist jetzt wichtig. Legen Sie eine Hand auf die Mitte Ihres Brustbeins und die andere oberhalb Ihres Bauchnabels auf Ihren Bauch. Die Einatmung leiten Sie wieder bewusst über Ihr Zwerchfell ein, sodass sich der Bauch sanft und leicht nach außen wölbt. Bei der Einatmung üben beide Hände einen leichten Druck auf Bauch und Brust aus. Bei der Ausatmung lösen Sie den Druck der Hände und entspannen den restlichen Körper. Stellen Sie sich vor, dass die Luft wie von selbst aus Ihren Lungen entweicht und sich Ihr Körper dabei jedes Mal ein Stückchen weiter entspannt.

- Die ersten 3–5 Atemzüge nehmen Sie als ganze, entspannte Atemzüge. Danach reduzieren Sie Ihre Atmung Stück für Stück.
- Atmen Sie für 5–10 Atemzüge nur noch drei viertel der Luft ein. Machen Sie nach der Einatmung 2–3 Sekunden Pause. Die Ausatmung bleibt gleich, sodass es sich entspannt anfühlt.
- Für die nächsten 10 Atemzüge atmen Sie nur noch die Hälfte der Luft ein. Versuchen Sie auch dabei, entspannt zu bleiben und ruhig und langsam auszuatmen. Wenn Sie einen niedrigen BOLT-Wert haben, werden Sie hierbei schon merken, dass ein deutlicher Lufthunger entsteht. Außerdem kann es sein, dass Sie vermehrte Durchblutung in Form von Wärme spüren (speziell im Gesicht und in den Händen/Füßen).
- Für die letzten 10 Atemzüge atmen Sie nur noch ein Viertel der ursprünglichen Luft ein. Bleiben Sie entspannt. Mir ist bewusst, dass das zu Beginn leichter gesagt denn getan ist. Ihre Sauerstoffsättigung ist immer noch konstant, nur der CO_2-Pegel

steigt an. Das ist vollkommen normal. Wenn Sie einen unangenehmen Lufthunger verspüren, dann atmen Sie zwischendurch einmal oder mehrmals etwas tiefer. Danach kehren Sie zum reduzierten Atmen zurück. Bei regelmäßigem Training wird sich Ihre Atmung schnell verbessern und das reduzierte Atmen richtig gut anfühlen.

- Nun wechseln Sie zurück in die normale Atmung. Nehmen Sie für ein paar Mal ganze Atemzüge. Wenn sich alles wieder normal anfühlt, starten Sie mit der zweiten Runde.

Das Ziel bei der Übung sind 2x 5 Minuten mit einer kurzen Pause von 1–2 Minuten dazwischen. In dieser Pause atmen Sie sanft, entspannt und leicht. Versuchen Sie nach und nach die ersten Atemzüge zu minimieren *(nur noch 3x voller Atemzug, 5x drei viertel Atemzug)* und dafür die halben und viertel Atemzüge zu vermehren. Sie trainieren mit dieser Technik Ihre CO_2-Toleranz und verbessern aktiv Ihren BOLT-Wert.
Diese Übung entspannt nach ein wenig Übung ungemein, und ich kann Ihnen empfehlen, im direkten Anschluss eine kurze Meditation bzw. andere Entspannungstechnik anzuhängen. 5–10 Minuten reichen für den Anfang. Mehr Zeit dürfen Sie natürlich immer investieren.

Wichtig: Ich bekomme oft zu hören, dass bei dieser Übung Schwindel, leichtes Kribbeln *(speziell in Fingern und Füßen),* Enge im Brustbereich oder gar leichte Beklemmungen entstehen. Sie machen nichts falsch und auch die Übung ist nicht falsch. Sie ist ungewohnt. Speziell, wenn Sie sich flaches Atmen angewöhnt haben, einen niedrigen BOLT haben und/oder sich eher weniger sportlich bewegen, sind das ganz normale Reaktionen. Ich gehe sogar einen Schritt weiter. Wenn Sie die eben erwähnten Symptome aufweisen, gerade dann sollten Sie diese Übung unbedingt täglich machen. Gehen Sie vorsichtig heran. Sie sollen nichts erzwingen und sich natürlich dabei auch nicht schlecht fühlen. Es ist aber keine Lösung, bei etwaigen Symptomen sofort »die Flinte ins Korn zu werfen«. Denken Sie ans »Laufen lernen«. Ein Beispiel:

Sie bemerken nach dem Umstellen auf die halben Atemzüge einen unangenehmen Schwindel. Dann wechseln Sie zuerst in die vollen Atemzüge zurück. Wenn sich der Schwindel gelegt hat, wechseln Sie nur zu den drei viertel Atemzügen. Machen Sie von diesen ein paar mehr *(7-, 10- oder 15- mal)*, so wie es Ihnen bekommt. Die halben und die viertel Atemzüge lassen Sie weg. Wenn das nach ein paar Tagen gut funktioniert, tasten Sie sich erneut an die halben Atemzüge heran. Beginnen Sie mit 3 halben Atemzügen und steigern sich dann alle paar Tage auf 5, 7, 10 halbe Atemzüge. Diese Übung soll umtrainieren, aber machen Sie das in einem Tempo, das sich für Sie gut anfühlt.

Diese Übung wird mit Asthma- und anderen schwer Atemwegserkrankten in der Therapie durchgeführt. Reden Sie sich also bitte nicht nach den ersten zwei Versuchen, die sich ungewohnt angefühlt haben, ein, dass Sie das nicht können. Wenn Sie an einer Atemwegserkrankung leiden, testen Sie sich vorsichtig an die Methode heran. Haben Sie eine schwere Atemwegserkrankung, kann es sinnvoll sein, diese Atemtechnik mit einem Atemtherapeuten gemeinsam durchzuführen. Ich rate dazu.

Atemübungen für Fortgeschrittene

Indem man den Atem anhält, erhöht sich die Konzentration von Stickstoffmonoxid in den Nasennebenhöhlen stark. Das weitet in erster Instanz die Nasengänge. Bei der nächsten Einatmung weiten sich dann die Alveolen in den Lungen und über den Austausch mit dem Blut auch die Arterien. Beim Atemanhalten bildet sich vermehrt CO_2 und trainiert die Rezeptoren, besser mit diesem Gas umzugehen. Die Toleranzschwelle für CO_2 wird bei regelmäßigem Training angehoben. Die daraus resultierenden Vorteile für die Gesundheit habe ich in diesem Kapitel ausführlich beschrieben. Für Sportler, die an der Verbesserung ihrer körperlichen Leistungsfähigkeit interessiert sind, gibt es noch weitere Übungen. Atemanhalteübungen können ein Höhentraining ersetzen. Wer hierzu mehr erfahren möchte, dem empfehle ich das Buch »Erfolgsfaktor Sauerstoff« von Patrick McKeown.

Die Übungen für die Fortgeschrittenen empfehle ich jedem, Sportler oder auch nicht, jedoch erst ab einem BOLT von 20 oder mehr.

Praxis: Atempause in Bewegung (5–10 Minuten)

Diese Technik können Sie üben, wenn Sie zu Fuß unterwegs sind, langsam mit dem Rad fahren *(kein Radtraining)*, beim Rasenmähen oder sonstigen leichten, körperlichen Tätigkeiten.

Hier stelle ich die Technik beim Spazierengehen vor:

Fokussieren Sie beim Gehen Ihre Atmung. Ihr Zwerchfell leitet die sanfte Einatmung durch die Nase ein. Die Atmung sollte leise und leicht sein – also ohne Anstrengung funktionieren. Finden Sie Ihren Atemrhythmus.

Beispiele:

- 4 Schritte ein-, 4 Schritte ausatmen,
- 4 Schritte ein-, 1 Schritt Atempause, 4 Schritte ausatmen, 1 Schritt Atempause
- 4 Schritte ein-, 1 Schritt Atempause, 6 Schritte ausatmen, 2 Schritt Atempause

Wenn Sie in Ihrem Atemrhythmus sind, dann machen Sie nach der nächsten Ausatmung eine Atempause von 5 Schritten. Sie können zum Luftanhalten die Nase zuhalten. Ich bevorzuge das. Probieren Sie beides aus und entscheiden Sie selbst, was Ihnen angenehmer ist bzw. ob Sie allein im Wald sind oder in einer belebten Einkaufsstraße.

Nach den 5 Schritten Atem anhalten, atmen Sie genauso ruhig und entspannt weiter, im gleichen Rhythmus wie vorher. Machen Sie 10 Atemzüge in Ihrem Rhythmus. Danach halten Sie wieder 5 Schritte den Atem nach der Ausatmung an.

Starten Sie im Training mit 10 x Atem anhalten und den jeweils

10 Atemzügen dazwischen. Steigern Sie dann nach und nach, indem Sie weniger Atemzüge zwischen dem Atemanhalten machen und dafür mehr als 10 x die Atempause einlegen. Wenn Sie bei 3 Atemzügen zwischen den Atempausen angekommen sind, das 25 x hintereinander durchführen können und dabei keinen Lufthunger mehr verspüren, haben Sie einen guten Wert erreicht.

Sie können diese Übung in den Alltag einbauen. Wenn Ihr Weg zur Bahn kürzer ist und Sie es nur 5 x schaffen, die Atempause einzulegen, dann ist das okay. Während Sie auf dem Bahnsteigt stehen, können Sie weiter im Atemrhythmus bleiben. Oder Sie belassen es bei den 5 x. Machen Sie sich nach und nach frei von den Zahlen. Sie sind zu Beginn sinnvoll, um ein Gefühl zu entwickeln und Ihre Fortschritte zu messen. Das motiviert. Sie sollen aber nicht stressen und deshalb mit der Zeit aus dem Fokus verschwinden. Das wichtigste für Ihren Fortschritt ist die Regelmäßigkeit. Lieber täglich kurz und regelmäßig üben, als einmal die Woche lange und die restlichen Tage gar nicht.

Praxis: Atemanhalten in Bewegung (ca. 10 Minuten)

Diese Technik können Sie ebenfalls überall dort üben, wo Sie zu Fuß unterwegs sind, langsam mit dem Rad fahren *(kein Radtraining)*, beim Rasenmähen oder sonstigen leichten, körperlichen Tätigkeiten.

Ich wähle wieder das Beispiel Spazierengehen:

Fokussieren Sie beim Gehen Ihre Atmung. Ihr Zwerchfell leitet die sanfte Einatmung durch die Nase ein. Die Atmung sollte leise und leicht sein, also ohne Anstrengung funktionieren. Finden Sie Ihren Atemrhythmus.

- Atmen Sie sanft durch die Nase ein und wieder aus. Nach der Ausatmung halten Sie die Luft an (mit oder ohne Nase zuhalten) und machen so viele Schritte, bis Sie einen deutlichen Lufthunger spüren.
- Atmen Sie, so sanft und ruhig es geht, durch die Nase weiter. Versuchen Sie schnellstmöglich wieder in Ihren vorherigen Atemrhythmus hineinzukommen.

- Wiederholen Sie das Atemanhalten 5–7 x etwa, jeweils nach einer Minute Pause.

Versuchen Sie bei dieser Übung die ganze Zeit entspannt zu bleiben. Auch im Zustand des Lufthungers sollte das mit etwas Übung funktionieren. Sie sind der Chef dieser Übung. Sie haben die Kontrolle und können jederzeit einen Atemzug nehmen. Haben Sie das bei der Übung im Kopf, dann fällt es leichter, körperlich entspannt zu bleiben.
Vielleicht sind es zu Beginn nur 10 Schritte, die Sie die Luft anhalten können. Bei regelmäßigem Training wird das schnell besser, und Sie werden verblüfft sein, wie stark Sie sich hier steigern können. 30–40 Schritte ohne zu atmen sind für jeden Gesunden erreichbar – selbst für ältere Menschen und Schulkinder. Diese Übung wird im professionellen Atemtraining auch bei Patienten mit schweren Atemwegserkrankungen erfolgreich eingesetzt.

Sie dürfen sich bei dieser Übung fordern und auch an die Erzeugung eines stärkeren Lufthungers herantasten. Bitte übertreiben Sie es jedoch gerade am Anfang nicht. Hören Sie auf Ihren Körper und machen Sie nur so viel, wie Ihnen gut tut. Falscher Ehrgeiz hat hier nichts zu suchen.

Das Ziel dieser Übung ist ganz klar das Anheben der CO_2-Toleranzschwelle. Außerdem wird mehr NO in Ihre Lungen und Blutgefäße geschleust, mit den positiven Auswirkungen auf Ihre Gesundheit. Die Übung kann jedoch mehr. Wenn Sie sie ein paar Tage praktiziert haben, werden Sie merken, dass sich Ihre Stimmung aufhellt. Sie fühlen sich dabei und danach wohl, entspannt und zufrieden. Sie werden spüren, dass Stress förmlich von Ihnen abfällt. Probieren Sie es doch jetzt gleich bei einer ersten Runde um den Block aus und lesen Sie danach weiter.

Praxis: Atemanhalten beim Sport

Sie treiben regelmäßig Sport? Bevor Sie diese Übung in Ihr Sportprogramm einbauen, stellen Sie sicher, dass Ihr BOLT-Wert über 30 Sekunden liegt. Viele ambitionierte Sportler, die bei Belastung und vielleicht auch sonst in ihrem Alltag falsch, zu flach und/oder durch den Mund atmen, haben einen niedrigen BOLT-Wert, obwohl sie körperlich fit sind. Als ich vor ein paar Jahren das Wissen über richtiges Atmen für mich entdeckte, war ich erschrocken, dass mein BOLT-Wert bei den ersten Messungen gerade einmal 22 Sekunden betrug. Ihr Vorteil als Sportler ist, dass die Erfolge beim Umstellen der Atmung sehr schnell kommen. Springen Sie über Ihr Ego und seien Sie es sich wert, mit den Basisübungen und den anderen fortgeschrittenen Übungen zu beginnen. Erst wenn Ihr BOLT-Wert über 30 Sekunden liegt, macht die folgende Übung bei Belastung Sinn.

Die Übung funktioniert bei allen Ausdauersportarten. Ich erläutere sie hier am Beispiel des Laufens:

- Laufen Sie sich die ersten 10 Minuten locker ein. Sie atmen dabei ausschließlich durch die Nase in einem für Sie entspannten, gleichmäßigen Rhythmus.
- Nehmen Sie nun Ihr Trainingstempo auf. Sobald Sie einen gleichmäßigen Atemrhythmus erreicht haben, halten Sie nach einer Ausatmung die Luft an, bis ein mittlerer Lufthunger entsteht. Die Atempause kann zwischen 10 und 40 Schritten liegen. Das ist abhängig von Ihrem BOLT-Wert, dem Trainingstempo und dem Trainingsgelände (Berge, flache Strecke, Wind von vorne etc.).
- Atmen Sie ca. 1 Minute lang gleichmäßig weiter bzw. versuchen Sie, Ihren vorherigen Atemrhythmus, so schnell es geht, wieder zu erreichen.
- Wiederholen Sie das Atemanhalten 6–12 Mal.
- Laufen Sie am Ende ca. 10 Minuten locker aus, ohne zusätzliche Atemübungen.

Steigerungen:

- Steigern Sie nach und nach die Wiederholungen von 6 auf 12 Mal.
- Steigern Sie die Anzahl von Schritten, in denen Sie die Atmung anhalten.
- Nach ein paar Wochen steigern Sie, indem Sie die Luft bis zu einem starken Lufthunger anhalten.
- Als Letztes erst steigern Sie die Übung, in dem Sie sie bei schnellerem Tempo üben.

Sie erzielen mit dieser Art des Trainings ähnliche physiologische Anpassungen wie bei einem Höhentraining. Neben einer Leistungsverbesserung bringt das gleichzeitig positive, gesundheitliche Auswirkungen mit sich. Sie verbessern mit dieser Art des Trainings effektiv Ihren BOLT-Wert. Das hat positive Auswirkungen auf Ihren Stresslevel.

Das war ein kleiner Ausflug für die sportbegeisterten Leser unter Ihnen. Nun schrauben wir ein wenig zurück und widmen uns dem Puzzleteil Bewegung, ohne Atemübungen, und zwar sowohl für die sportliche als auch die nichtsportliche Fraktion.

STRESSKILLER Bewegung

Zur Erinnerung eine Zusammenfassung der bisherigen Fakten:

- Bewegung baut Stress ab, da bei Bewegung Hormone und andere Stoffe ausgeschüttet werden, die den Stresshormonen entgegenwirken.
- Wir haben uns in den vergangenen 150.000 Jahren viel und immer wieder intensiv bewegt.
- Bei sportlicher Bewegung sollten wir unbedingt auf unser Körpergefühl hören. Zu viel und intensive Bewegung kann genauso ungünstig sein wie gar keine Bewegung als Stressausgleich.
- Grundsätzlich gilt: Keine intensiven Trainingseinheiten kurz vor dem Schlafengehen absolvieren.

Wir besitzen einen Stütz- und Bewegungsapparat. Häufig benutzen wir ihn leider wie einen Sitz- und Liegeapparat. Alles was unser Körper nicht braucht, baut er gnadenlos ab! So bauen wir ab dem 35. Lebensjahr beispielsweise jährlich 1 Prozent unserer Muskelmasse in Fettgewebe um, vorausgesetzt, wir arbeiten nicht aktiv dagegen an. Das stellt gerade im höheren Alter ein nicht zu unterschätzendes Problem dar. Auch wenn Sie noch nicht im fortgeschrittenen Alter sind und Sie in Ihrem Alltag keine großen Kraftanstrengungen leisten müssen, bei denen Sie ausgeprägte Muskeln benötigen, sind Muskeln sehr wichtig. In unseren Muskeln findet ein nicht zu unterschätzender Teil unseres Stoffwechsels statt.

Bewegung und Stoffwechsel

Ein Bekannter von mir, seines Zeichens Professor der Sportwissenschaften an der Hamburger Sportuniversität, pflegte zu sagen: »Du fühlst dich so alt wie dein Stoffwechsel!«

Wie genau funktioniert Stoffwechsel in unserer Muskulatur? Jeder Muskel besteht aus vielen Tausend Zellen. Jede dieser Zellen besitzt Kraftwerke, in denen der Stoffwechsel stattfindet. Dabei entsteht Energie. Wir haben ein ganzes Industriegebiet. Durch Nichtbewegung stellen mit zunehmendem Alter Kraftwerke ihren Dienst ein. Das Industriegebiet verkleinert sich. Der Stoffwechsel sinkt. Zusätzlich verringert sich nach und nach die Anzahl der Zellen. Das verkleinert ebenfalls das Industriegebiet. Der Stoffwechsel sinkt abermals.

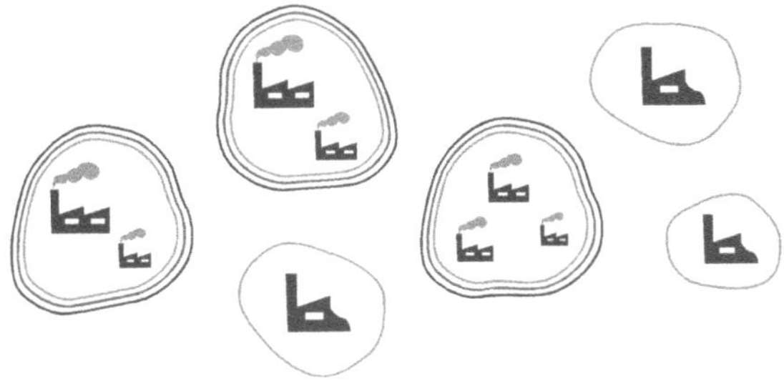

Grafik 16: Stoffwechsel

Das ist ungünstig für unsere Fitness, unser Wohlbefinden und langfristig auch für unsere Gesundheit. Speziell im fortgeschrittenen Alter entstehen dadurch sehr viele Probleme und altersbedingte Zivilisationskrankheiten, die nicht sein müssen bzw. durch Bewegung verzögert oder abgemildert werden können. Das stellt eine zusätzliche Belastung für unseren Organismus dar.

Um Stressbelastungen gut zu verarbeiten, benötigen wir Energie. Wenn die Industriegebiete immer kleiner werden, wo soll die Energie denn dann herkommen?

Bewegung baut nicht nur aktiv Stress ab, sondern ist auch eine Ressource, wie wir bereits wissen. Was passiert durch Bewegung in unseren Zellen?

Ein paar Zahlenbeispiele: Durch einfaches Lauftraining werden die Durchblutung und die Sauerstoffversorgung der aktiven Muskulatur um den Faktor 10 gesteigert. Wir wissen aus dem vorherigen Kapitel, dass die Sauerstoffversorgung zusätzlich noch über die richtige Atmung verbessert werden kann – ein kleiner Extraturbo. Wenn die Zellen einen solchen Reiz lange nicht erfahren haben, dann sind sie damit erst einmal überfordert. Ich möchte mein Zitat von oben daher erweitern: »Alles was der Körper nicht braucht, baut er ab.« »Alles was im Körper gereizt wird, passt sich an.« Kraftwerke, die im Sparmodus arbeiten, fangen wieder an, in den normalen Modus zu schalten. Neue Kraftwerke werden in den Zellen gebildet. Unser Industriegebiet vergrößert sich und der Stoffwechsel zieht an. Unser Organismus macht das automatisch, um beim nächsten

Bewegungsreiz besser vorbereitet zu sein. Dazu reicht es nicht aus, einmal die Laufschuhe anzuziehen. Für diese Anpassung bedarf es regelmäßigen Trainings. Der regelmäßige Läufer weist bis zu 6-mal mehr Mitochondrien pro Zelle auf als der Nichtläufer. Außerdem werden bei einem vorherigen Nichtläufer im Verlauf eines regelmäßigen Trainings auch neue Muskelzellen gebildet. In diesen Zellen gibt es ebenfalls Mitochondrien, wodurch sich die Energiebereitstellung weiter erhöht. Unser Industriegebiet expandiert weiter und mit ihm unser Stoffwechsel. Jetzt kommt das Beste: Die Kraftwerke arbeiten nicht nur bei Bewegung, sondern auch in Ruhe – beim Zeitung lesen, im Büro etc. Das bedeutet: Ihr Stoffwechsel und somit Ihr Energielevel erhöhen sich dauerhaft.

»Du fühlst dich so alt wie dein Stoffwechsel!« Ich möchte den Satz von Prof. Braumann für das Thema Stress ergänzen: »Du fühlst dich so alt und energiereich wie dein Stoffwechsel!«

Das kann man am Energieumsatz in der Muskelzelle ganz einfach messen. Sie erinnern sich an das Autobeispiel aus der Einleitung? Sie wandeln sich durch Bewegung vom 50-PS- zum 150-PS-Motor. Erhöhte Anforderungen und stressige Phasen, wie die Kasseler Berge, sind für Sie zukünftig kein Problem mehr. Sie haben eine wichtige Ressource aufgebaut. Die Auswirkungen spüren Sie nicht nur körperlich, sondern auch geistig.

Prof. Hollmann, der als einer der Väter der Sportwissenschaft gilt, beschrieb das sehr treffend: »Beweg Deine Beine, und das Licht im Gehirn geht wieder an.« Zu gesteigerter Sauerstoffzufuhr und Leistungsfähigkeit im Gehirn ist hiermit alles gesagt.

Bewegung macht den Kopf frei

Wir schwenken von der Zelle zu den Hormonen. Aus dem Bewegungsmangel ergibt sich ein besonderes Problem. Durch Bewegung werden Hormone und andere Stoffe ausgeschüttet, die teilweise dabei helfen, Stresshormone abzubauen. Ich hatte das in der Analysephase am Beispiel vom Stresshormon Kortisol und dem

Gegenspieler DEHA, das vermehrt bei Bewegung ausgeschüttet wird, dargestellt.

Jetzt bringen wir das Wissen auf die Ebene Körpergefühl. Rufen Sie sich bitte jetzt einen richtig stressigen Tag ins Gedächtnis. Wie haben Sie diesen Tag empfunden? Sehr wahrscheinlich hat es sich während des Tages nicht anstrengend angefühlt. Einige der bei Stress ausgeschütteten Hormone, z. B. das Adrenalin und Kortisol trimmen uns auf Leistung und machen uns wach. Wir geben problemlos »Vollgas«, und der Beobachter von außen staunt, was alles so geht. Wenn dieser Stress-Tag dann endlich vorbei ist und Sie daheim ankommen, wie fühlen Sie sich an einem solchen Abend? Kaputt, müde, ausgelaugt, platt ... Passen diese Synonyme zu Ihrem Gefühl? Falls Sie sich eher aufgekratzt und überdreht fühlen, sind Sie wahrscheinlich körperlich daheim, im sogenannten »Kopfkino« aber noch auf der Arbeit und haben noch gar nicht abgeschaltet. In dem Moment, indem der Kopf abschaltet, fällt der Energielevel rapide ab. »Und jetzt mal Hand aufs Herz: Haben Sie nach so einem Tag Lust, sich noch sportlich zu bewegen, oder schreit Ihr Körper nach der Couch?« Der innere Schweinehund ist gefühlt 2 Meter groß und sitzt in der Wohnungstür: »Du kommst hier nicht raus!«

Nehmen wir zuerst das Beispiel Couch unter die Lupe. Sie gehen mit diesem niedrigen Energielevel daheim angekommen direkt auf die Couch, Fernseher an, einen Happen Essen, nebenbei zur Entspannung ein bisschen chatten mit dem Tablet. Wird Ihr Energielevel bis zum Schlafengehen noch mal besser oder bleibt das Gefühl von »Kaputtsein«, bis Sie sich von der Couch ins Bett umlagern?

Nun zum zweiten Beispiel: eine Runde Sport. Wenn Sie es an einem solchen Tag schon einmal geschafft haben, Sport zu treiben, dann fühlt es sich danach schon unter der Dusche besser an. Sie haben den Kopf wieder ein bisschen freier, die Probleme erscheinen nicht mehr ganz so groß wie vorher, Sie haben wieder ein bisschen Energie für den restlichen Abend, die Stimmung hellt sich auf ... Eine richtig dosierte Sporteinheit baut Stress ab – wissenschaftlich erwiesen und gefühlt!

Es darf auch gerne intensiver sein

Wenn wir damals Stress hatten, haben wir uns in den meisten Situationen intensiv bewegt. Wir sind hinterhergelaufen, weggelaufen oder haben gekämpft – »Vollgas«! Wir sind nicht vor dem Säbelzahntiger weggewalkt oder haben mit Puls auf konstant 120 eingestellt auf dem Crosstrainer Fettverbrennung trainiert und wenn der Puls mal auf 122 steigt, dann schlägt das Gerät Alarm. Früher ging's ums »nackte Überleben«. Die dabei ausgeschütteten Hormone in Kombination mit der anschließenden Entspannungsphase, wenn die Gefahr vorüber war, haben den Stresslevel ins Gleichgewicht gebracht.

Genau das fehlt uns heute. Wir haben heute so viele Stressreize, auf die unser Körper noch wie damals reagiert und die gleichen Hormone ausschüttet. Er schreit danach, zwischen den Meetings 3 x die Treppen runter und wieder hoch zu sprinten. Wir möchten am liebsten ausflippen und schreiend rausrennen, wenn zum 25. Mal das Telefon klingelt, wo wir doch gerade ein wichtiges Schriftstück verfassen und volle Konzentration benötigen. Wir wünschen uns, mit dem Chef, der uns verbal piesackt, auszuringen, wer hier eigentlich das Sagen hat. Aber wir unterdrücken diese Instinkte. Das gehört sich nicht und passt nicht in unseren Alltag. Wir schlucken es runter, bleiben sitzen und versuchen, hochkonzentriert weiterzuarbeiten. Die Stresshormone werden so nur langsam abgebaut, und bevor wir »Scheibenkleister« sagen können, kommt schon wieder der nächste Stressreiz um die Ecke und zusätzliche Stresshormone werden ausgeschüttet. Das ist nicht artgerecht und kann auf Dauer nicht funktionieren.

Wenn Sie gesund sind und sich gut fühlen, dann spricht nichts gegen eine intensive Sporteinheit zum Ausgleich. Es ist normal, und bei regelmäßigem Training wird Ihr Körper das als angenehm empfinden.

Bewegung kann man vereinfacht in drei Gänge unterteilen, hier am Beispiel des Joggens dargestellt.

1. Gang: Beim langsamen Joggen wird u.a. Serotonin ausgeschüttet. Das hellt unsere Stimmung auf und wir fühlen uns wohl. Wir können die Umgebung genießen und schalten vom hektischen Alltag ab.
2. Gang: Wenn das Tempo auf Normalgeschwindigkeit bzw. leicht darüber gesteigert wird, setzt der Körper vermehrt ACTH frei. Dieses Hormon fördert die Konzentration, das Lernvermögen und die Kreativität. Neue kreative Ideen kommen beim Laufen auf, Lösungsansätze für Probleme, bei denen man vorher »den Wald vor lauter Bäumen nicht gesehen hat«, entstehen plötzlich.
3. Gang: Bei schnellen Läufen bis hin zur Wettkampfgeschwindigkeit werden dann die häufig zitierten Endorphine ausgeschüttet. Man kommt in den Flow, bei Läufern »Runner's High« genannt. Alles fällt von einem ab, kein störender Gedanke, nur noch Genuss, das Gefühl von Stärke und »Unbesiegbarkeit«. Es ist ein vom Körper selbst hergestellter Drogencocktail, ohne Nebenwirkungen und Abhängigkeiten.

Ein guter Bekannter von mir ist Osteopath und Heilpraktiker und betreibt das Therapiezentrum Hafencity in Hamburg. Seine Kollegen sagen, dass er goldene Hände besitzt. Er erzählte mir von folgendem Beispiel. Vor einiger Zeit kam eine neue Patientin zu ihm. Auf einer Skala von 1 *(keine Verspannung)* bis 10 *(bretthart)* war sie auf 10. Im Laufe der ersten Behandlung merkte er, wie die Spannung des Gewebes langsam nachließ. Kurz vor Ende der Behandlung kamen Sie auf das Thema Arbeit und Chef zu sprechen und binnen Sekunden zog die Spannung an, auf die anfänglichen 10. Die Patientin erzählte von ihrem Chef und wie »abgrundtief sie diesen hasste«. Bei der zweiten Behandlung passierte genau das Gleiche. Das war nicht förderlich für den Behandlungserfolg und den Eigenanspruch meines Bekannten, mit möglichst wenigen Behandlungen das Problem zu lösen. Die Patientin bekam die Aufgabe, zur nächsten Behandlung ein Foto ihres Chefs mitzubringen. »Ich habe doch kein Foto von diesem … Sind Sie verrückt?«

Dank Internetseite der Firma brachte Sie zum nächsten Termin ein ausgedrucktes Foto mit. Mein Bekannter befestigte es an einem Sandsack, neben dem Boxhandschuhe lagen und verabschiedete sich mit den Worten: »Ich geh jetzt kurz einen Kaffee trinken und bin in fünf Minuten zurück. Viel Spaß!« Als er fünf Minuten später zurückkam, drosch die Kundin wie von der Tarantel gestochen auf den Boxsack ein. Sie war nassgeschwitzt und hatte nach einer Verschnaufpause ein breites Lächeln im Gesicht. Ich muss an dieser Stelle erwähnen, dass es eine eher unsportliche Kundin mit einigem Übergewicht war. Sie hatte in ihrem Leben noch keine Boxhandschuhe an, geschweige denn einen Sandsack bearbeitet. Als mein Bekannter danach mit der Behandlung startete, fing er nicht bei einer Spannung von 10 an, sondern von 7. Die Kundin blieb während der Behandlung und auch danach entspannt. Eine kurze, knackige Bewegung, einmal den Kopf frei machen. Eine Kleinigkeit mit sehr großer Wirkung.

Suchen Sie sich etwas, das in Ihren Alltag passt. Sie wohnen in der Stadt, direkt an einer Schnellstraße, sie haben keinen Platz für einen Boxsack? Auf meiner Homepage finden Sie eine Möglichkeit, sich kurz und intensiv zu bewegen. Sie benötigen hierfür nicht mehr als 2 Quadratmeter Platz und ein Handtuch.

Link zur Homepage: www.frank-ritter-seminare.de/downloads
Login: Ritter-Kunde

Die häufigsten Fehler bei Bewegung

Ich möchte anhand einiger Beispiele die häufigsten Fehler aufzeigen, die mir immer wieder begegnen, wenn es um das Thema Bewegung geht. Lernen Sie aus den Fehlern anderer.

Regelmäßigkeit

Regelmäßige, kurze Bewegungseinheiten sind viel effektiver als unregelmäßige lange. 5 x die Woche ein kurzer Spaziergang von 15 Minuten beispielsweise hat eine positivere Auswirkung auf den

Stresslevel als 1x die Woche 2 Stunden zu marschieren. Obwohl man in den 2 Stunden mehr Schritte macht und mehr Strecke zurücklegt, ist der Effekt geringer. Am allerbesten wäre freilich die Kombi aus beidem, 4 x 15 Min. + 1 x 2 Stunden spazieren pro Woche.

Ähnlich verhält es sich mit sportlicher Betätigung. Jeden zweiten Tag, also gerundet 3 x Mal die Woche, 30 Minuten Training ist effektiver als 1 x pro Woche 90 Minuten Sport. »Steter Tropfen höhlt den Stein.« *(Ovid, römischer Dichter)* Auf unser Wasserglas bezogen bleibt auf Wochensicht bei 3 x 30 Minuten weniger Wasser im Glas zurück, obwohl die Zeitinvestition identisch ist.

Nebenbei bemerkt, auch für die Gesundheit und die Fitness bringen die 3 Trainingseinheiten mehr.

Korrektheit

Wenn Sie sich für das Puzzleteil Bewegung entscheiden und dafür Zeit investieren, dann machen Sie es unbedingt richtig.

- Wenn Sie sich 20 Jahre nicht sportlich betätigt haben und Sie starten nun neu, kann es die ersten Male sein, dass Sie sich danach platter fühlen als vorher. Ihr Körper ist den Sport nicht gewohnt. Machen Sie weiter, denn das gibt sich nach ein paar Wochen. Reflektieren Sie dabei, ob die Intensität zu Ihrem aktuellen Leistungsniveau passt.
- Falls Sie sich nach dem Sport regelmäßig erschöpfter fühlen als vorher, obwohl Sie schon ein paar Wochen dabei sind bzw. sowieso regelmäßig Sport treiben, dann überprüfen Sie die Trainingsintensität. Die Wahrscheinlichkeit ist groß, dass Sie zu viel, zu lange und/oder zu intensiv trainieren. Lassen Sie es gemütlicher angehen und beobachten Sie Ihr Körpergefühl. Gerade Männer neigen zu Beginn zu Übertreibungen und zur Überschätzung des eigenen Fitnesslevels.
- Sie haben die Intensität bereits heruntergeschraubt und es fühlt sich nach wie vor schlecht an? Es kann sein, dass Sie durch den dauerhaften Stress schon in einem Energiedefizit stecken. Pausieren Sie mit dem Sport und machen Sie dafür leichte Spaziergänge, Wassergymnastik oder andere sanfte Bewegungsformen

ohne sportliche Note. Holen Sie sich medizinischen Rat von einem Fachmann. Es gibt sehr viele mögliche Ursachen, die Sie abklären sollten.

Dieses Buch ist kein Medizinratgeber. Ich gehe hier immer vom gesunden Menschen aus. Bei Burnout-Patienten wird im Verlauf der Therapie sehr häufig auch mit Bewegung gearbeitet. Die Patienten beginnen dabei sehr langsam und dosiert und mit sanften Bewegungen. Das kann die Therapie sehr gut unterstützen. Man weiß hier jedoch auch, dass ein Zuviel kontraproduktiv ist. Dieses Wissen sollten Sie für sich nutzen.

Spaß an Bewegung

Was bereitet Ihnen wirklich Freude? An welcher Bewegung haben Sie Spaß?

Meine Mutter liebt es, im Garten zu werkeln, wie sie es nennt. Außerdem geht sie als Rentnerin fast täglich mit meinem Vater eine flotte Runde spazieren. Das macht ihr Spaß. Meine Mutter treibt keinen intensiven Sport und hat das auch nie getan und ist dennoch überdurchschnittlich fit für ihr Alter. Außerdem ist sie die entspannteste Person, die ich kenne. Sie strahlt innere Ruhe und Ausgeglichenheit aus – bewundernswert. Jetzt kann man natürlich sagen: »Naja, Rentner. Was sollen die schon an Stress haben?« Richtig, so sollte es sein. Aber wenn ich Rentner im Hinblick auf Stress beobachte und deren Gespräche belausche, ist es abenteuerlich, was man in Rentnerkreisen teilweise sieht bzw. hört. Von Entspannung ist da keine Spur.

Zurück zum Beispiel Gartenarbeit als Stressausgleich. Ich habe mit Gartenarbeit gar nichts am Hut. Das bringt meinen Stresslevel nicht runter, sondern treibt ihn eher nach oben. Wenn ich mir dann noch vorstelle, täglich als einzigen körperlichen Stressausgleich spazieren zu gehen – nein danke. Ich mache meine Spazierrunden und ja, das tut in der Tat auch meinem Stresslevel gut. Das alleine ist aber nicht mein Weg bzw. nicht ausreichend für mich. Ich habe Spaß an sportlicher Bewegung, und die darf gerne auch mal intensiver sein. Danach fühle ich mich wohl und entspannt.

Wie ist es bei Ihnen? Bei welcher Bewegung/Tätigkeit können Sie richtig abschalten und fühlen sich wohl?

Statt im Garten zu arbeiten, grille ich dort abends gerne oder genieße es, dort zu sitzen und zu lesen. Das kann ich übrigens problemlos, selbst wenn der Garten nicht im Vorzeigemodus gepflegt ist. Ich kenne viele, die ihren Garten pflegen und pflegen und pflegen. Sitzen und genießen sieht man diese Menschen leider selten im Garten. Dafür haben die Nachbarn einen gepflegten Garten vor der Nase. Und genau das ist häufig die Denkrichtung: »Was sollen denn die Nachbarn denken, wenn der Garten nicht im Top-Zustand ist?« »Ich kann mich nicht einfach in den Garten setzen und entspannen, wenn ich überall noch Dinge sehe, die gemacht werden müssen!« »Erst die Arbeit, dann das Vergnügen.« Wer diese oder ähnliche Aussagen von sich selbst kennt und gleichzeitig über einen zu hohen Stresslevel klagt, der sollte beginnen, an der eigenen Einstellung und nicht im Garten zu arbeiten. Wir tun in vielen Kontexten Dinge, um anderen zu gefallen und ohne diese Verhaltensweisen zu hinterfragen: »Das gehört sich halt so.« »Das war schon immer so.« »Das gehört zum guten Ton.« »Was sollen denn die anderen Leute denken?« Es gibt unzählige dieser Beispiele und Redewendungen.

Zurück zu »Spaß an der Bewegung«. Stellen Sie sich die beiden einleitenden Fragen vor: Was bereitet Ihnen wirklich Freude? An welcher Bewegung haben Sie Spaß? Suchen Sie sich einen Bewegungsausgleich, der Ihr Herz begeistert. Machen Sie sich frei von Zwängen, inneren und äußeren. Wenn Sie bei der Gartenarbeit Entspannung finden und Ihren Garten genießen können *(davor, dabei, danach)*, dann ist das Ihr Weg. Die Entspannung stellt sich dabei automatisch ein.

Wenn Sie Sport treiben oder spazieren gehen, weil Sie in einem Bericht von Prof. Dr. Dr. XY gelesen haben, dass das gut für Ihren Stresslevel ist, Sie sich aber jedes Mal dazu zwingen müssen, weil Sie es im Grunde Ihres Herzens hassen, dann ist die positive

Wirkung begrenzt. Außerdem ist es statistisch eine Frage der Zeit, bis Sie damit wieder aufhören.

Als ich noch als Personal Trainer gearbeitet habe, kam ein neuer Kunde zu mir, mit einer sonderbaren Bitte: »Ich brauche einen Trainer, der mich motiviert, Spaß am Laufen zu haben.« Wie sich herausstellte, hatte dieser Kunde einige Jahre zuvor von seinem Arzt nach einem Check-up die Empfehlung bekommen, als Ausgleich zu joggen. Einige Risikoparameter bzgl. Herz-Kreislauf-Erkrankungen waren erhöht gewesen, und der Mann hatte selbst angegeben, unter Stress zu leiden. Der Arzt war selbst Läufer. Der Tipp war gut gemeint, da mit dem Joggen beiden Problemfeldern entgegengewirkt wird. Es gab nur einen Haken. Der Kunde hasste Joggen. Er konnte, als er mich aufsuchte, problemlos 10 Kilometer flott am Stück laufen. Er musste sich allerdings fast jedes Mal wieder zum Training zwingen. Das war Stress, kostete Energie, und der Kunde hatte das Gefühl, nicht mehr lange die nötige Disziplin dafür aufzubringen. Wir vereinbarten, einige Dinge auszuprobieren, nachdem ich ihm erklärt hatte, dass eine langfristige Motivation immer von innen kommen sollte, da sie sonst zum Scheitern verurteilt ist. Nach ein paar gemeinsamen Einheiten trafen wir ins Schwarze. Er fand seine Begeisterung im Klettern. Seither klettert er regelmäßig in einer Kletterhalle/Outdoorkletterwand *(da Hamburg keine Berge hat)* und zwar mit ungebremster Begeisterung. Jedes Jahr unternimmt er mindestens einen Kletterurlaub in der Gruppe. Wenn er geschäftlich unterwegs ist, geht er joggen. Er muss sich aber nicht mehr so dazu zwingen. Er läuft eine lockere Runde, macht danach spezielle Kraftübungen für den Klettersport und freut sich schon auf das nächste Klettertraining. Da er weiß, wofür er die Lauf- und Gymnastikeinheit auf der Dienstreise macht, ist es für ihn okay. Er hat seine intrinsische Motivation *(von innen heraus)* gefunden.

Frankys Praxistipp:
Es gab noch nie ein größeres Sport- und Freizeitangebot als heute. Und das Angebot wächst weiter. Bewegung mit Spaß ist der Turbo für Ihren Stresslevel. Welche Bewegung haben Ihnen als Kind/Jugendlicher Spaß bereitet? Welche Bewegung macht Ihnen noch heute Spaß, falls Sie mal dazu kommen? Welche Bewegung wollten Sie immer schon ausprobierent?

____

____

____

____

Achtsamkeit auch beim Sport

Was ich leider immer wieder in Fitnessstudios beobachte, ist folgendes Bild: Herbert kommt nach der Arbeit ins Studio gehetzt. Er ist spät dran, da der letzte Arbeitstermin doch länger gedauert hat. Herbert hat versprochen, um 19:30 Uhr daheim zu sein, um seine kleine Tochter ins Bett zu bringen. Er geht bewaffnet mit seinem Mobiltelefon auf den Cross-Trainer und telefoniert während der 30-minütigen Cardio-Einheit ununterbrochen. Danach macht er im Schnelldurchlauf noch seine Rumpfübungen, die er vom Trainer gegen seine Rückenschmerzen bekommen hat. Auch dabei ist Herbert mit den Gedanken ganz woanders und schnappt auf den Bildschirmen, die dort überall flimmern, noch die aktuellen Börsennachrichten auf. Da er ja keine Zeit hat, lässt er die Pausen weg und ackert eine Übung an die nächste gereiht durch – bloß nichts weglassen. Eine schnelle Dusche und dann ab nach Hause.

Den Stress, der durch die Bewegung abgebaut wird, baut Herbert auf der anderen Seite mit diesem Verhalten direkt wieder auf. Das hat nichts mit »runterfahren und entspannen« zu tun und ist Zeitverschwendung.

Wenn Sie Bewegung als Ausgleich für Ihren zu hohen Stresslevel in Ihren Tagesablauf einbauen, dann bitte ohne Hetze. Schließen Sie Ihren Kopf nicht zusammen mit Ihren Klamotten im Sprint ein. Seien Sie mit Körper, Geist und Seele bei der Sache. Genießen Sie die Bewegung, die Stille, das Ambiente, den Blick etc., je nachdem, was Sie sich als Bewegungsausgleich ausgesucht haben. Machen Sie es sich so nett wie möglich. Spüren Sie, dass es Ihnen guttut. Wenn Sie knapp in der Zeit sind, dann reduzieren Sie Ihr Programm. Das ist okay. Das Programm, das Sie absolvieren, machen Sie bitte richtig – mit allen Sinnen.

Spazieren ist nicht gleich spazieren – mit allen Sinnen

Ähnlich wie es einen Unterschied macht, ob wir bewusst Sport treiben oder nur körperlich anwesend sind, hat auch das Umfeld Einfluss auf das Resultat. Eine interessante Studie hierzu wurde zum Spazierengehen durchgeführt. Die Studienteilnehmer machten zum Stressausgleich Spaziergänge. Dazu wurde vorher und nach dem Spaziergang der Stresslevel gemessen. Wenn der Spaziergang im urbanen Umfeld durchgeführt wurde, war das Ergebnis signifikant schlechter als beim gleichen Spaziergang im Grünen. Die Studie ergab dabei, dass 20–30 Minuten in einer Umgebung, die einem das Gefühl von Natur vermittelt, ausreichen, um effektiv den Cortisolspiegel zu senken.

Wir sind auch heute noch der Natur verbunden. Die Reize der Natur, ohne Gefahren wie den Säbelzahntiger, wirken beruhigend auf unser ANS – die Bremse wird getreten. Im Urbanen sind deutlich mehr visuelle und akustische Reize, die wir über unsere Sinneskanäle aufnehmen, vorhanden. Die Bremse wird hier nur bedingt getreten.

Frankys Achtsamkeit 2

Bei Ihrem nächsten Spaziergang nehmen Sie sich 5 Minuten und schließen Ihre Augen. Je nachdem, wo Sie gerade sind, können Sie dabei ganz langsam weiterlaufen (Schritte vorsichtig und in Zeitlupe, wenn Sie zum Beispiel allein im Wald oder auf einem Feldweg unterwegs sind). Sie können am Rand des Weges stehenbleiben oder sich, wenn Sie in einer belebteren Gegend unterwegs sind, auf eine Bank setzen, damit Sie sich und andere nicht gefährden.

Versuchen Sie, die Augen wirklich 5 Minuten geschlossen zu halten und einfach nur bewusst das Hier und Jetzt wahrzunehmen. Sie werden erstaunt sein, was Sie plötzlich über Ihre anderen Sinneskanäle alles wahrnehmen. Nehmen Sie auch Ihr Gefühl bei dieser Übung wahr? Ist diese Übung angenehm für Sie oder ist es eine Herausforderung?

In beiden Fällen sollten Sie diese Übung regelmäßig anwenden, zum Entspannen und Genießen oder um Entschleunigung zu üben.

Bewegung in den Alltag einbauen

Ihre Zeit ist extrem knapp? Sie sind aktuell in Doppel- oder Dreifachbelastung unterwegs und finden keine »Extra-Zeitfenster« für ausgiebigen Bewegungsausgleich?

Als Erstes sollten Sie ganz ehrlich und objektiv reflektieren, ob dem wirklich so ist oder ob es sich um einen erster Impuls Ihrer Wahrnehmung handelt. Sehr häufig erlebe ich in Coachings, dass über eine genaue Ist-Zeit-Analyse ein anderes Ergebnis herauskommt. Ihre Zeitanalyse haben Sie ja bereits in Teil I dieses Buches gemacht. Nehmen Sie diese gerne noch einmal kurz zur Hand.

Als Zweites sollten Sie diese Selbstreflexion in regelmäßigen Abständen wiederholen. Rahmenbedingungen und Lebensumstände verändern sich. Sie haben vielleicht zwei Kinder. Die brauchen Sie momentan sehr und können abends nicht mal kurz für eine

Stunde allein gelassen werden. Fünf Jahre weiter sieht das schon anders aus und nochmal fünf Jahre weiter sind die Kinder heilfroh, wenn Sie mal kurz weg sind.

Nachdem Sie die beiden Punkte genau betrachtet haben, stellen Sie fest, dass es eine Tatsache ist – Sie haben aktuell keine freien Zeitfenster für Bewegung. Dann überlegen Sie, wie Sie in Ihren jetzigen Alltag Bewegung einbauen können, ohne zeitlichen Mehraufwand. Jede Kleinigkeit zählt dabei.

Sie sind weder gehbehindert noch 85 Jahre alt? Dann gibt es kaum einen Grund für Sie, den Fahrstuhl oder die Rolltreppe zu benutzen. Schauen Sie sich in der U-Bahn doch mal um. Hunderttausende benutzen dieses Verkehrsmittel in Hamburg. Maximal 20 Prozent davon nehmen die Treppe. Die restlichen 80 Prozent quetschen sich in die Schlange an den Rolltreppen. Ganz sicher sind das nicht alles Marathonläufer, die schon 15 Kilometer vor der Arbeit gelaufen sind und nun bewusst die Rolltreppe zur Regeneration benutzen bzw. todkrank sind. Wo reihen Sie sich ein?

Nehmen Sie bei der Treppe, die Sie zukünftig immer benutzen, zwei Stufen auf einmal, und zwar in flottem Tempo. Ihr Puls geht hoch. Das ist positiv für Ihren Organismus. Wenn Sie oben angekommen wie eine Dampflok schnaufen, ist das ein sicheres Zeichen für Sie, dass es allerhöchste Eisenbahn ist, regelmäßig Treppen zu steigen.

Ich übernachte durch meine Seminare und Vorträge regelmäßig in Hotels. In Großstädten sind dort durchaus höhere Häuser dabei. Vor einigen Wochen war ich in der neunten Etage untergebracht. Die Seminarräume befanden sich mit sehr schöner Dachterrasse im zwölften Stockwerk. Es gab gar keine richtige Treppe im Inneren des Gebäudes, sondern nur eine Art Außentreppe mit einem halboffenen Treppenhaus. Sie war in der Empfangshalle nicht sofort erkennbar. Als ich beim Einchecken danach fragte, schaute mich die Rezeptionistin sehr komisch an. »Ich gebe ihm die Zimmerkarte *(9. Stock)* und weise ihm den Weg zu den Aufzügen und der fragt nach einer Treppe? Ist der verrückt?« Sind das vielleicht gerade auch Ihre Gedanken? Ich habe in den drei Tagen nicht den Aufzug benutzt, obwohl ich täglich im Schnitt 7 x zwischen Erdgeschoss, Zimmer und Seminarraum gewechselt bin. An der Reaktion meiner Seminarteilnehmer merke ich immer wieder, wie ungewöhnlich mein Verhalten ist – deswegen führe ich es hier auch aus. Meine Teilnehmer lade ich schon am ersten Vormittag ein, das eigene Bewegungsverhalten zu überdenken. Wenn es dann das erste Mal vom zwölften Stock nach unten zum Mittagessen geht und ich höflich die Tür zum Treppenhaus aufhalte, müssen die ersten einen großen Schritt aus der Komfortzone machen. Jedem steht die Benutzung des Fahrstuhls selbstverständlich frei, ich zwinge keinen zum Treppensteigen. Trotzdem fühlen sich alle verpflichtet, als Gruppe zusammen zu laufen. Die Kommentare dabei sind immer wieder herrlich und zeigen, wie einfach es im Seminar ist, über mehr Bewegung im Alltag theoretisch nachzudenken, und was für eine Herausforderung zwölf Stockwerke in der Praxis für viele darstellen. Zumal sie ja nach dem Mittag auch wieder rauf müssen. Stöhnen, Sarkasmus und ernsthaft geführte Diskussionen, ob das denn mit vollem Magen überhaupt gesund ist, finden regelmäßig statt.

Hand aufs Herz: »Wie hätten Sie sich verhalten? Nehmen Sie automatisch bei zwölf Stockwerken die Treppe?« Das übrigens meinte ich, als ich in der Einleitung von »angewandtem Wissen« geschrieben habe.

Und hier gleich noch ein zweites Beispiel zum Thema Bewegung im Alltag. Bei den ersten sonnigen Tagen im Frühjahr strömen die Menschen in Deutschland nach draußen. In der Mittagspause sieht man sie vor Bürokomplexen auf Bänken und Treppen sitzen und Sonne tanken. Das ist ein ganz natürlicher Impuls, der zum Glück immer noch in den meisten von uns steckt. Ich frage mich immer, warum sie sich in die Sonne setzen, wo die meisten doch in den besagten Bürokomplexen wahrscheinlich den Großteil des Tages sitzend verbringen? Warum ist es nur eine kleine Minderheit, die diese Zeit für einen gemeinsamen Spaziergang durch den Park, die Einkaufsmeile oder eine Runde um den Block nutzt oder zumindest steht, um die Sonne zu genießen?

Was ist hier mit dem natürlichen Impuls? Dieses Verhalten ist gegen unsere Natur. Wir tun das, weil wir uns leider schon so an die Bewegungsarmut gewöhnt haben, dass es für uns normal ist und der natürliche Impuls nach Bewegung gar nicht mehr entsteht.

Das heißt im Umkehrschluss nicht, dass es nicht auch erlaubt ist, entspannt im Sitzen die Sonne zu genießen. Ich wiederhole mich hier gerne. Die Dosis macht das Gift.

Wenn Sie jedoch in der ersten Frühjahrswoche von fünf sonnigen Mittagspausen fünf im Sitzen genießen, Sie den besagten Sitzjob und gefühlt einen zu hohen Stresslevel haben, dann stimmt etwas nicht mit dieser Mischung.

Frankys Praxistipp:

Wo werden Sie in Ihren Alltag zukünftig Bewegung integrieren? Es gibt unzählige Möglichkeiten. Welches sind Ihre?

____

____

____

____

Denken Sie in diesem Zusammenhang noch einmal an die Grafik unseres Bewegungsverhaltens. Laden Sie einen Schrittzähler auf Ihr Smartphone und überprüfen Sie eine Woche lang Ihr Bewegungsverhalten. Es ist teilweise erstaunlich, wie weit gefühlte und tatsächliche Werte auseinanderliegen.

Bewegung ist immer das kleinere Übel!

Sie haben absolut keine Lust auf Bewegung? Sie finden überhaupt keinen Gefallen daran, weder sportlich noch in Kombination mit einem Hobby, noch haben Sie Lust, ständig im Alltag nach Möglichkeiten zu suchen, sich ein paar Schritte mehr zu bewegen?

Hier kommen für Sie die passenden und bewusst provokativ formulierten Gegenfragen: Was ist das kleinere Übel? Haben Sie Lust auf ein Burn-out oder eine Depression? Finden Sie Gefallen an einer Herzkreislauferkrankung, einem Herzinfarkt, an Migräne oder einem Magengeschwür? Wünschen Sie sich Diabetes oder eine andere Stoffwechselkrankheit?

Diese Fragen sind abgeleitet aus zahlreichen Studien der Sportwissenschaft und der Neurowissenschaften, was Bewegungsmangel und Dauerstress an gesundheitlichen Auswirkungen mit sich bringen.

Natürlich wird es langfristig nicht ausreichen, die Rolltreppe durch die Treppe zu ersetzen und alles andere beim Alten zu lassen. Wenn Sie schon seit Jahren im Dauerstress unterwegs sind, sich so gut wie gar nicht bewegen und bereits die ersten Symptome einer der gerade benannten Krankheiten aufweisen, dann ist das schlichtweg zu wenig. Viele Kleinigkeiten zusammen können jedoch einiges bewirken. Und mit irgendwelchen Kleinigkeiten müssen Sie anfangen. Ich finde die, die sich einfach in den Alltag einbauen lassen, am besten.

Was ist für Sie das kleinere Übel?

Frankys Praxistipp:

Sie sind immer noch nicht überzeugt? Sie halten an Ihrer Überzeugung fest, ein »Bewegungsmuffel« zu sein? Überdenken Sie Ihre Bewertung zum Thema Bewegung:

- *Bewegung ist keine Zeitverschwendung, Sie gewinnen dadurch Lebenszeit.*
- *Bewegung ist einer der besten und natürlichsten Wege zum Stressausgleich.*
- *Je stressiger Ihr Alltag ist, desto wichtiger ist Bewegung als Ausgleich.*
- *Bewegung als Stressausgleich verbraucht keine Energie, sondern füllt Ihre Akkus wieder auf.*
- *Bewegung verbessert die kognitive Leistung, die Konzentrationsfähigkeit und fördert die Kreativität.*

Richtige Bewegung hält Sie gesund und fit bis ins hohe Alter.

Bewegung und Entspannungstechniken

Wir haben nun die Themen sportliche Bewegung, nichtsportliche Bewegung und Bewegung im Alltag bearbeitet. Dabei haben wir festgestellt, dass jegliche Bewegungsform besser ist als sich gar nicht zum Ausgleich zu bewegen.

Es gibt Entspannungstechniken, die ganz gezielt den körperlichen Ansatz nutzen, um uns in die Entspannung zu führen. Wenn Ihnen der körperliche Ansatz liegt, dann kann ich Ihnen den Einsatz dieser Techniken nur empfehlen. Sie benötigen Zeit, sind nicht mal eben kurz nebenbei gemacht, bedürfen regelmäßiger Übung – aber sie werden Ihnen bei der Reduzierung Ihres Stresslevels sehr helfen. Dafür sind diese Techniken entwickelt worden. Sie alle setzen Unterbewusstsein und Bewusstsein in ein Boot und rudern gemeinsam Richtung Entspannung.

Natürlich ist es ein Spagat, die folgenden Entspannungstechniken so vereinfacht als körperliche Entspannungstechniken darzustellen. Hinter vielen steckt eine Jahrtausende alte Geschichte und Philosophie. Ich versuche es hier jedoch kurz und pragmatisch.

Tai Chi/Qigong

Tai Chi ist eine alte, asiatische Kampfkunst und war mein Einstieg in das Thema Entspannung. Die komplexen Bewegungsabläufe helfen beim Fokussieren und lassen keinen Platz für negative Gedanken. Der Kopf schaltet ab, der ganze Körper wird bewegt, gekräftigt und gedehnt.

Die Lebensenergie wird zum Fließen gebracht, Energieblockaden werden gelöst und der gesamte Organismus kommt in Ausgleich.

Ähnliches passiert beim Qigong, was man am ehesten mit sanfter Gesundheitsgymnastik beschreiben kann. Die Bewegungen sind wesentlich weniger komplex als beim Tai Chi. Es geht hierbei um Entspannung bei sanfter Bewegung.

In Deutschland sind sowohl Tai Chi als auch Qigong Randerscheinungen. In einigen asiatischen Ländern ist es auch heute noch Volkssport und wird speziell morgens in Parks praktiziert.

Auch wenn ich beides jahrelang praktiziert habe, maße ich mir nicht an, diese Techniken zu lehren. Es hier zur Meisterschaft zu bringen, bedarf vieler Jahre intensiver Übung. Einige simple Techniken zum Einstieg sind Teil meines Online-Trainings »*STRESS-KILLER*«. Auch die simplen Übungen bringen schon positive Wirkungen mit sich. Probieren Sie es einfach einmal aus.

www.frank-ritter-stresskiller.de
Rabattcode: Stresskiller50

Yoga

Yoga vereint körperliche Übungen, Atmung, Mindset und Entspannung. Das Spektrum reicht von einfachen Einsteiger-Übungen, Übungen mit sanfter, kaum anstrengender Note bis hin zu komplexen, akrobatischen und anstrengenden

Fortgeschrittenen-Übungen. Es gibt Formen, die nur wenige Minuten benötigen, und Formen, die ein komplettes Sportprogramm abbilden. Dabei ist Yoga kein Sport. Achtsamkeit bei den Übungen, Körpergefühl, Atmung und Mindset sind bei einer guten Yogastunde immer Teil des Programms. Yoga eignet sich daher ausgezeichnet, um körperlich und mental einem zu hohen Stresslevel zu begegnen.

Ich kenne viele Menschen, die auf Yoga schwören und damit Ihre Stressprobleme besiegt haben. Um Yoga richtig zu erlernen, benötigen Sie Zeit. Wenn dieses Puzzleteil gut zu Ihnen passt und Sie Spaß daran gewinnen, ist das sehr gut investierte Zeit. Die positiven Wirkungen auf den Stresslevel und das Wohlbefinden stellen sich dabei recht schnell ein.

Auch in meinem Online-Programm finden Sie eine Yoga-Sequenz zum Einstieg.

Progressive Muskelrelaxation (PMR) nach Jacobson

Wir haben bereits erarbeitet, dass wir den Wechsel aus An- und Entspannung benötigen. Bei unserer Muskulatur wissen wir, dass dauerhafte Anspannung durch Dauerstress zu Verspannungen und damit zum Problem wird. Dieses körperliche Problem wirkt auf unsere Psyche, genauso, wie unsere Psyche auf unseren Körper wirkt.

Diesen Einfluss machte sich Edmund Jacobson zunutze, um den Körper und den Geist zu entspannen. Er entwickelte die PMR.

Wenn ein Muskel eine Muskelspannung X aufweist und wir diesen Muskel willentlich für eine gewisse Dauer anspannen, dann steigt die Muskelspannung auf Y an. Entspannen wir danach diesen Muskel ganz bewusst mit der von Jacobson entwickelten Technik, dann sinkt die Muskelspannung auf einen geringeren Wert Z als vorher.

Diese körperliche Entspannung wirkt sich auch positiv auf unsere Psyche aus. Sie wird daher neben dem Einsatz bei Rücken- und Kopfschmerzen häufig in der Verhaltenstherapie, bei Schlafstörungen und bei Stress eingesetzt.

Vorteile der PMR:

- Diese Technik ist im Gegensatz zu Yoga, Tai Chi und Qigong einfach zu erlernen und benötigt relativ wenig Zeit.
- Sie kann nach dem Erlernen im Alltag eingesetzt werden.
- Es gibt eine lange Sequenz im Liegen, in der nach und nach der ganze Körper an- und entspannt wird.
- Es gibt eine kurze Sequenz im Sitzen, bei der nur einige Bereiche des Körpers an- und entspannt werden.
- Wenn Sie die Technik beherrschen, können Sie gezielt auch nur ein oder zwei Bereiche an- und entspannen bzw. den Körper als Ganzes ansteuern.

Die PMR ist ebenfalls Teil meines Online-Trainings (Lang- und Kurzversion).

STRESSKILLER Ernährung

Ernährung ist ein riesiges Thema, das ganze Bücherregale füllt. Es gibt unterschiedlichste Ansätze, konträre Meinungen, Lobbyisten, Hunderttausende von Studien *(beauftragte und unabhängige)* usw. – ein Irrgarten. Fragen Sie fünf Ernährungsexperten, dann bekommen Sie mindestens sieben Meinungen.

Ich möchte hier eine objektive Übersicht über die Ressource Ernährung mit Blick auf das Thema Stress geben. Es ist ein Auszug aus dem »Großen Ganzen« und für Sie als Einstieg gedacht. Wenn Sie sich in einigen Beispielen wiederfinden bzw. Puzzleteile entdecken, die Sie interessant finden, dann kann ich nur empfehlen, tiefer in das Thema einzusteigen. Es steckt viel Potential für Ihre Gesundheit darin.

Ganz wichtig sind mir zwei Punkte:

1. Ich verdiene mit keinem Lebensmittel, Nahrungsergänzungsmittel und keinem sonstigen Produkt der Nahrungsmittelindustrie Geld.
2. Jeder Mensch ist anders und daher kann es keine

Pauschalempfehlung geben, die für alle zutrifft. Ich gehe bei meinen Ausführungen vom gesunden Menschen aus.

Vorsicht bei Pauschalempfehlungen!

Ich möchte diesen Rat an einem einfachen Beispiel verdeutlichen. Wie viel sollten Sie am Tag trinken? Welche Zahl haben Sie im Kopf?

In meinen Seminaren und Vorträgen kommen auf diese Frage Antworten von 1,5 Liter bis 3 Liter. Liegt Ihre Zahl irgendwo dazwischen? All diese Zahlen geistern seit vielen Jahren durch die »vermeintlichen« Fachzeitschriften. Wenn wir die 1,5 Liter als Basis nehmen, dann sind 3 Liter 100 Prozent mehr. Geht es etwas genauer?

Stellen wir uns eine kleine asiatische Frau, 1,55 Meter groß und 50 Kilogramm schwer, vor und daneben einen 2,10 Meter großen NBA-Basketballstar, 140 Kilogramm Lebendgewicht. Wenn wir den beiden für eine Woche lang 1,5 Liter Flüssigkeit pro Tag geben, bei natürlich gleichem Tagesablauf, er spielt nicht Basketball, sondern sitzt bei ihr im Büro, dann ist die Asiatin ausreichend mit Flüssigkeit versorgt. Der Basketballspieler ist nach der Woche dehydriert und schreit nach Wasser. Er hat eine ganz andere Hautoberfläche, viel mehr Schweißdrüsen und ein ganz anderes Feuchtigkeitsmanagement. Solche Pauschalempfehlungen können nicht funktionieren. Wenn wir dieses Beispiel weiterführen wollten, müssten wir uns das Essverhalten der beiden anschauen, wie viel Flüssigkeitsanteil ist da drin, die Gewohnheiten (Sport, Sauna, etc.), die Arbeitsbedingungen und Arbeitsumgebung usw.

Frankys Praxistipp:
Da wir gerade bei dem Thema sind. Nehmen Sie folgende Formel für Ihren Flüssigkeitshaushalt: 30 ml x Ihr Körpergewicht = Trinkmenge pro Tag.
Das ist eine Näherungsformel für einen ganz normalen Tag. Wenn Sie an diesem Tag nach der Arbeit 90 Minuten am Cycling-Kurs teilnehmen, in die Sauna mit Aufguss gehen, die Klimaanlage im Büro ausgefallen ist und Sie den ganzen Tag bei 30 Grad geschmort haben, dann muss natürlich noch etwas an Flüssigkeit draufgerechnet werden.
Führen Sie doch für eine Woche lang als Selbstversuch ein Trinkprotokoll. Schreiben Sie alles an Flüssigkeit auf, das Sie zu sich nehmen. Vielleicht kommt dabei ein ganz anderer Wert heraus als der, den Sie gerade im Kopf überschlagen haben.

Was ist eine gesunde Ernährung?

Typ 1: Wenn wir uns am Freitagabend eine Tiefkühl-Pizza einverleibt haben, dazu eine kleine Flasche Cola und zum Nachtisch eine Tafel weiße Schokolade, dann sind wir satt. Wenn wir uns regelmäßig so ernähren, fühlen wir uns danach glücklich und zufrieden, denn unser Körper ist das gewohnt. Es ist normal.

Typ 2: Wenn wir hingegen schon lange Zeit eine ausgewogene, natürliche Ernährungsweise verfolgen, und wir essen nach Feierabend eine frisch im Wok zubereitete Gemüsepfanne und gebratenen Fisch, dazu ein Glas Wasser und als Nachtisch eine Schale frische Erdbeeren, dann sind wir ebenfalls satt. Wir fühlen uns wohl und glücklich. Es ist normal.

Wenn wir Typ 1 sind und Gericht des Typ 2 essen, dann kann es sein, dass wir uns unwohl fühlen und uns etwas fehlt. Wenn wir Typ 2 sind und Gericht Typ 1 essen, dann fühlen wir uns auf jeden Fall unwohl.

Fakt ist: Ganz egal, zu welchem Typ Sie sich gerade zuordnen, bei Gericht 1 sind Ihre Zellen nicht satt und schon gar nicht glücklich. Wenn Sie sich schon lange wie Typ 1 ernähren, dann merken Sie das nicht mehr, denn es ist normal. Sie haben das Körpergefühl aktuell nicht. Sie werden nicht sofort krank, wenn Sie sich eine Weile wie Typ 1 ernähren. Unser Organismus ist Weltmeister im Kompensieren. Das kann er über viele Jahre. Irgendwann wird es zum Problem, zu Symptomen, zu Krankheit. Häufig schieben wir die Symptome weg, ignorieren sie. Bei Symptomen und auch bei Krankheit wird viel zu selten hinterfragt, wo es ursprünglich herkommt. Es werden Medikamente eingeworfen und »normal« weitergemacht. Da wir über einen schleichenden Prozess sprechen, wissen wir irgendwann gar nicht mehr, wie sich normal eigentlich anfühlt. Bitte machen Sie es besser. Suchen Sie sich Ärzte, die sich die Zeit nehmen und ganzheitlich ergründen, wo Ihre Probleme herkommen könnten. Es gibt diese Ärzte da draußen.

Für unsere Zellen ist die Ernährung von Typ 1 eine Katastrophe. Erinnern Sie sich an Teil I Stress E-rkennen. Unser Organismus benötigt 47 essenzielle Nährstoffe, um optimal zu funktionieren. Dazu kommen mehr als 100.000 sekundäre Pflanzenstoffe. Noch lange sind nicht alle sekundären Pflanzenstoffe entdeckt bzw. die bereits entdeckten bis ins Kleinste entschlüsselt. Was die Wissenschaft bereits an vielen Stellen nachweisen konnte: die 47 Mikronährstoffe sowie die sekundären Pflanzenstoffe und deren Zusammenwirken sind wichtig für einen reibungslosen, gesunden Stoffwechsel. Sie kennen den Spruch bereits: »Du fühlst Dich so alt und gesund, wie Dein Stoffwechsel ist.«

Wir sind eine Hochleistungsmaschine und benötigen eine gute Wartung und Pflege.

Ein Autonarr hat sich seinen Lebenstraum erfüllt und einen neuen Porsche gekauft. Stolz und glücklich fährt er von nun an seinen Porsche, den er hegt und pflegt, innen wie außen. Wenn er damit losfährt, gibt er nicht gleich Vollgas, sondern lässt ihm ein wenig Zeit zum Warmwerden. Erst dann kitzelt er die sportlichen

Fähigkeiten heraus. Bei einer Spritztour an einem schönen Sonntag blinkt plötzlich die rote Lampe für den Ölstand. An der nächsten Tankstelle kauft der Porschefahrer das hochwertigste und passende Öl für »sein Schätzchen«. Da der Tank auch fast leer ist, tankt er Super Plus V-Power, in seinen Porsche kommt nur das Beste rein. Am Montag im Supermarkt kauft er dann das günstigste Öl in der Plastikflasche für sich selbst zum Kochen. Das ist ja nicht so wichtig.

Was würde passieren, wenn der Autonarr ein wenig Schweröl nachfüllen würde und statt Superbenzin Diesel tanken würde?

Wenn wir die Hochleistungsmaschine Porsche in seine Einzelteile zerlegen und daneben einen Menschen in seine Einzelteile zerlegen würden, dann ist der Porsche in seiner Komplexität ein Witz im Gegensatz zum Menschen. Unsere Millionen Abläufe und unterschiedlichen Strukturen im Organismus sind immer noch an vielen Stellen unerforscht und nicht erklärbar. Damit unser Hochleistungsorganismus reibungslos funktioniert, benötigt er ebenfalls beste Pflege von innen und außen. Was für ein Öl und welchen Treibstoff schütten Sie täglich in sich hinein?

Unser Organismus ist unglaublich und flexibel. Er zieht sich alles, was er an Stoffen benötigt, aus der Nahrung heraus. Außerdem hat er ein eigenes Recycling-System und baut viele Stoffe aus Abfallprodukten abgestorbener Zellen selbst zusammen. Nochmal, unser Organismus ist Meister im Kompensieren. Er kann jedoch auf Dauer nicht »aus Scheiße Gold machen«. Ist die oben erwähnte Typ-1-Ernährung nicht die Ausnahme, sondern die Regel, stößt der Organismus irgendwann an seine Grenzen.

Kommunikation im Organismus

Ich hatte in Teil I Stress E-rkennen erklärt, wie die Energiegewinnung in der Zelle funktioniert und wozu Energiemangel führen kann.

Unser Organismus ist ein System. Alles steht mit allem in

Verbindung. Dazu bedarf es eines Hochleistungskommunikationssystems. Unser Nervensystem ist quasi das Internet des Körpers. Die vielen Milliarden Nervenzellen sind mit einer leitfähigen Fettschicht ummantelt. Je besser diese Schicht geschmiert ist, desto leistungsfähiger ist die Leitung.

Für die Kommunikation benötigen wir neben der guten Leitfähigkeit noch Botenstoffe. Diese Botenstoffe unterstützen unsere »Internetleitung« dabei, Botschaften im Körper von A nach B zu transportieren. Unser Abwehrsystem *(Immunsystem)* benötigt diese Stoffe ebenso wie unsere Verdauung und unsere Schaltzentrale *(Gehirn)*.

Damit alles reibungslos funktioniert, benötigt unser Organismus Energie sowie die essenziellen Nährstoffe in ausreichender Menge.

Schauen wir uns dazu unser System genauer an. Alle Kraftwerke in unserem Industriegebiet laufen normalerweise im Hochleistungsmodus. Bei der Energieproduktion in den Kraftwerken fallen auch Abfallstoffe an. Diese Abfallstoffe sind gefährlich für die Zellen. Um diese Gefahr zu bannen, gibt es in unserem Organismus eine Zellschutzpolizei *(ein Teil unseres Abwehrsystems)*, die die Abfallstoffe entsorgt. In einem gesunden System halten sich die Abfallstoffe und die Zellschutzpolizei die Waage.

In regelmäßigen Abständen teilen sich unsere Zellen. Das ist eine heikle Situation, da der empfindliche Zellkern dabei der Gefahr eines Angriffs von außen, z. B. von den Abfallstoffen, ausgesetzt ist. Im Zellkern ist unsere DNS, die unter allen Umständen geschützt werden muss. In dieser Phase der Zellteilung schaltet das komplette Industriegebiet einer Zelle zum Zellschutz kurzzeitig auf Energiesparmodus und baut einen Schutzschild auf. Nach erfolgter, reibungsloser Zellteilung *(nun sind aus einer Zelle zwei geworden)* schalten beide Zellen wieder das komplette Industriegebiet auf Hochleistungsmodus.

Ein Zahlenbeispiel zur Verdeutlichung:

- Im Hochleistungsmodus gewinnt ein Kraftwerk aus einem Zuckerbaustein 38 Energiebausteine. Input = 1/Output = 38
- Im Energiesparmodus gewinnt ein Kraftwerk aus einem Zuckerbaustein 2 Energiebausteine. Input = 1/Output = 2

Energiesparmodus bedeutet nicht, dass ein Kraftwerk ein bisschen weniger Energie produziert. Es wird von 100 Prozent auf ca. 5 Prozent Leistung heruntergefahren. Wir reden hier nicht von Lappalien. **Ohne Energie kein Leben!**

Nun, da wir die Zusammenhänge verstanden haben, können wir uns der Entstehung der Probleme widmen und überlegen, wie die Lösungen aussehen könnten.

Problem 1: Energiearmut durch zu viele Abfallstoffe

Unsere Zellschutzpolizei schützt unsere Zellen vor Angriffen, wie der Name schon sagt. Wenn die Abfallstoffe in unserem System ansteigen, bei konstanter Anzahl an Zellschutzpolizisten, dann ist das System im Ungleichgewicht und die Polizisten sind überfordert. Sie können nicht mehr alle Zellen schützen. Wenn 3 Polizisten 20 Randalierern gegenüberstehen, haben die Polizisten ein Problem. Unsere Zellen bemerken das und schalten als letzte Schutzfunktion, wie bei der Zellteilung, das komplette Industriegebiet in den Energiesparmodus. Die Tore der Zelle sind so gegen Freund und Feind verschlossen. Solange, bis die Abfallstoffe beseitigt bzw. die Zellschutzpolizei verstärkt ist, bleibt das komplette Industriegebiet im Energiesparmodus. In der Wissenschaft sprechen wir von oxidativem Zellstress. Betrifft er viele Zellen, dann entsteht ein Energiemangel. Unser Organismus bekommt ein Problem, es entstehen Symptome bis hin zu Krankheiten.

Hier nochmal zusammengefasst einige der möglichen Folgen von Energiemangel: Müdigkeit, Abgeschlagenheit, Schlafstörungen,

Antriebslosigkeit, Stimmungstiefs, Reizbarkeit, Konzentrationsschwäche, Leistungseinbußen *(körperlich wie geistig)*, Depression, Burnout, Stoffwechselerkrankungen, Herz-Kreislauf-Erkrankungen.

Problem 2: Energiearmut durch Bildung von zu wenig Zellschutzpolizei

Damit die Zellschutzpolizei leistungsfähig bleibt, alte Polizisten durch neue ersetzt werden, benötigt mein Organismus Baustoffe von außen, die 47 essenziellen Nährstoffe. Fehlen diese kann die Polizeitruppe nicht verstärkt werden.

In der Praxis gibt es selten »entweder – oder«, meist liegt eine Kombination aus Problem 1 und 2 vor. Ob die Abfallstoffe ansteigen und/oder die Zellschutzpolizei sich verringert, in beiden Fällen kommt es zum Ungleichgewicht. Die Zelle schaltet zum Schutz auf Energiesparmodus und wir haben wieder das Problem wie bei Problem Nr. 1: oxidativen Stress.

Problem 3: fehlende Botenstoffe/schlechte Isolierung der Internetleitung

Wenn die Beschichtung unserer Internetleitung schlecht ist, dann haben wir eine langsame Datenübermittlung. Fehlen darüber hinaus noch die benötigten Botenstoffe zur Kommunikation bzw. zur Erzeugung positiver Botenstoffe, dann wird das Ergebnis der Reizübertragung nicht besser.

Der eine oder andere erinnert sich ganz sicher noch daran, dass um die Jahrtausendwende das Herunterladen eines einzelnen Bildes aus dem Internet mehrere Minuten gedauert hat. Heute mit Highspeed-Internet, mit riesigen Arbeitsspeichern und guten Grafikkarten auf dem Rechner daheim, streamen wir ganze Filme problemlos in Echtzeit. Wichtig ist das Zusammenspiel der einzelnen Komponenten. Eine High-End-Grafikkarte bringt mir nichts, wenn das WLAN Upload-Raten aus der Steinzeit hat.

Je tiefer wir in das Zell- und Energie-Thema einsteigen, desto klarer werden die Zusammenhänge:

- Unser Organismus ist hochkomplex. Viele Mechanismen sind trotz modernster Verfahren und Technik noch nicht entschlüsselt.
- Eine Einzelbetrachtung macht wissenschaftlich Sinn und führt häufig zu neuen Erkenntnissen. Wichtig ist aber, diese Einzelerkenntnisse auch regelmäßig wieder zusammenzuführen. Manchmal wird das in der Praxis leider vergessen.
- Unser Organismus ist mehr als die Summe seiner Einzelteile. Für unsere Gesundheit kommt es auf das Zusammenspiel der Einzelspieler an. Unsere 100 Billionen Zellen müssen als Team zusammenarbeiten.
- Bei natürlicher und »art-gerechter« Lebensweise und Zuführung der benötigten Ressourcen reguliert unser Organismus kleine Herausforderungen ganz allein. Das wird Selbstheilungskraft genannt und ist bei seriösen Wissenschaftlern anerkannt. Jeder von uns besitzt diese Selbstheilungskräfte.
- Werden die Herausforderungen z. B. durch Dauerstress zu groß, zumeist unter gleichzeitigem Engpass von Ressourcen, dann entstehen Probleme.
- Werden die Probleme zu groß, dann reichen die Selbstheilungskräfte nicht mehr aus. Nun ist ein Spezialist gefragt, der die Heilung anstupst.
- Eines sollte dabei klar sein: Gesundheit präventiv (vorbeugend) zu erhalten, ist immer einfacher und weniger aufwendig, als sie rehabilitativ (nachträglich) wiederzuerlangen.

Nach dieser modellhaft vereinfachten Darstellung möchte ich nun anhand einiger Praxisbeispiele einige der wichtigsten Ressourcen für das Thema Zellstress genauer beleuchten.

Vorab habe ich die Hauptursachen gesammelt aufgelistet. Mit dieser Gesamtauflistung bekommen Sie auch gleich einen

Überblick, an welchen Punkten Sie bereits Lösungsansätze an der Hand haben:

- Reizüberflutung (psychischer Dauerstress durch zu viele Reize gleichzeitig) – **Lösung** über Stressoren-Analyse, Zeitkuchen, Umbewertung, mentalen Ansatz
- Überbelastung (80-Stunden-Wochen) – **Lösung** über Umbewertung, Zeitanalyse, Achtsamkeit, Wechsel aus An- und Entspannung, in den jeweiligen Kapiteln bearbeitet
- Keine Regenerationspausen, keine Entspannungsphasen, kein Abschalten, schlechter Schlaf und schlechte Regenerationswerte – **Lösung** über Achtsamkeit, Wechsel aus An- und Entspannung, alle drei Ansätze zur Stressreduzierung in den jeweiligen Kapiteln bereits bearbeitet
- Abfallzufuhr von außen zu hoch (Rauchen, Alkohol, Medikamente, Industrienahrung) – folgt auf den kommenden Seiten; Fehlende Aufbaustoffe – folgt auf den kommenden Seiten; Chronische Verdauungsstörungen, Darmentzündungen – folgt auf den kommenden Seiten; Chronische, niedrigschwellige Entzündungen – folgt auf den kommenden Seiten; Bewegungsmangel – **Lösung** an mehreren Stellen im Buch und im Kapitel *Kill deinen Stress körperlich* bereits bearbeitet
- Mangel an natürlichem Licht – folgt auf den kommenden Seiten

Eine stressfreie Ernährung

Da ich das Thema Ernährung an unterschiedlichen Stellen im Buch schon aufgegriffen habe, hier eine kurze Auflistung der wesentlichen, bisher herausgearbeiteten Punkte:

1. Früher *(Jäger- und Sammlerzeit)* haben wir uns zu 100 Prozent natürlich, saisonal und in Bioqualität ernährt. Heute ernährt sich kaum noch jemand auf diese Art.

2. Früher gab es häufiger Engpässe. Unser Organismus hat gelernt, mit Verzicht für eine gewisse Zeit umzugehen. Mit einem ständigen Überangebot tut sich unser Organismus schwer.

3. Was für uns normal ist *(Softdrinks, Industrienahrung, Überangebot 24/7 etc.)* sind auf der Zeitachse der Evolution ein paar Zentimeter. So schnell kann sich unser Organismus nicht umstellen und reagiert mit Krankheit.

4. Es gibt 47 essenzielle Nahrungsbestandteile, die unser Organismus benötigt, damit alle 100 Billionen Zellen optimal arbeiten und unser Stoffwechsel reibungslos funktioniert.

5. Unsere Schaltzentrale, unser Abwehrsystem, unsere Verdauung, unser Internet, unsere Botenstoffe, unsere Industriegebiete … sind vernetzt. Harmonieren alle Teams miteinander, sind wir gesund, energiegeladen und fühlen uns wohl.

6. Unser Organismus ist Weltmeister im Kompensieren. Irgendwann sind dort jedoch Grenzen erreicht.

Zu den essenziellen Nährstoffen gehören bestimmte Fette, Aminosäuren *(Eiweiß)* und Mikronährstoffe *(Vitamine, Mineralstoffe, Spurenelemente etc.)*.

Es gibt hingegen keine essenziellen Kohlenhydrate *(KH)*. Unverdauliche Kohlenhydrate *(Ballaststoffe)* sind in der richtigen Dosis günstig für die Verdauung und Gesundheit, und langkettige Kohlenhydrate *(z. B. Vollkornprodukte)* enthalten eine Menge der essenziellen Mikronährstoffe. Allerdings können wir problemlos ohne Kohlenhydrate gesund und munter leben, denn sie sind nicht essenziell.

65 Prozent unserer »Zivilisationsernährung« in Deutschland besteht aus Kohlenhydraten. Für den Rest der essenziellen Nährstoffe bleiben somit 35 Prozent übrig. Wenn das Ziel ist, unsere Zellen optimal zu versorgen, stimmt dann das Verhältnis? Und

was holen wir uns eventuell über unsere aktuelle Ernährung noch für Probleme ins Haus?

Wenn Anne morgens aufsteht, sollte ihr Nüchtern-Blutzucker zwischen 80–100 mg/dl betragen. Damit sie ihre Augen aufbekommt, braucht sie jetzt erst einmal einen Cappuccino aus ihrem neuen Kaffeevollautomaten. Nach der Dusche gibt es dann »das Frühstück der Champions«, ein Brötchen mit Nutella. Jogis Jungs frühstücken das in der Werbung ja auch und die sind schließlich 2014 Weltmeister geworden. Auf der Arbeit angekommen, stellt Anne sich ihre Flasche Apfelschorle hin. Die muss bis mittags leer sein, sie soll ja ausreichend trinken. Um halb zehn in Deutschland gibt es dann einen kleinen Snack – richtig, ein Knoppers. Zum Mittag wollte Anne eigentlich einen Salat essen, aber die Lasagne duftet so lecker, da kann sie einfach nicht widerstehen. Zum Nachtisch gibt es heute Tiramisu, dafür könnte sie sterben. Naja, nach der Lasagne ist das nun auch egal. Eine Stunde nach dem Mittagessen ist Anne im tiefen Suppenkoma angekommen. Ihr fallen vorm Rechner die Augen zu. Jetzt braucht sie einen doppelten Espresso mit einem Stückchen Zucker, sonst schmeckt er nicht. Ihre Kollegin hat außerdem eine Schachtel auf den Schreibtisch gestellt mit kleinen Schokoladenstückchen. Irgendwie tun die ihr bei dem Stress heute gut. Mit den Schokipausen und mit der zweiten Flasche Apfelschorle schafft Anne den Nachmittag. Abends ist bei dem herrlichen Sommerwetter Grillen angesagt. Aber sie hat nach der Arbeit noch einen Friseurtermin und daher müssen heute Fertigdressings für den Salat und schon fertig eingelegtes Fleisch herhalten. Nach dem Grillen legt Anne gemütlich die Füße aufs Sofa. So ein Gläschen Wein hat sie sich nun wirklich verdient nach dem langen Tag …

Frankys Tipp:

Vielleicht denken Sie gerade: »Das ist jetzt aber wirklich ein wenig übertrieben dargestellt.« Schauen Sie beim nächsten Einkauf im Supermarkt doch an der Kasse mal in die Einkaufswägen der anderen. Man staunt, was da so alles drin ist. Und nur zur Sicherheit: Schauen Sie auch kurz mal objektiv in den eigenen Einkaufswagen …

Warum dieses Beispiel? Was hat das mit Stress zu tun? Wenn wir in unseren Mund etwas Süßes (kurzkettige KH) geben, dann beginnt unsere Bauchspeicheldrüse Insulin auszuschütten (solange sie noch gesund ist). Das Süße lässt den Blutzuckerspiegel steigen, sobald unser Darm es resorbiert hat. Unser Organismus weiß, dass ein erhöhter Blutzucker langfristig nicht gut für uns ist. Das Insulin greift den Zucker im Blut und bringt ihn zu unseren Zellen, wo er im Industriegebiet verstoffwechselt wird. Der Blutzuckerspiegel sinkt. Das ist ein ganz normaler Ablauf. Bei drei ausgewogenen Mahlzeiten am Tag ist alles prima. Bei Annes Beispiel gleicht die Blutzuckerkurve eher einer Achterbahnfahrt.

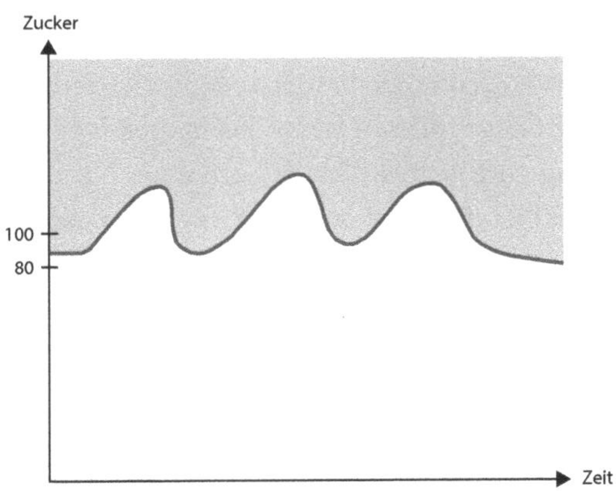

Grafik 17: Normale Blutzuckerkurve bei drei ausgewogenen Mahlzeiten,und Annes Blutzuckerkurve

- **Problem 1:** Bei Müdigkeit während des Tages hilft ein bisschen Süßes. Wir werden kurzzeitig fitter. Es schmeckt lecker und macht für einen kurzen Moment glücklich, da unser Belohnungshormon ausgeschüttet wird. In dem Moment, in dem die Zuckerkurve nach unten fällt, kommt die Müdigkeit zurück und die Konzentrationsfähigkeit sinkt. Es wird schnell Zeit für die nächste Dosis Zucker. Die Achterbahnfahrt beginnt von Neuem.
- **Problem 2:** Unsere Bauchspeicheldrüse ist nicht unendlich belastbar. Ist diese Achterbahnfahrt aus Annes Beispiel normaler Alltag, dann kann so über die Jahre ein Diabetes Typ2 entstehen. Das ist eine Stoffwechselkrankheit, die unsere Leistungs- und Belastungsfähigkeit einschränkt. Um das Thema Stoffwechsel geht es ja gerade. Natürlich bringt Diabetes noch viele andere unschöne Begleiterscheinungen mit sich. Es ist eine Krankheit, die keiner freiwillig wählen würde, die wir uns über ein Essverhalten wie in Annes Beispiel allerdings freiwillig ins Haus holen.
- **Problem 3:** Wir überversorgen unseren Organismus mit Kalorien und unterversorgen ihn gleichzeitig mit den essenziellen Nährstoffen. Das kann dann zumindest zwei der drei oben beschriebenen Probleme auslösen:
  - Problem 2: Energiearmut durch Bildung von zu wenig Zellschutzpolizei
  - Problem 3: fehlende Botenstoffe / schlechte Isolierung der Internetleitung

Kohlenhydrate – so schlimm wie ihr Ruf?

Kurzkettige Kohlenhydrate *(KH)* wie Weißmehlprodukte, Pasta, geschälter Reis, Süßigkeiten sind einfach nur Ballast, Sattmacher und Krankmacher. Sie überernähren uns bei gleichzeitiger Unterernährung der Zellen. Übergewicht mit Mangelerscheinungen sind Auslöser zahlreicher chronischer Zivilisationskrankheiten.

Das heißt nicht, dass KH nun per se verteufelt werden sollen. Den Ansatz, die KH wegzulassen gibt es *(ketogene Diät)*. Ich halte mich auch hier an Paracelsus: Die Dosis macht das Gift.

Es gibt die langkettigen KH (Vollkornprodukte, Haferflocken, Gemüse, einige Obstsorten, Hülsenfrüchte, Nüsse ...) und die unverdaulichen KH, die Ballaststoffe (Vollkornprodukte, Haferflocken, Leinsamen, Gemüse, Kartoffeln, Obst, Hülsenfrüchte, Pflaumen, Datteln, Feigen, Mandeln), die ebenfalls in Vollkornprodukten sowie in Gemüse und auch Obst enthalten sind. Zu Vollkorn ist die Studienlage sehr eindeutig. Sie sind sehr günstig für die Gesundheit. Ballaststoffe sind sehr günstig für den Darm. Zum Darm und der Verknüpfung mit Stress kommen wir gleich noch.

Warum sollten wir bei dieser Faktenlage die KH komplett verteufeln? Wir sollten die richtigen KH in der richtigen Menge zuführen. Das ist eine logische Schlussfolgerung.

Außerdem möchte ich hier einen praktikablen Ansatz vorstellen, etwas das gesund ist und schmeckt, etwas das Zellstress verhindert und nicht Stress durch Verzicht und schlechte Laune im Gehirn auslöst. Man kann sich mit Ernährung viel Stress machen und da kenne ich einige Menschen, die das auch tun.

Frankys Praxistipp:

An dieser Stelle möchte ich Ihnen eine kleine Checkliste für das Thema KH an die Hand geben. Sie brauchen hierfür lediglich ein bisschen Zeit zur Reflexion und gesunden Menschenverstand. Schreiben Sie eine Woche lang ein Ernährungsprotokoll und analysieren Sie es mittels der folgenden Fragen:

- *Wie hoch ist der KH-Anteil in Ihrer aktuellen Durchschnittsernährung?*
  - *Führen Sie eine Woche lang ein Ernährungsprotokoll. Das können Sie handschriftlich machen (Stift und Zettel) oder mittels einfacher Apps, die automatisch ausrechnen, wieviel*

Prozent von welchen Bestandteilen in Ihren Mahlzeiten stecken

- *Ist Ihr KH-Anteil zu hoch, dann bleibt zu wenig Platz für den wichtigen, essenziellen Rest.*
- *Beachten Sie die Qualität der KH: Wie setzt sich Ihr KH-Anteil zusammen? Sind es vermehrt kurzkettige oder langkettige KH? Nehmen Sie viele Kalorien über süße Snacks auf?*
- *Versuchen Sie im Fall von zu vielen kurzkettigen KH, Ihren KH-Anteil herunterzufahren:*
  - *Ersetzen Sie kurzkettige KH durch langkettige.*
  - *Lassen Sie kurzkettige KH an einigen Stellen ganz weg bzw. reduzieren Sie die Menge.*
  - *Dadurch steigt automatisch der prozentuale Anteil an essenziellen Nährstoffen.*
- *Seien Sie dabei unbedingt ehrlich zu sich selbst: Wo schmeckt es ohne KH bzw. mit dem Ersatz durch langkettige KH und wo nicht? Erzwingen Sie nichts, denn das stresst und sollte auf keinen Fall passieren.*
- *Was passt wann und wie in Ihren Alltag?*
- *Was gönnen Sie sich und zwar mit Genuss?*
- *Essen Sie oder werden Sie gegessen?*

Erweiterungen folgen auf den kommenden Seiten.

Hunger oder Appetit?

Kommen wir nun zu dem Thema, wann wir etwas essen sollten. In Annes Beispiel führt sie permanent Kalorisches über Snacks und Getränke zu. Welche Folgen hat das?

Unser Organismus braucht die ganzen Snacks nicht. Wir haben keinen Hunger – lediglich Appetit, Frust, Stress, Langeweile, wir möchten etwas kompensieren oder uns belohnen. Was auch immer hinter Annes Ernährungsverhalten steckt, die Wahrscheinlichkeit, dass es sich um Hunger handelt, ist recht gering.

Wenn es bei Ihnen doch Hunger sein sollte, dann hauen Sie unbedingt ordentlich rein. Falls Sie bei dieser Selbstreflexion feststellen, dass es kein Hunger ist, der Ihnen die Extrakalorien in den Mund treibt, die sich direkt an die Hüften kleben, dann hören Sie auf damit.

Nehmen Sie drei Mahlzeiten über den Tag verteilt zu sich. Diese Mahlzeiten dürfen reichhaltig sein und wie oben erwähnt mit möglichst vielen natürlichen Zutaten. Reichhaltig heißt nicht, so schnell und so viel wie möglich essen, um das Sättigungsgefühl auszutricksen, sondern mit Genuss und Bedacht zu genießen. Wenn Ihnen Ihr Körper signalisiert: »Es reicht jetzt. Ich habe genug und bin satt«, dann dürfen Sie aufhören, auch wenn der Teller noch nicht leer ist. Alles andere sind Märchen.

Sie sind ein Süßschnabel und brauchen Ihre Schoki und/oder Ihren Cappuccino? Dann essen Sie die Schoki zum Nachtisch von einer der drei Mahlzeiten bzw. trinken Sie Ihren Café Crema Deluxe direkt im Anschluss an eine Mahlzeit. Ihr Organismus kann damit viel besser umgehen, als wenn Sie zwei Stunden nach der Mahlzeit das Süße mit dem Kaffee als Zwischenmahlzeit einschieben. Zwischen den drei Mahlzeiten nehmen Sie zukünftig keine kalorischen Snacks zu sich, d.h. auch keine kalorischen Getränke. Wasser und ungesüßten Tee dürfen und sollen Sie natürlich zwischendurch trinken.

Das hat viele gesundheitlich positive Auswirkungen, übrigens auch bei schon krankhaften Veränderungen, wie beispielsweise bei Diabetes Typ 2, erhöhtem Blutdruck bzw. ungünstigen Blutfettwerten. Vor allem aber schont es Ihr System, verschafft Ihrem Magen eine Pause und spart Energie ein. Das hilft beim Thema Stress und darum dreht sich hier ja alles.

Verdauung kostet Energie. Längere Essenspausen sparen Energie und verschaffen auch dem Magen mal eine verdiente Pause. Genau, unser Magen-/Darmbereich freut sich über eine Pause genauso, wie wir das an einem harten Arbeitstag tun. Sie erinnern sich an das Beispiel des Frontallappens als Muskel? Die Pause im Magen-/Darmbereich entsteht allerdings nur, wenn der Magen leer ist. Dann kommt es zum sogenannten »Housekeeper-Effekt«. Es setzen ungeordnete Kontraktionen im Magen-/Darmtrakt ein, was wie ein Ausfegen des Magens wirkt. Diese Reinigung hält solange an, bis wieder Nahrung zugeführt wird. Dieses Reinigungssystem ist auch Teil unseres Recyclingsystems, was als Autophagie bezeichnet wird: *Die Autophagie ist vereinfacht beschrieben das körpereigene Recyclingsystem. Zellen, bei denen Teile nicht mehr funktionieren, werden abgebaut und die dabei freigesetzte Energie bzw. die funktionierenden Bestandteile werden an anderer Stelle wiederverwertet. Dieser Prozess wird vor allem dann vermehrt angestoßen, wenn der Körper kein Insulin ausschüttet.*

Die Zellreparaturen finden vor allem dann statt, wenn der Körper kein Insulin ausschüttet. Es sollten daher ausreichend Pausen zwischen den Mahlzeiten eingelegt werden. Permanentes Snacken, wie im Beispiel von Anne, ist daher kontraproduktiv.

Frankys Selbstversuch: 3 Mahlzeiten

Falls Sie nicht zu den Snackern gehören und sowieso nur dreimal am Tag etwas essen, dann überspringen Sie diesen Selbstversuch. Ansonsten nehmen Sie in den kommenden vier Wochen drei Mahlzeiten täglich ein. Versuchen Sie, bei diesen Mahlzeiten auf die KH zu achten. Es sollten nicht die kurzkettigen KH überwiegen. Nehmen Sie diese Mahlzeiten in Ruhe ein. Essen Sie bewusst und nehmen Sie wahr, wie es Ihnen bekommt – dabei und dazwischen. Ist es Hunger, der aufkommt, oder sind es andere Dinge, die Sie zum Snacken verleiten wollen?! Was ist es?

Nach den vier Wochen essen Sie bitte ein paar Tage lang so, wie Sie es vor dem Selbstversuch gemacht haben. Achten Sie dabei auf Ihr Körpergefühl. Sie werden einen Unterschied spüren.

Wahrnehmung entsteht durch die Wahrnehmung von Unterschieden.

Das wunderbare an diesem Selbstversuch ist, dass er keine Extra-Zeit benötigt. Eher sparen Sie Zeit, falls Sie bisher zu den

Snackern gehörten. Die Zeit, die Sie einsparen, verwenden Sie für etwas Sinnvolles, Schönes, Produktives oder vielleicht eine kleine Entspannung?

Das intermittierende Fasten oder auch Intervallfasten ist gerade stark in Mode. Mir geht es nicht um Mode und an dieser Stelle auch nicht ums Abnehmen. Mir geht es um das Thema Stress, und da wird das verlängerte »Nichtessen« über Nacht schon seit längerer Zeit mit Erfolg eingesetzt. Vor allem gibt es Studien zu einigen der Prozesse, die dadurch in unserem Organismus ablaufen, die für unseren Stresslevel interessant sind.

Aber der Reihe nach. Was ist intermittierendes Fasten und wie funktioniert das? Lassen Sie zwischen ihrer letzten Kalorienaufnahme am Abend und der ersten am Morgen mindestens 12 Stunden Zeit. In dieser »Fastenzeit« sind nur Wasser und ungesüßter Tee erlaubt *(nicht kalorisch)*. Jede Stunde mehr an »Fastenzeit« bringt Ihnen zusätzliche Vorteile. In der Therapie von vielen schweren Krankheiten werden 16 Stunden empfohlen. Die Nahrungsaufnahme wird dann also auf 8 Stunden begrenzt, in der 2 *(in einigen Therapien)* bis 3 Mahlzeiten eingenommen werden. Im Anschluss bekommt der Organismus 16 Stunden Ruhe.

Ab der zwölften Stunde bildet unser Körper vermehrt sogenannte Ketonkörper. Diese Ketonkörper ernähren nicht nur unser Gehirn, sondern sie schützen die Zellen vor Entzündungen. Das konnte bis zur zellulären Ebene nachgewiesen werden. Degenerative Hirnerkrankungen *(Morbus Parkinson und Demenz)*, aber auch viele andere chronische Zivilisationskrankheiten *(Rheuma, Diabetes, Arteriosklerose, entzündliche Darmerkrankungen, Arthrose ...)* werden mit niedrigen Entzündungswerten in Verbindung gebracht. Sie sind Mitauslöser bzw. eines der wesentlichen Symptome.

Ketonkörper haben einen positiven Einfluss auf unser Nervensystem. Bei Nervenkrankheiten *(z. B. der Epilepsie)* werden sie daher schon seit Jahrzehnten eingesetzt. Kennen Sie Aussprüche wie diese? »Das geht mir auf die Nerven.« »Das zerrt an meinen

Nerven.« »Der trampelt auf meinen Nerven herum.« »Heute habe ich echt ein dünnes Nervenkostüm.« Und jetzt setzen wir unseren gesunden Menschenverstand ein. Wann verwenden wir Sätze wie diese? Wann fühlen wir uns, wie in diesen Sätzen beschrieben? Genau, wenn wir unter Stress stehen. Bei Stress könnte es im Umkehrschluss günstig sein, wenn Sie regelmäßig vermehrt Ketonkörper bilden, um das eigene Nervensystem zu stärken. Dazu muss man kein Wissenschaftler sein.

Übrigens, ganz nebenbei erwähnt, werden auch bei sportlicher Bewegung vermehrt Ketonkörper gebildet. Bewegung kristallisiert sich immer mehr als »Wundermittel« heraus. Probieren Sie, das intermittierende Fasten mit moderater Bewegung zu kombinieren. Morgens auf nüchternen Magen eine moderate, lockere Bewegungseinheit ist eine tolle Erfahrung und könnte langfristig gesundheitlich sehr zuträglich sein.

An eine Sache möchte ich nochmals erinnern. Dieses Buch ist für den Gesunden geschrieben. Bei vielen, oben erwähnten, schweren Krankheiten wird das intermittierende Fasten in der Therapie erfolgreich eingesetzt. Für den Gesunden stellt es kein Problem dar. Es gibt aber auch Krankheitsbilder, bei denen diese Ernährungsform kontraproduktiv sein kann. Ein Beispiel ist hier Migräne. Wenn Sie nicht gesund sind, sprechen Sie vorher mit Ihrem behandelnden Arzt. Wir wissen ja, es gibt keine Pauschalempfehlungen, die bei allen Menschen günstig sind.

Ein noch offener Punkt aus der Liste ist die zu hohe Abfallzufuhr von außen, die das Verhältnis von Abfallstoffen zu Zellschutzpolizei verschlechtert. Dass Rauchen schädlich für die Gesundheit ist und dadurch oxidativer Stress entsteht, ist hinreichend bekannt. In Europa sind auf jeder Zigarettenverpackung die Folgekrankheiten in Bild und Farbe abgedruckt. Die Folgen von Alkohol für die Regeneration und somit bei Dauerkonsum auf den Stresslevel haben wir in Teil II Stress M-essen bearbeitet. Was bewirkt nun Industrienahrung bei unseren Zellen?

Zum einen muss man die künstlichen Zusatzstoffe unter die Lupe nehmen. Es gibt in der EU 361 zugelassene Konservierungs-,

Farb-, Aroma- und sonstige Stoffe. Über gut ein Drittel gibt es keinerlei seriöse Langzeitstudien. Gewisse Stoffe werden mit einem erhöhten Krebsrisiko in Verbindung gebracht, was an anderer Stelle vehement bestritten wird. Andere Stoffe sind nicht mehr zugelassen, waren es jedoch einmal – ein Labyrinth. Solange es so konträre Meinungen und Studien gibt, fällt eine objektive Sichtweise schwer. Wir schalten an dieser Stelle wieder einmal unseren gesunden Menschenverstand ein. Unser Organismus mit 100 Billionen Zellen und über 100.000 Stoffwechselaktivitäten, die lange noch nicht erforscht sind, könnte schon auf diese künstlichen Stoffe reagieren, denn alles ist ja irgendwie miteinander vernetzt. Dass unser natürlicher Organismus ausschließlich auf alle diese Stoffe positiv bzw. neutral reagiert, kann man zumindest einmal kritisch hinterfragen, auch mit Blick auf die konträre Studienlage. Meine subjektive Meinung dazu ist ganz einfach zusammengefasst: »VORSICHT!« Ich versuche diese Stoffe, so gut es geht, zu vermeiden. Das klappt auch bei mir nicht immer. Es funktioniert aber zum Großteil in der Praxis und zwar ohne, dass ich mich dabei verrückt mache. Sie dürfen wieder für sich entscheiden, wie hoch Sie Ihre Latte an dieser Stelle auflegen möchten.

Es gibt jedoch einen Nährstoff, der häufig in industriell verarbeiteten Produkten enthalten ist und zu dem es eine viel bessere Studienlage gibt – die Fette.

Ungünstige Fette als Stressoren

Echte Killerfette sind die künstlich gehärteten Fette aus industrieller Produktion, die sogenannten Transfette. Diese Fette sind als massiv gesundheitsschädlich einzustufen. Wie Dr. Anne Fleck in ihrem brillanten Buch »Ran ans Fett« sehr schön beschreibt, schleichen sich diese Fette wie ein Trojanisches Pferd in unsere Zellen, werden von unserem Abwehrsystem nicht als böse erkannt und versteifen nach und nach die eigentlich elastischen

Zellmembranen. Die gesamte Zellfunktion *(Reizweiterleitung, Stoffwechsel etc.)* wird hierdurch gestört, was reihenweise negative Auswirkungen auf unsere Gesundheit hat.

- Deutliche Verschlechterung der Blutfettwerte, vor allem der Triglyceride
- Förderung von Arteriosklerose, Insulinresistenz, Diabetes
- Signifikant erhöhtes Herzinfarkt-Risiko
- Vorstufe von Darmkrebs, Risikoerhöhung anderer Krebsarten
- Anfeuern von Entzündungen, die mit vielen chronischen Zivilisationskrankheiten in Verbindung gebracht werden

Die Probleme 1 *(Energiearmut durch zu viele Abfallstoffe)* und 3 *(fehlende Botenstoffe/schlechte Isolierung der Internetleitung)* von oben, die wir in diesem Kapitel zu lösen versuchen, werden hierdurch mit ausgelöst. »Ernährungsbedingte Depressionen« können durch Junkfood und industriell hergestellte und transfettreiche Backwaren entstehen.

Frankys Tipp:
Meiden Sie industriell verarbeitete Produkte, speziell die, in denen Transfette zum Einsatz kommen, wo immer es geht.

Günstige Fette als Ressource

Fette werden aktuell leider noch immer »verteufelt«. Zu Unrecht, mal abgesehen von den Transfetten. Fette erfüllen wichtige Aufgaben in unserem Organismus. Es gibt essenzielle Fette, die wir über unsere Nahrung zuführen müssen.

Als erstes wären hier die mehrfach ungesättigten Fettsäuren zu nennen. Ich möchte auf zwei dieser Fettsäuren näher eingehen – Omega-3 und Omega-6. Beide zählen zu den essenziellen Fettsäuren und sind wichtig für bestimmte Abläufe im Organismus.

Interessant ist das Mischverhältnis von Omega-3 zu Omega-6

in unserem Organismus. Optimaler Weise sollte es bei 1:1 bis 1:3 liegen. In der Jäger-und-Sammler-Zeit lag das Verhältnis in diesem Bereich. Im zivilisierten Europa sind Werte von 1:20 keine Seltenheit.

Um diese Zahlen einordnen zu können, stellt sich eine Frage: Was bewirken die Omega-3- und Omega-6-Fettsäuren in unserem Organismus? Eine ganze Menge, wie man im Buch von Dr. Anne Fleck sehr gut nachlesen kann.

In diesem Buch dreht sich nach wie vor alles um das Thema Stress. Daher hier die für dieses Thema wesentlichen Informationen:

Omega-3-Fettsäuren verringern Entzündungsprozesse im Organismus, Omega-6-Fettsäuren schüren Entzündungen im Organismus. Wie bereits erwähnt, werden viele Zivilisationskrankheiten mit niedriggradigen Entzündungen in Verbindung gebracht. Sie werden durch Entzündungen ausgelöst, begünstigt bzw. verschlimmert. Unsere Schaltzentrale besteht zu einem Großteil aus Fett (Gehirnzellen zu ca. 70 Prozent). Unsere Internetleitungen haben eine Fettschicht, damit die Kommunikation optimal funktioniert, und jede unserer 100 Billionen Zellen hat Fette in der Zellmembran. Hier geht es um eine schnelle und reibungslose Reizweiterleitung und um den Zellschutz. Omega-3- und Omega-6-Fettsäuren sind hierfür wichtig.

Somit können wir nicht einfach sagen, dass Omega-6 schlecht ist, es hat auch viele Vorteile. Wichtig ist jedoch, dass das Mischungsverhältnis stimmt, und das ist bei unserer »Zivilisationsernährung« leider ein Problem, wie das Verhältnis 1:20 eindrucksvoll aufzeigt.

Zur Verdeutlichung der Wichtigkeit von Omega-3 hier mal ein paar Studien:

- In Japan und Taiwan liegt das Verhältnis bei 1:4. Dort ist die Herzinfarktrate um 40 Prozent geringer als in anderen Industrienationen. Depressionen treten 12-mal seltener auf als in anderen Industrienationen.
- Forscher konnten einen eindeutigen Zusammenhang zwischen dem Verzehr von Omega-3-Fettsäuren und der Reduktion von

Depressionen und Angstsymptomen aufzeigen. Dies gilt auch für Fälle von schweren Depressionen.

- Menschen mit schweren Depressionen und schlechten Omega-3-Fettwerten haben ein achtfach erhöhtes Suizid-Risiko im Gegensatz zu schwer Depressiven mit hohen Omega-3-Werten.
- Je weniger Omega-3-geölt ein Mensch ist, desto höher ist das Risiko für seelische Instabilität. Das reicht von Symptomen wie Stimmungsschwankungen über schwere Krankheiten wie Depressionen, Schizophrenie bis hin zu Suizid. Dieses Buch ist zur Prävention gedacht und somit für den Gesunden geschrieben. Wenn bei schwerkranken Menschen schon solche Studien-Ergebnisse herauskommen, dann sollte hiermit die Brücke zur Vorsorge bei Stress geschlagen sein. Zumal es einfach ist. Wir reden über einen natürlichen Nahrungsbestandteil. Das Einzige, was wir machen müssen, ist, ungesunde Transfette in unserer Ernährung zu minimieren und die Aufnahme gesunder, mehrfach ungesättigter Fettsäuren zu erhöhen. Wenn wir dabei noch das Verhältnis von Omega-3- zu Omega-6-Fettsäuren beachten, dann war es das schon – eine Kleinigkeit.
- Für die Umsetzung müssen wir nun noch wissen, wo welche Fettsäuren enthalten sind.

Die besten Quellen für Omega-3-Fettsäuren sind Fisch, Krustentiere und Meeresfrüchte/Algen. Omega-3 kann unser Körper aber auch aus Leinsamen/Leinöl, Hanföl, Pilzen, Algen, Avocado, Chia-Samen und Walnüssen gewinnen. Versuchen Sie diese Quellen regelmäßig in Ihren Alltag zu integrieren.

Viele Omega-6-Fettsäuren finden Sie in Distelöl, Sonnenblumenöl, Sesamöl, Weizenkeimöl, Maiskeimöl, Margarine, Schmalz, Mayonnaise, Eigelb, Popcorn, Leberwurst, Fleisch. Da wir zumeist keinen Engpass bei den Omega-6-Fettsäuren haben, sondern unser Verhältnis Omega-3 zu Omega-6 verbessern wollen, sollten Sie diese Lebensmittel in Maßen genießen.

Ein paar kurze Worte möchte ich noch zu den einfach

ungesättigten Fetten verlieren. Diese sind ebenfalls für die Gesundheit sehr zuträglich und sollten bevorzugt genossen werden. Studien belegen immer häufiger: Einfach ungesättigte Fette haben positive Wirkungen auf das Herz-Kreislauf-System und altersbedingte Zivilisationskrankheiten.

Für unser Thema Stress gibt es hier keine wesentlichen Erkenntnisse, weshalb ich dieses Thema kurz halte.

Gute Quellen einfach ungesättigter Fette sind Pflanzenöle, allen voran das Olivenöl. Spezielle Substanzen im Olivenöl wirken entzündungshemmend. Rapsöl, Kürbiskernöl, Nussöle ... sind ebenfalls gut. Nüsse, Mandeln, Ölsaaten (Sesam, Leinsamen, Chia, Hanfsamen, Kürbiskerne), Oliven ...

Frankys Praxistipp: Gesunde Fette auffüllen

»Steter Tropfen höhlt den Stein.« Nach diesem Motto sollten Sie an die Fette herangehen. Veränderen Sie Kleinigkeiten, die keinen Mehraufwand darstellen und die Sie im Alltag kaum bemerken. Langfristig wird das Ihr Omega-3- zu Omega-6-Verhältnis ändern.

- *Leinöl bzw. Leinsamen + Nüsse ins Müsli oder den Joghurt geben und immer einen Löffel Leinöl beimischen.*
- *Für Fischesser 2x die Woche Fisch/Krustentiere/Algen in den Speiseplan aufnehmen.*
- *Täglich eine Handvoll Nüsse (gerne variieren).*
- *Salate mit Samen, Mandeln und Nüssen verfeinern und ebenfalls Leinöl beimischen.*
- *Schränken Sie mit der Liste von oben Ihren Omega-6-Verbrauch ein.*

Sparen Sie nicht an einfach ungesättigten Fetten. Sie sind günstig für die Gesundheit. Es darf auch gerne mal ein wenig mehr Olivenöl sein.

Allgemeines zur Ernährung bei Stress

Schon Hippokrates sagte vor 2400 Jahren: »Deine Nahrung sei dein Heilmittel und dein Heilmittel sei deine Nahrung.«

Unterschätzen Sie das Thema Ernährung nicht. Machen Sie sich auf der anderen Seite aber auch nicht verrückt. Fangen Sie mit einfachen Basisthemen, wie in diesem Kapitel dargestellt, an. Das kann schon eine Menge bewirken. Ihr Prozess hin zur gesunden Ernährung wird sich dann automatisch weiterentwickeln.

Was ich leider ganz häufig beobachte, ist, dass in akuten Stressphasen alle guten Ernährungsgewohnheiten über Bord geworfen werden. Das ist leider genau die Zeit, in der unsere Zellen am meisten gefordert werden. Unkontrolliertes Naschen ist nur eines der Probleme. Fast Food ist hier das große Thema, denn in akuten Stressphasen ist die Zeit meist knapp. Wir greifen auf etwas schnell Verfügbares zurück, sparen Zeit, essen vorm Rechner oder bei der Hausarbeit, auf dem Weg etc. Leistungssportler handhaben das genau anders herum. Ernährung spielt dort generell eine immer wichtigere Rolle. Wenn es dann aber Richtung Weltmeisterschaft/Olympiade geht, wird immer noch akribischer auf die Ernährung geachtet. In der Wettkampfphase ist das Essen auf die Trainings- und Regenerationseinheiten und vor allem auf die Wettkämpfe abgestimmt. Da wird nichts dem Zufall überlassen.

Überdenken Sie als Kopfleistungssportler hierzu unbedingt Ihr Verhalten.

Frankys allgemeine Ernährungstipps – Zusammenfassung

Versuchen Sie so viele Nahrungsmittel wie möglich natürlich, frisch, saisonal und in guter Qualität zu verwenden. Versuchen Sie außerdem, stark zu variieren. Vielfältigkeit ist wichtig, um alle 47 essenziellen Nährstoffe in ausreichender Menge auf den Teller zu bekommen.

Bei Obst und Gemüse beispielsweise sollten Sie darauf achten, alle Farben dabei zu haben. Vereinfacht stehen die Farben für unterschiedliche Stoffe. Essen Sie nur grünes Gemüse und grünes Obst, dann sind Sie mit den Nährstoffen von grün gut versorgt, Ihnen fehlen aber auf Dauer die Nährstoffe von rot, gelb, orange etc.
Ein Gorilla legt weite Strecken zurück und hat ca. 200 unterschiedliche Früchte, Blätter und Knollen in seinem Ernährungsportfolio. In Deutschland sind wir im OECD-Vergleich auf Platz 26 von 28 im Bereich Obst- und Gemüsevielfalt auf dem Teller. Wir haben da deutlich Luft nach oben.
Versuchen Sie Industrienahrung so gut es geht zu meiden und dadurch Ihre Transfette und alle künstlichen Zusatzstoffe zu minimieren.
Achten Sie auf eine regelmäßige und ausreichende Flüssigkeitszufuhr (Wasser, Tee).
Führen Sie Ihrem Organismus genügend einfach und mehrfach ungesättigte Fette zu. Achten Sie dabei auf das Verhältnis von Omega-3- zu Omega-6-Fettsäuren.
Falls Sie viele kurzkettige KH konsumieren, reduzieren Sie diese. Ersetzen Sie einige der kurzkettigen KH durch langkettige. Automatisch ist mehr Platz für die essenziellen Nährstoffe.
Nehmen Sie drei ausgewogene Hauptmahlzeiten ein. Versuchen Sie, die süßen Snacks, die Sie sich gönnen, an die Hauptmahlzeiten zu koppeln.
Lassen Sie nach der letzten Mahlzeit 3–4 Stunden Pause, bevor Sie zu Bett gehen. Und vielleicht probieren Sie in diesem Zusammenhang das intermittierende Fasten einmal aus.
Beobachten Sie bei allem Ihr Körpergefühl. Was tut Ihnen gut? Was hilft Ihnen beim Thema Stress?

Darmgesundheit und Stress – eine wichtige Ressource

Erinnern Sie sich an Ihren letzten Magen-Darm-Virus? Bestimmt nicht gern. Dennoch möchte ich, dass Sie sich ganz kurz erinnern. Haben Sie sich energiearm gefühlt, schlapp, ausgelaugt? War Ihr Wasserglas an diesem Tag/diesen Tagen besonders klein und Sie wenig stressresistent? Bei solch einem Virus ist das ganz normal und auch nicht zu ändern. Nach der Genesung ist schnell alles wieder beim Alten und gut.

Wenn Sie zu den Menschen mit häufigen Darmproblemen gehören, immer wieder oder regelmäßig Völlegefühl, einen Blähbauch, dünnen Stuhl etc. haben, dann spielt diese Energiearmut dabei latent mit. Es entzieht dem Körper kurzzeitig die Energie, die dann an anderer Stelle an einem stressigen Tag fehlt. Außerdem stellt sich die Frage, ob bei diesen Problemen die Nährstoffe, die über die Nahrung aufgenommen werden sollen, auch im Dünndarm in ausreichender Menge resorbiert werden können. Häufig entstehen an dieser Stelle nämlich Engpässe, und schon sind wir wieder beim Thema schlechte Nährstoffversorgung unserer Zelle.

Unser Darm bringt täglich Höchstleistungen. Oft wird er überlastet, und es wird ihm keine Pause gegeben, wie in Annes Beispiel. Irgendwann reagiert er.

Wenn Stress hinzukommt, kann das zum Problem werden. Unsere Schaltzentrale kommuniziert permanent über den Vagusnerv *(Datenautobahn vom Gehirn zum Darm)* mit dem Darm und umgekehrt. Bei Stress leiht sich unsere Schaltzentrale Energie vom Magen-/Darmtrakt. Die Durchblutung im Magen-/Darmbereich wird heruntergefahren, Magensäfte und Verdauungsenzyme sowie die Produktion von Schleimstoffen im Darm werden heruntergefahren. Die dabei eingesparte Energie kann unsere Schaltzentrale nutzen. Kurzfristig ist das für akute Stressreize okay. Langfristig führt das zu Symptomen: Magendruck, Völlegefühl, Sodbrennen, veränderte Verdauung durch veränderte Bakterienstämme im Darm, Nährstoffunterversorgung, Magenschleimhautreizung,

-entzündung, Magengeschwür, Reizdarm etc. Bei chronischen Verdauungsproblemen kann das Szenario enden.

Wenn es dort endet, dann ist unser Wasserglas ständig klein und schon mit wenig Stressreizen voll. Stress wird viel schneller und früher zum Problem.

Jeglicher Stress aktiviert Nerven, die unsere Verdauung hemmen. Wir holen weniger Energie aus der Nahrung heraus, die Verdauung dauert länger und belastet Magen/Darm. Burnout und chronische Darmentzündungen treten sehr häufig gemeinsam auf.

Wenn Sie sich gerade ertappt fühlen, dann gehen Sie direkt über Los und zum Arzt, der sich auf Magen-/Darmprobleme spezialisiert hat. Achten Sie dabei darauf, dass dieser Arzt auch die Ernährung in die Behandlung mit einbezieht. Leider tun das längst nicht alle und natürlich muss sich der Arzt auch nicht selbst auf das komplexe Thema Ernährung spezialisiert haben. Er sollte aber einen Experten in der Praxis haben, der die Ernährung in die Behandlung mit einbezieht.

Sonnenlicht – eine total unterschätzte Ressource

Pflanzen gehen ohne Sonne ein – wir Menschen auch. Durch die Einzelhaft im dunklen Kerker sind die Häftlinge zu damaliger Zeit psychisch zerbrochen und physisch krank geworden. Biophysikalisch arbeiten alle unsere Zellen lichtabhängig.

Über die Sonnenstrahlung bildet unser Körper Vitamin D. Unser täglicher Vitamin-D-Bedarf kann über die Nahrung kaum gedeckt werden. Das schaffen Sie nur, wenn Sie regelmäßig Robben- und Wal-Leber verzehren oder Fisch, Butter und Sahne kiloweise essen.

Wofür benötigen wir Vitamin D? Es senkt den Blutdruck, reguliert unser Stresshormon Cortisol, hat Einfluss auf unser Schlafhormon Melatonin *(Schlafqualität/chronische Müdigkeit)*, produziert eine opiumähnliche Substanz in der Haut, die glücklich macht, schützt vor Depression *(speziell dem sogenannten Winterblues)*, verbessert unser Abwehrsystem und bildet wichtige Schutzsubstanzen gegen viele Krebsarten. Eine unzureichende Zufuhr kann sehr viele der Zivilisationskrankheiten mitauslösen *(Grippe/Herzinfarkt, Schlaganfall, viele Krebsarten/Diabetes 2, Rheuma/MS, Parkinson, Autismus, Depression, Schizophrenie/Knochen- und Muskelschwäche, Rachitis / Gefährdung der Schwangerschaft)*.

Es gibt unzählige Studien, die die Verbindung von Depression, Winterblues und Vitamin-D-Mangel aufzeigen.

Auch an dieser Stelle möchte ich dazu aufrufen, den gesunden Menschenverstand einzuschalten. Selbst wenn Sie kerngesund sind und Depression und Winterblues nur vom Hörensagen kennen? Wie fühlen Sie sich bei den ersten Sonnentagen im Frühling? Wie ist Ihre Stimmungslage? Wie fühlen Sie sich nach einem Ausflug im Freien am Wochenende am ersten Frühlingswochenende? Wie ist Ihr Energielevel? Wie steht es mit Ihrem Wasserglas und Ihrem Stresslevel?

Wie ist Ihre Stimmung im Vergleich dazu im Februar? Sie gehen im Dunkeln aus dem Haus und kommen im Dunkeln wieder heim, in Deutschland schon den vierten Monat lang. Es ist nasskalt und eklig draußen? Wie steht es mit Ihrem Energielevel? Was macht Ihr Wasserglas?

Ihr eingeschalteter gesunder Menschenverstand sagt Ihnen gerade, dass Sonne doch gefährlich ist und Hautkrebs verursacht?

An dieser Stelle können Sie sich beruhigen. Es gibt drei Metaanalysen, in die 60 epidemiologische Studien einbezogen sind, die besagen, dass schwarzer Hautkrebs häufiger bei Menschen auftritt, die in Gebäuden arbeiten, als bei denen, die draußen arbeiten. Außerdem gibt es Tabellen, die aufzeigen, dass Hautkrebs in Sonnenländern deutlich weniger auftritt.

Vitamin D ist Hautschutz. Regelmäßiges, dosiertes Sonnenlicht ist gut, denn gebräunte Haut ist Hautschutz. Regelmäßig heißt hier nicht, einmal im Jahr für zwei Wochen Urlaub ganztägig in der Sonne braten, sondern jede Woche mehrfach kurze Sonnenbäder nehmen. Je mehr Haut Sie der Sonne dabei anbieten, desto besser ist es. Je nach Hauttyp und Jahreszeit variiert das zwischen Minuten bis hin zu wenigen Stunden. Die restliche Zeit im Freien sind Schatten, Klamotten oder eine gute Sonnencreme angesagt. »Die Dosis macht das Gift.«

Ab einem Sonnenschutzfaktor von 8 bildet die Haut kein Vitamin D mehr aus. Das gleiche gilt für Schminke.

Wie ist es um unseren Vitamin-D-Spiegel bestellt? Eine kleine Tabelle zur Einordnung:

- Unter 11 ng/ml = Alarm
- 11–20 = starker Mangel
- 20–30 = leichter Mangel
- 30–60 = ausreichend versorgt

61 Prozent der Frauen und 68 Prozent der Männer in Deutschland haben Werte unter 20 ng/ml *(Winterhalbjahr)*.

Frankys Praxistipp: Sonnenbaden

Prüfen Sie doch einmal mit einem Test beim Arzt nach, wie hoch Ihr Vitamin-D-Spiegel ist. Wie viele Menschen statistisch an einem Vitamin-D-Mangel leiden, ist für Ihre Werte irrelevant. Wie ist Ihr Status Quo? Falls Sie dabei feststellen, dass Sie Luft nach oben haben, sollten Sie Ihr Verhalten im Umgang mit der Sonne überdenken. Wo, wann und wie können Sie Sonnenbäder einlegen? Können Sie das vielleicht mit der einen oder anderen Entspannungsübung kombinieren – sozusagen ein entspanntes Sonnenbad nehmen, für Körper und Geist? Oder gibt es Alltagsaufgaben (Gartenarbeit, Zeitung lesen, Maniküre etc.) die Sie räumlich verlagern können bzw. der Sonne dabei mehr Haut anbieten können? Nutzen Sie die natürliche Ressource Sonne, um Ihr Wasserglas immer gut zu füllen.

Mehr Tipps, Tricks und Übungen zum rationalen Ansatz bekommen Sie im Online-Anti-Stress-Training auf der Homepage:

www.frank-ritter-stresskiller.de Mit dem Rabattcode erhalten Sie 50 Prozent auf alle Online-Seminare: Stresskiller50

Kill deinen Stress mental

Wer quatscht hier?

Unsere Gedanken kreisen täglich und unentwegt durch unseren Kopf, viele Gedanken. Einige Gedanken sind vollständige Gedankenschleifen, andere nur kleine Gedankenfetzen. Manchmal entsteht daraus ein innerer Dialog. Wir quatschen mit uns. Ein Trainerkollege aus dem psychologischen Bereich *(Jens Corssen)* personifizierte diese Selbstgespräche im Kopf mit dem Begriff »Quatschi«. Manche Dinge kann man nicht besser beschreiben und daher nutze ich hier auch den Begriff des Quatschis. Mein Ansatz ist nicht, jedes Rad neu zu erfinden, sondern Ihnen die besten Impulse für eine Praxisumsetzung an die Hand zu geben. Stellen Sie sich Ihre Gedanken also wie eine kleine Figur in Ihrem Kopf vor, den Quatschi, der mit Ihnen spricht.

Wir denken und quatschen den lieben langen Tag mit uns. Das geht schon vor dem Aufstehen los. »Döse ich noch 5 Minuten oder steh ich gleich auf? Booaahh, wenn ich das Wetter draußen sehe, würde ich mich am liebsten umdrehen und weiterschlafen. Naja, es hilft ja nichts, ich muss wohl raus. Mach ich mir jetzt Tee oder Kaffee? ...«

Vorm Kleiderschrank angekommen wird in manchen Schlafzimmern Folgendes beobachtet: »Ich hab' nichts anzuziehen. Verdammt, was zieh ich bloß an? Nichts passt gerade zusammen, zu meiner Stimmung und überhaupt ...« Manche sprechen dabei wirklich laut und deutlich mit sich, andere diskutieren das im Stillen mit dem eigenen Quatschi im Kopf aus.

Oder noch ein kleines Beispiel für die Männer. Man sitzt am Freitagnachmittag mit guten Freunden im Biergarten auf 1–2

Feierabendbierchen. Mitten im Gespräch nehmen Sie im Augenwinkel den Blick vom Nachbartisch war: »Hallöchen, hat die gerade mich so angelächelt. Oh ja, sie tut es schon wieder, verrückt. Was bin ich doch für ein geiles Stück DNA – ja, er kann's noch! Soll ich sie jetzt direkt ansprechen oder lasse ich sie noch eine Bierlänge zappeln?! Die Jungs haben das noch nicht mitbekommen, die haben aber auch echt keinen Blick für den freien Raum ...«

Hand aufs Herz. Kennen Sie solche Gedanken, solche Quatschis?

Falls Ihnen diese Beispiele zu polarisierend sind und Sie sie vielleicht gerade als unangenehm oder unpassend empfinden – quatscht es da etwa gerade in Ihrem Kopf? »So kann er das aber nicht schreiben. Das ist ja klischeehaft. Ich als Mann/Frau fühle mich diskriminiert. Das ist ein Sachbuch und da ist so ein Schreibstil unpassend ...« Genau, das soll so sein, damit Sie gerade in diesem Moment wahrnehmen, dass es bei Ihnen quatschst.

Wir haben Tausende Gedanken täglich. Ganz genau kann man das noch nicht messen, zum Glück, wie ich finde. Es sind viele Gedanken, da sind sich die Wissenschaftler einig. Nicht jeder Gedanke ist dabei vollkommen ausformuliert. »Oh, ich muss ja heute Abend noch den Müll raustragen, sonst bekomme ich daheim wieder Ärger.« Es sind viel häufiger die oben erwähnten Gedankenfetzen: »Müll raus, sonst Ärger.« Um die Brücke zum Bewusstsein /Unterbewusstsein aus Teil I Analysephase zu schlagen: Viele unserer Gedanken bekommen wir bewusst gar nicht mit. Sie laufen unbewusst ab.

Fakt ist: Wir alle denken unentwegt. Auch wenn es bei Fernsehformaten wie »Das Dschungelcamp« und »Bauer sucht Frau« schwer vorstellbar ist, selbst diese B-Promis denken. In dem Moment, in dem wir nicht mehr denken, sind wir hirntot. Gedanken sind technisch gesehen elektrische Impulse im Gehirn. Unsere Nervenzellen funken miteinander, und schwups ist schon wieder ein neuer Quatschi im Kopf entstanden.

Das ist übrigens eine der größten Herausforderungen beim Thema Entspannungstechniken. Ihr Quatschi spricht weiter mit

Ihnen, dem ist es egal, ob Sie sich gerade entspannen möchten. Sich nicht vom eigenen Quatschi ablenken zu lassen, das ist die hohe Kunst der Entspannungstechniken.

Frankys Selbstversuch

Nehmen Sie sich ein paar Minuten Zeit für einen kleinen Selbstversuch. Machen Sie bitte unbedingt zuerst die 1. Übung und lesen Sie dann erst weiter.

1. *Übung: Stellen Sie sich einen Wecker und schließen Sie für 3 Minuten die Augen. Versuchen Sie, Ihren Geist frei zu machen und in den 3 Minuten an nichts Bestimmtes zu denken. Versuchen Sie sich einfach zu entspannen.*

Wecker gestellt? Dann los.

Na, wie war es? Seien Sie ehrlich. Waren Sie gedankenfrei und tiefenentspannt oder tauchten haufenweise Gedanken von allem Möglichen auf? Waren die 3 Minuten gefühlt lang oder sind sie ganz schnell vorbeigezogen?
Gerade als Anfänger im Bereich Entspannungstechniken ist das für viele eine Herausforderung. Das eigene Kopfkino ist gar nicht so einfach zu stoppen und kann ganz schön stressen. Mit ein wenig Übung wird das besser. Wenn Sie schon lange Entspannungstechniken praktizieren, dann wird diese Übung bei Ihnen gut funktionieren. Üben Sie weiter, denn es wird noch besser.
Das Ziel dieser Übung ist nicht, keine Gedanken mehr zu haben. Gedanken sind auch als Profi normal. Das Kopfkino beruhigt sich jedoch mit etwas Übung, und es wird einfacher, Entspannung bewusst zu erzeugen und körperlich auch wahrzunehmen. Mehr Infos bekommen Sie weiter unten beim Thema Meditation.
Probieren Sie nun die 2. Übung. Machen Sie auch hier erst die Übung und lesen Sie dann bitte weiter.

2. *Übung: Schließen Sie wieder für 3 Minuten die Augen und jetzt klatschen Sie 7x so kräftig es geht in die Hände. Danach fokussieren Sie sich bitte nur auf Ihre Hände. Nichts anderes ist jetzt wichtig. Sie nehmen nur das Gefühl in Ihren Händen wahr. Beobachten Sie das Gefühl. Beobachten Sie, ob und wie es sich verändert.*

Wecker gestellt? Dann los.

Und, haben Sie einen Unterschied festgestellt? Gingen die 3 Minuten schneller vorbei? Hatten Sie weniger Gedanken, weil Sie mit der Beobachtung Ihrer Hände beschäftigt waren?
Das Brennen, Kribbeln, die Wärme oder wie auch immer Sie das Gefühl in Ihren Händen nach dem Klatschen wahrgenommen haben, hat Sie abgelenkt. Ihr Fokus ist auf eine Sache gerichtet, und das hilft, Ihr Kopfkino für einen Moment auszuschalten. Das ist eine probate Möglichkeit, in kurze Entspannungssequenzen einzusteigen. Weitere Möglichkeiten werde ich Ihnen an anderer Stelle an die Hand geben. Denn nun wollen wir noch ein bisschen tiefer in diese Materie einsteigen.

Gedanken, die entscheidende Kleinigkeit

Stellen Sie sich vor, Sie sind im Finale eines Tennisturniers. Es werden zwei Gewinnsätze gespielt. Natürlich möchten Sie gewinnen, nachdem Sie sich bis ins Finale gekämpft haben. Leider haben Sie den ersten Satz mit 6:1 verloren und im zweiten Satz steht es 5:2 gegen Sie. Welcher Quatschi kommt bei diesem Spielstand in Ihrem Kopf wohl auf?

Sehr wahrscheinlich ist folgendes Szenario: »Verdammt, das ging heute aber richtig in die Hose. Hätte ich das Training in den letzten Wochen bloß nicht so schleifen lassen …« »Mit diesen unterirdischen Aufschlägen kann das ja nichts werden. Wo ist bloß meine Konzentration geblieben? So viele Anfängerfehler hab ich schon lange nicht mehr gemacht …« »Der Gegner ist einfach zu stark. Verdammt, ich finde absolut kein Gegenmittel. Na komm, nun gib mir schon den Gnadenstoß.«

- Welche Gefühle werden durch diese Gedanken bei diesem Spielstand wohl in Ihrem Körper vorherrschen? Resignation, Traurigkeit, Frust, Wut oder ähnliche? Wie sieht es mit Ihrem Stresshormonspiegel aus? Wird der eher hoch oder niedrig sein?
- Wie steht es wohl mit Ihrer Mimik, Ihrer Gestik und Ihrer Körperhaltung in diesem Fall? Ausdrucksloses Gesicht, leere Augen, ohne Energie, gebeugter Rücken und Schultern leicht nach vorne gezogen, Blick nach unten gerichtet usw.?
- Alles – Fokus, Denken, Haltung, … - sind auf Verlieren ausgerichtet. Das macht Sie schwach, und es wirkt nach außen schwach, was wiederum Ihren Gegner motiviert und noch stärker macht.
- Ist das günstig für Ihr Ziel zu gewinnen? Wie wahrscheinlich ist es bei diesem Spielstand, mit diesem Quatschi und dieser Haltung, das Spiel noch zu drehen? Genau, die Wahrscheinlichkeit strebt gegen Null.

Wie sähe es im Vergleich dazu aus, wenn Sie bei gleichem Spielstand einen Quatschi in Ihrem Kopf hätten, der Folgendes sagt: »Okay, ich liege deutlich hinten. Aber genau das sind die Situationen, in denen ich über mich hinauswachse. Hier geht es um Game-Changing, und ich bin ein Game-Changer. Jetzt hol ich alles aus mir heraus, kämpfe um jeden einzelnen Punkt und zelebriere ihn. Diese Lusche wird mich nicht kampflos besiegen.«

- Welche Gefühle werden durch diese Gedanken jetzt in Ihrem Körper vorherrschen? Motivation, Kampfgeist, Stärke oder ähnliche könnten es sein.
- Wie gestresst fühlen Sie sich nun? Fühlt sich dieser Stress drückend und energieziehend an oder beflügelt er?
- Wie sehen wohl Ihre Mimik, Ihre Gestik und Ihre Körperhaltung in diesem Fall aus? Angriffslustig, voller Energie, aufrecht usw.?

- Alles ist auf Gewinnen ausgerichtet, innen wie außen.
- Ist das günstig für Ihr Ziel zu gewinnen?
- Von absolutem Vorteil ist es dabei, wenn Sie irgendeine Referenzerfahrung haben, an die Sie dabei denken können. Gab es in Ihrer Sportkarriere schon einmal ein Spiel, das Sie gedreht haben, bei dem Sie ein Game-Changing hingelegt haben?

Die Wahrscheinlichkeit, dass Sie bei dem skizzierten Spielstand das Spiel noch einmal drehen, ist verschwindend gering, das ist ganz klar. Sie haben im Gegensatz zum ersten Quatschi *(Negativ-Quatschi)* jedoch zumindest die Chance dazu. Beispiele hierzu gibt es haufenweise aus den unterschiedlichsten Sportarten. Einzelsportler und auch Mannschaften haben immer wieder bewiesen, dass aussichtslose Situationen über mentale Stärke gedreht werden können.

Gedanken – Worte – Tatsachen

»Achte auf deine Gedanken, denn sie werden deine Worte. Achte auf deine Worte, denn sie werden deine Gefühle. Achte auf deine Gefühle, denn sie werden dein Verhalten. Achte auf deine Verhaltensweisen, denn sie werden deine Gewohnheiten. Achte auf deine Gewohnheiten, denn sie werden dein Charakter. Achte auf deinen Charakter, denn er wird dein Schicksal/dein Leben.

Achte auf dein Schicksal/dein Leben,
indem du jetzt auf deine Gedanken achtest.«

(Zitat aus dem Talmud)

In diesem Zitat steckt sehr viel Wahrheit. Ich habe mir diesen Spruch ausgedruckt und an meinen Rechner gehängt. Unsere Gedanken bewirken eine ganze Menge. Nicht umsonst gibt es den

Ausdruck: »Die Kraft der Gedanken.« Wenn Sie zukünftig etwas in Ihrem Leben verändern möchten und es sich schwierig gestaltet, dann prüfen Sie zuallererst Ihre Gedanken. Hier liegt häufig der Ursprung für Ihr Verhalten, Ihre Probleme, und der Schlüssel für Ihre gewünschte Veränderung.

Es geht dabei nicht darum, jeden einzelnen unser Quatschis täglich bewusst wahrzunehmen. Das ist nicht möglich und würde auch puren Stress bedeuten, da unser Bewusstsein mit dieser Flut an Gedanken komplett überfordert wäre. Es geht vielmehr darum, die negativen Quatschis zu erkennen, die in Gedankenschleifen immer wieder auftauchen und uns in negative Emotionen bringen. Die Quatschis, die uns stressen bzw. die uns in einen Zustand versetzen, in dem wir anfälliger für Stress sind, sollten wir bewusst auf dem Zettel haben. Mit der Veränderung dieser Quatschis können wir sehr gut beginnen, unseren Stresslevel zu verringern und unsere Emotionen auf positiv zu drehen.

Warum haben wir täglich dieselben Gedankenschleifen? Wo kommen die her? Die meisten von uns haben Routine in Ihrem Tagesablauf. Wir wachen zumeist im gleichen Bett auf bzw. mit einem Job als Vielreisender in denselben Hotels. Vielleicht dösen wir immer noch 5 Minuten und ärgern uns, dass wir nun wieder bei dem »Schietwetter« raus müssen. Vielleicht gehören wir aber auch zu der Fraktion, die beim Ausstellen des Weckers schon auf den Beinen ist. Wenn wir in einer festen Beziehung leben, dann liegt zumeist der gleiche Partner neben uns, außer wir sind ein schlimmer Finger und wachen manchmal auch bei der/dem Geliebten auf. Übrigens wird auch das, viel schneller als einem lieb ist, zur Routine. Die wenigsten von uns werden Rockstar sein und an jedem Morgen nach einem Auftritt einen Fremden neben uns liegen haben und nicht wissen, in welcher Stadt wir gerade sind.

Zurück zur Morgenroutine. Zähneputzen und Duschen oder erst Kaffee, Kippe und Klo, natürlich mit Zeitung? Sie werden ein Morgenritual haben, das sich mit kleinen Abweichungen täglich wiederholt. Wenn Sie Familie haben, dann werden da dieselben Menschen auftauchen und mit ihren ganz eigenen

Morgenroutinen das Bad blockieren, gute oder schlechte Stimmung verbreiten oder Chaos verursachen. Wenn Sie das Haus verlassen haben, werden Sie denselben Weg zur Arbeit nehmen. Im abgespeicherten Radiosender läuft ähnliche Musik und die Autos stauen sich an denselben Ampeln, Baustellen bzw. Sie stehen in der gleichen, muffigen Bahn. Auf der Arbeit werden Sie auf dieselben Kollegen treffen, die gleiche Themen, Vorlieben und Anliegen mit sich herumtragen, und Sie werden selbst in einem kreativen Job wiederkehrende Aufgaben erledigen. Diese Routinen ziehen sich durch den gesamten Tag. Sie selbst haben ebenfalls übergeordnete Dinge, die Sie beschäftigen: Urlaub, Hausbau, finanzielle Sorgen, Kinder, Pflegeheim der Eltern ... die Sie und Ihre täglichen Gedanken prägen.

Bei diesen sich wiederholenden Tagesabläufen in Kombination mit den übergeordneten, gleichbleibenden Themen werden Sie immer wiederkehrende Gedankenschleifen haben, ganz klar. Denn Ihr Quatschi quatscht den ganzen Tag mit Ihnen. Was soll er Ihnen schon groß anderes erzählen? Aus diesem Grund ist es ein probates Mittel, aus dem Alltag auszubrechen und mal etwas ganz anderes zu machen, wenn man in einem großen Problem feststeckt und keine Lösung findet.

Ihre Gedanken werden zu Ihren Gefühlen ... so der Satz aus dem Talmud. Genau das passiert täglich. Sie durchlaufen am Tag viele Situationen, wiederkehrende und auch neue. Ihr Quatschi quatscht mit Ihnen und beeinflusst Ihre wechselnden emotionalen Zustände. Von all dem bekommen Sie im schnelllebigen, reizüberfluteten Alltag in der Regel recht wenig bewusst mit. Was interessiert es Sie schon, wie Sie sich gerade fühlen. Für Selbstreflexion ist jetzt keine Zeit. Sie sind schon wieder spät dran und haben noch drei Dinge im Sinn. Gefühlsduselei können Sie da nicht gebrauchen.

Was hat das nun alles mit Stress zu tun? Wenn Sie durch bestimmte Routinesituationen und übergeordnete Themen, die Sie beschäftigen, in negative Gedankenschleifen rutschen, dann trüben sich Ihre Gedanken ein. Ihre Stimmungslage verdunkelt sich und Sie werden vermehrt negative Gefühle haben. Es ist wie eine

Abwärtsspirale. Das führt dazu, dass Sie neu eintreffende Reize evtl. unbewusst als Stress wahrnehmen/bewerten, obwohl objektiv gar kein Stress da ist. Ihr Wasserglas leert sich nach und nach, ohne dass Sie es merken.

Das Thema Bewertung haben wir schon ausgiebig besprochen, und Sie haben sicherlich schon damit begonnen, bestimmte Situationen in Ihrem Alltag umzubewerten. Hier geht es noch einen Schritt weiter. Es geht um Ihre Grundhaltung und Ihre Glaubenssätze.

Kennen Sie folgende Quatschis?

- Ich bin einfach zu dusselig für Mathe, um rückwärts einzuparken, technische Geräte zu bedienen, um ein Regal gerade anzubringen …
- Ich kann das einfach nicht: mit Geld umgehen, Ordnung halten, lecker kochen …
- Ich habe einfach kein Glück mit Beziehungen. Immer wenn ich glaube, den Traumpartner gefunden zu haben, entpuppt er/sie sich ziemlich schnell als Niete …
- Ich habe einfach keine Disziplin, mich regelmäßig zu bewegen, mich gesund zu ernähren, regelmäßig zu entspannen, etwas durchzuziehen …
- Immer kommen alle mit ihren Problemen zu mir. Bin ich eigentlich das Sozialamt Hamburg Nord? Kein Wunder, dass ich zu nichts komme, wenn alles immer zu viel ist, ich ständig am Limit bin … Können die nicht auch mal alleine?

Wenn Sie täglich in den sich wiederholenden Situationen Gedankenschleifen in dieser Art haben, dann hat das mittel- bis langfristig enorme Auswirkungen auf viele Bereiche in Ihrem Leben: Erfolg, Finanzen, Beziehung, Gesundheit, Lebensqualität etc., um nur einige zu nennen. Der springende Punkt für dieses Buch ist, es hat auch negative Auswirkungen auf Ihren Stresslevel.

Noch verheerender wird es, wenn Sie zusätzlich zu diesen Quatschis in Ihrem Kopf beginnen, selber ständig darüber zu quatschen.

Herbert ist von seiner Frau Hilde verlassen worden. Herbert ist zu Tode betrübt. Okay, die Beziehung war eingefahren, er hat sich oft über Hilde geärgert und sie zum Teufel gewünscht. Doch jetzt, wo er allein im gemeinsamen Häuschen sitzt, fehlt ihm seine Hilde doch sehr. Herbert ist traurig, deprimiert und zerfließt in Selbstmitleid. Laufend hat er die gleichen negativen Gedankenschleifen, die ihn emotional immer weiter runterziehen. Da er das Alleinsein nicht aushält, begibt er sich nun täglich nach der Arbeit in eine Bar. Dort findet er fast täglich einen Gesprächspartner, dem etwas ganz Ähnliches passiert ist. Er kann seine Geschichte erzählen, trifft auf Verständnis und sieht in den Geschichten der wechselnden Gesprächspartner immer wieder seine eigenen Ansichten über die Situation bestätigt. Mit dem Alkohol dazu tut es irgendwann nicht mehr ganz so weh – wenigstens solange, bis der Wecker am nächsten Morgen klingelt …

Ob es nun, wie in Herberts Fall, die gescheiterte Beziehung ist oder andere starke Negativerlebnisse sind. Kennen Sie das von sich oder Ihnen nahestehenden Personen, dass man beim Erzählen der negativen Gedankenschleifen komischerweise immer auf Menschen mit ähnlichen Problemen trifft, so wie es bei Herbert geschieht?

In der Firma, in der Anne arbeitet, herrscht durch eine Umstrukturierung gerade große Unsicherheit. Außerdem ist Saison, was viel Arbeit mit sich bringt, und die neuen Prozesse, Arbeitsabläufe und Zuständigkeiten sind noch unkoordiniert, teilweise chaotisch. Anne und einige andere Mitarbeiter empfinden das als sehr stressig. Außerdem kreisen bei Anne ständig Gedanken im Kopf wie: »Wie lange werde ich meinen Job noch behalten? Wann werden die da oben die erste Entlassungswelle starten? Was wird dann bloß werden? …« »Wie schön harmonisch war es im alten Team. Jetzt sind da diese neuen Kollegen. Wenn ich mir vorstelle, mit denen immer im Büro sitzen zu müssen, zieht sich mein Magen zusammen …« »Und dann noch die neue Software. Das lerne ich nie, mich da zurechtzufinden. Das haben die sich oben wieder toll ausgedacht. Das alte System war viel besser …« Anne ist nicht die einzige, die so denkt. Einige Kollegen denken es nicht nur, sondern sprechen es hinter vorgehaltener Hand auch aus. Der Flurfunk kreist. Wenn nun die Nörgler beginnen, bei jeder Gelegenheit über diese Probleme zu nörgeln, sich über den zu vielen Stress zu beschweren und sich gegenseitig runterziehen, dann reißt es nach und nach auch die anderen Mitarbeiter mit in den Negativstrudel. Diese Beispiele findet man haufenweise und zwar branchenübergreifend in Unternehmen vor. Natürlich ist die Situation nicht schön und lädt nicht gerade zum Lachen und Feiern ein. Dennoch darf die Frage gestellt werden, ob durch die Quatschis, die jeder Einzelne als Endlosschleife durchläuft, und die vielen »Meckerpausen« mit den Kollegen das eigene Wohlbefinden sowie das der Kollegen positiv oder negativ beeinflusst wird.

Fakt ist: In beiden Beispielen ziehen sich die Akteure gegenseitig nach unten. Das ist ein schleichender Prozess, der sich zumeist steigert. Problematisch wird das, wenn es dauerhaft so bleibt.

In Herberts Fall kann das auf Dauer in einer Depression enden bzw. andere Krankheiten verursachen oder zur Alkoholsucht führen. Herbert wäre weiß Gott nicht der erste, der durch eine Trennung in diesen Strudel gerät.

In Annes Fall können ihre ständigen, negativen Gedanken ungünstige gesundheitliche Auswirkungen haben. Es kann dazu führen, dass sich Annes Arbeitsleistung deutlich verschlechtert, dass Annes Kommunikationsverhalten leidet, und wenn es dann tatsächlich zu Entlassungen kommt, ja, wer ist wohl dann vorne dabei?

In beiden Fällen ist es menschlich, sich auszusprechen, dem eigenen negativen Quatschi freien Lauf zu lassen und die daraus entstehenden negativen Emotionen auszuleben. Man lässt sich für eine gewisse Zeit einfach gehen. Das »Sich-gehen-lassen« sieht bei jedem anders aus. Das ist eine Form der Verarbeitung, kann helfen und kann für den Moment auch okay sein. Dieser Moment sollte nur nicht zu lange anhalten.

Irgendwann ist der Punkt gekommen, sich zu fangen. Dieser Punkt ist bei jedem wiederum individuell. Aus dieser negativen

Emotionsschleife wieder herauszukommen, ist nicht ganz einfach. Doch auch hier haben es Hunderttausende bereits geschafft, sich aus ähnlichen Situationen emotional wieder herauszukämpfen. Egal, in welcher Negativspirale Sie gerade stecken, welches Thema Sie aktuell bewegt bzw. in welchen Problemen Sie gerade bis über beide Ohren stecken. Die Wahrscheinlichkeit, dass Sie der allererste der 8 Milliarden Menschen mit diesem Problem sind, ist recht gering.

Was lernt Herbert aus seinen im Beispiel skizzierten Kneipengesprächen? Er lernt, dass es andere gibt, die auch so arm dran sind wie er, dass es neben Hilde noch andere Frauen gibt, die so gemein sind, dass die Welt ganz schön ungerecht ist …

Hilft Herbert das weiter? Nimmt er dabei eine objektive Sichtweise ein? Reflektiert er sich selbst? Überlegt er, welche Gründe dazu geführt haben, dass Hilde ihn verlassen hat?

Zu einer Trennung gehören immer zwei. Natürlich ist die Schuld in den seltensten Fällen 50:50 verteilt und ganz objektiv lässt sich das auch gar nicht beurteilen. Jeder wird aus der eigenen Sichtweise die Schuld mehr beim anderen sehen. Zum Glück sind wir Menschen und keine Computer.

Wenn Herbert jedoch in einer kommenden Beziehung bzw. in der Wiederaufnahme der Beziehung mit Hilde nicht wieder am gleichen Punkt landen will, dann macht eine solche Selbstreflexion Sinn. Er kann daraus etwas lernen, sich zukünftig anders verhalten bzw. anders und offener kommunizieren etc.

All das hat große Auswirkungen auf den eigenen Stresslevel, denn Unstimmigkeiten in der Partnerschaft können einen großen Stressor darstellen. Herbert ist zweifellos mit der Situation überfordert. Und so wie Herbert gibt es da draußen viele Männer und Frauen, die gerade eine langjährige Beziehung hinter sich haben. Wenn der ganze Freundeskreis, das Haus, die Kinder, der Hund etc. dranhängen und zusätzlich noch ein finanzieller Engpass entsteht, dann ist das Thema Stress nicht von der Hand zu weisen. Nicht selten artet das Ganze nach der Trennung in eine Schlammschlacht aus. Gewinner gibt es dabei selten.

Der Stressor setzt jedoch schon viel früher an. Die wenigsten langjährigen Beziehungen sind bis zu einem Tag toll, erfüllend und glücklich und am nächsten Morgen steht man auf, die Gefühle sind weg und da man heute eh nichts auf dem Zettel hat, trennt man sich halt mal. In den meisten Fällen zieht sich so etwas über Jahre. In diesen Jahren verbreitet der eigene Quatschi miese Stimmung, Frust, Ärger, Angst, Scham, Selbstzweifel und eben auch Stress. Auch hat man es unter dem Deckmantel der Verschwiegenheit schon der besten Freundin, dem besten Freund bzw. gleich allen Freunden erzählt und immer wieder durchgekaut. Man kann sich halt nicht entscheiden, es hängt ja so viel dran. Jedes Mal, wenn man darüber spricht, darüber nachdenkt, wird man automatisch wieder in die negativen Gefühle eintauchen. Was sollen nur die Eltern, Freunde und anderen Leute denken. Der Einzige, der nicht in die eigene Gedankenwelt sowie die eigenen Gefühle eingeweiht ist, ist häufig der Partner. Beziehungsstress kann ein großer und vor allem langfristiger Stressor sein, an dem man einen eigenen Anteil trägt. Aber das ist ein anderes Thema, hier geht es ja um die eigenen Gedanken.

Wir halten fest: In den beiden Beispielen von Herbert und Anne könnte es günstig sein, nach der Phase des »Sich-gehen-lassens« über andere Quatschis den eigenen emotionalen Zustand wieder auf positiv zu drehen. Erst so funktioniert es, sich objektiv selbst zu reflektieren. Zum zweiten macht es Sinn, die Gesprächspartner zu wechseln. Anstatt mit denen zu quatschen, die das gleiche Problem und zumeist auch keine Lösung parat haben, sondern sich meistens nur gegenseitig in ihren Sichtweisen bestärken: »Die böse Hilde. Wie konnte Sie mir das antun? Alle Frauen sind hinterhältig und gemein.« Herbert sollte Gesprächspartner suchen, die eine intakte Beziehung führen. Die wird er evtl. nicht regelmäßig allein in der Kneipe finden. Und ja, wenn man sich die Scheidungsraten in Deutschland anschaut, dann ist das ein unschönes Bild. Allerdings gibt es auch Ehen, die noch nicht geschieden sind und ihre Goldene Hochzeit feiern. Davon gibt es sogar welche, die glücklich und zufrieden miteinander leben, man mag es kaum glauben. Das beste Beispiel an dieser Stelle sind meine eigenen Eltern, die nach nunmehr 52 Jahren immer noch glücklich verheiratet sind. Wenn Herbert sich mit denen unterhalten würde, dann könnte er davon sicher etwas lernen bzw. Denkanstöße bekommen. Vielleicht entstehen so neue Quatschis bei ihm, die ihn anders über das Thema nachdenken lassen. Vielleicht wird er dadurch zukünftig besser darin, eine Beziehung zu führen? Vielleicht lernt er etwas über sich? Es kann in vielerlei Hinsicht bereichernd sein. Seine Grundhaltung kann sich ändern und neue Glaubenssätze können entstehen.

Wenn wir schwimmen lernen möchten, dann gehen wir nicht zu einem wasserscheuen Fußballtrainer, der sich selbst nur mühsam über Wasser halten kann. Wir suchen uns einen Schwimmtrainer.

Warum machen wir das im wirklichen Leben, bei den wirklich wichtigen Dingen, bei denen es um unsere Gesundheit, unsere Beziehung oder unseren Job geht, leider häufig genau anders? Wir sind schlecht drauf und suchen uns andere, die genauso schlecht drauf sind, das gleiche Problem haben, keine Lösung haben und glauben, damit Abhilfe zu schaffen?!

In Annes Firmenbeispiel gibt es erfahrungsgemäß immer Mitarbeiter, die wie Leuchttürme auf einem Felsen in der Brandung stehen. Statt in dem negativen Flurfunk unter die Räder zu geraten, sollte Anne sich an diese Leuchttürme halten oder noch besser, selbst einer werden. Außerdem könnte Anne außerhalb des eigenen Unternehmens überlegen, ob sie Menschen kennt, die eine ähnliche Situation durchgemacht haben und die daraus gewachsen sind, bei denen sich danach etwas verbessert hat. Wie haben die das gemacht? Welche Quatschis hatten die? Wie haben die sich verhalten? Wie haben die sich während dieses Prozesses gefühlt?

Genug der Beispiele. Sie wissen, worum es geht. Wie ist es bei Ihnen? Kennen Sie ähnliche Verhaltensweisen von sich? Haben Sie negative Quatschis, die sich ständig wiederholen und im Alltag

Ihr ständiger Begleiter sind? Wie und mit wem sprechen Sie über Themen, die Sie bewegen? Nörgeln Sie und holen sich Ihre Anerkennung/Ihr Mitleid ab oder suchen Sie aktiv nach Lösungen? Holen Sie sich Anregungen bei Leuten, die ähnliche Problemstellungen schon gelöst haben? Haben Sie vielleicht ein positives Vorbild? Lernen Sie von Profis?

So eine Selbstreflexion kann unangenehm sein. Man sieht sich plötzlich in einem Licht, in dem man sich gar nicht sehen möchte. Das schmerzt. Stehen Sie dazu. Nehmen Sie es an und dann ändern Sie es.

Frankys Praxistipp: Quatschi ändern

Nehmen Sie eine Woche lang bewusst wahr, was Sie denken und schauen Sie einmal neutral auf Ihre Quatschis. Eine ganze Woche lang werden Sie sich natürlich nicht alles bewusst machen können, was Sie denken – fokussieren Sie sich aber immer wieder einmal auf Ihre Gedanken und reflektieren Sie ehrlich und objektiv.

- *Welche Gedanken davon sind positiv und zielführend? Wann haben Sie den »Negativ-Quatschi« im Kopf? Wie fühlt es sich an, wenn Sie in Negativ-Gedanken sind? Welche dieser Negativ-Gedanken wiederholen sich von Zeit zu Zeit?*
- *Schreiben Sie die wiederkehrenden Negativ-Gedanken auf.*
- *Suchen Sie zu Beginn fünf Gedankenschleifen heraus, die Sie ändern möchten, und schreiben Sie diese auf eine Lernkarte (DIN- A6-Blatt). Wichtig: Benutzen Sie für jede Lernkarte eine andere Farbe.*
  - *Beispiel 1: »Stell' dich nicht so memmenhaft an. Es ist jetzt keine Zeit für eine Pause. Jetzt ist Zähne zusammenbeißen angesagt und durchziehen.«*
  - *Beispiel 2: »Schon wieder Montagmorgen und Regen. Dann ist es in der Bahn wieder unerträglich. Das Wasser läuft die Fenster runter und es stinkt muffig, ätzend.«*

- *Sie haben entschieden, dass Sie den Quatschi zukünftig nicht mehr haben möchten, da er Ihre Stimmung trübt und das an dieser Stelle keinen Sinn macht*
- *Schreiben Sie auf die Rückseite der Lernkarte, was Sie in der Situation lieber denken möchten. Etwas, das zumindest neutral ist, Ihnen vielleicht sogar guttut und somit zielführend ist.*
  - *Beispiel 1: »Pausen zu machen hat nichts mit Schwäche zu tun. Es ist total clever für meine Gesundheit und ich erziele dadurch bessere Ergebnisse. Ich bin es mir wert, kurze Pausen einzulegen.«*
  - *Beispiel 2: »Ein ganz normaler Montagmorgen in Deutschland, es regnet. Wie cool, dass es eine Bahn gibt und ich nicht zu Fuß im Regen zur Arbeit gehen muss. Der Geruch in der Bahn ist unangenehm, für die anderen auch. Ich bin aber stark genug, mir davon nicht die Laune verderben zu lassen oder mich davon stressen zu lassen.«*
- *Üben Sie diese Gedanken einen Monat lang täglich. Stellen Sie Ihre Lernkarten dazu an die Kaffeemaschine. 1x am Tag (am besten morgens beim ersten Kaffee) nehmen Sie Ihre Lernkarten, lesen die Negativ-Gedanken durch und ersetzen sie dann durch die Positiv-Gedanken. Sie können Ihre Lernkarten nach drei Tagen auswendig? Sie ziehen das trotzdem einen Monat lang durch, jeden Tag.*
- *Jedes Mal, wenn der Negativ-Gedanke im Alltag aufkommt, werden Sie das durch die Vorübung nun bewusst wahrnehmen. Die farbige Lernkarte taucht auf. Installieren Sie diese wie ein Stoppschild. »Stopp – diesen Quatschi möchte ich nicht mehr!« Ersetzen Sie den alten Negativ-Gedanken mit dem neuen Positiv-Gedanken und spüren Sie, was das mit Ihren Emotionen macht.*
- *Trainieren Sie das so lange, bis es sich automatisiert hat.*
- *Dann nehmen Sie sich die nächsten vier Punkte Ihrer Liste vor.*

Einwandsbehandlung: »Das ist doch Einreden. Das kann ich nicht so einfach machen. Das geht doch nicht und ist vor allem

nicht richtig.« Schauen Sie sich bitte hierzu noch einmal die beiden Beispiele an. Handelt es sich dabei nicht auch um Einreden? Ist diese Perspektive eine von vielen? Ist diese Perspektive richtiger als die andere? Warum? Begründen Sie das!
Die Negativ-Quatschis sind Gedanken, nicht mehr und nicht weniger. Es ist ein Einreden. Die Positiv-Quatschis sind Gedanken, nicht mehr und nicht weniger. Es ist ein Einreden. Die Positiv-Quatschis werden Sie emotional nicht runterziehen. Das ist der kleine und gleichzeitig große Unterschied.
Ihre Quatschis sind Ihre Entscheidung!

Grundhaltung

Kennen Sie Menschen, die immer nörgeln? Menschen bei denen immer alles doof ist, die immer schlecht drauf sind und genervt? Kennen Sie Menschen, denen man nichts recht machen kann und die sich immer als Opfer äußerer Einflüsse fühlen?

- Sind diese Menschen immer kerngesund?
- Wirken diese Menschen glücklich?
- Werden diese Menschen reich vom Glück beschenkt oder sind es eher Pechvögel?
- Sind diese Menschen erfolgreich in dem, was sie tun?
- Würden Sie sie eher als gestresst oder entspannt und gelassen bezeichnen?
- Kennen Sie Menschen, die immer strahlen? So richtige Sonnenscheine, die immer gut drauf sind? Die sind so gut drauf, dass es einen manchmal selbst in Stress bringt.

Vielleicht denken Sie: »Was hat das mit mir und meinem eigenen Stress zu tun? Das sind ja andere Menschen mit einer anderen Genetik. Die sind natürlich anders drauf. Das kann man ja nicht vergleichen.«

Schauen wir doch mal, wie es sich damit verhält. Wir kümmern uns als erstes um die Genetik, dann unterscheiden wir die Begriffe

Grundhaltung und Zustand und zum Schluss beziehen wir die Beispiele auf Sie und Ihren Stresslevel.

Die Grundhaltung und der aktuelle Zustand sind zwei Paar Schuhe. Die Grundhaltung aus den beiden Beispielen oben betitele ich hier mit: Nörgler und Sonnenschein. Und ja, da spielt die Genetik natürlich eine Rolle. Allerdings hat die Genetik weit weniger Einfluss auf unser Leben, als wir glauben. Es ist einfach, Dinge, die wir nicht können, die uns nicht liegen oder auf die wir keine Lust haben, auf die Genetik zu schieben.

Meine Bekannte Sabine ist so ein Beispiel. Seit der Schulzeit, also schon gut 30 Jahre lang, erzählt sie jedem, der es wissen oder auch nicht wissen möchte, dass sie zu dick ist. Im gleichen Atemzug fügt sie hinzu, dass sie ja schon »ALLES« probiert hat, um abzunehmen, dass das bei ihr aber nicht funktioniert. Sie hat tragischerweise die schweren Knochen ihres Vaters geerbt und ihr Stoffwechsel ist krankhaft niedrig. Ja, Sabines Schicksal wiegt schon schwer, im wahrsten Sinne des Wortes. Um dieses Beispiel einzuordnen. Sabine ist nicht adipös, sie hat bei ihrer Größe von 1,65 Meter gut 10–12 Kilogramm an den üblichen, weiblichen Problemstellen zu viel. Unser Skelett wiegt ca. 12 Prozent unseres Körpergewichts. Sabines Knochen dürften somit ca. 8 Kilogramm wiegen, die eines ausgewachsenen Mannes mit 1,90 Meter und 100 Kilogramm ca. 12 Kilogramm. Damit wäre der erste Grund schon einmal dahingeschmolzen. Sabine redet über nichts lieber als über Essen und Gewicht. Sie ist aber sehr undiszipliniert und hat sich daher dafür entschieden, jede aufkommende neue Diät auszuprobieren, ein paar Kilo abzunehmen, dann mit der Diät zu brechen und sich die verlorenen Kilo möglichst schnell wieder anzufressen, unterstützt durch den Turbo namens Jojo-Effekt. Hätte sie sich nur einmal richtig mit dem Ernährungsthema und mit sich als Typ auseinandergesetzt und wäre dann ganz gezielt, vielleicht mit fachlicher Unterstützung und vor allem kontinuierlich mit einer Ernährungsumstellung losmarschiert, dann hätte sie sich, um Aufmerksamkeit zu bekommen, ein neues Thema suchen müssen. Nebenbei bemerkt leidet Sabine nicht unter einer genetischen Stoffwechselkrankheit. Von den Übergewichtigen ist das statistisch nur bei einem von hundert der Fall. Und das ist dann wirklich übel, da hier normale Ernährungs- und Bewegungsansätze nicht funktionieren. Die restlichen 99 Prozent holen sich ganz aktiv über das angefressene Gewicht mit der Zeit die Stoffwechselkrankheit ins Haus, z. B. Diabetes mellitus, um nur ein Beispiel herauszugreifen. Wenn man aber darüber mit Übergewichtigen spricht, dann kommt es einem so vor, als hätten 50 Prozent der Übergewichtigen die Stoffwechselkrankheit schon in die Wiege gelegt bekommen. Wenn Sabine nicht nur einmal jährlich zu Beginn des Jahres die neuesten Sportklamotten shoppen würde, weil es dieses Jahr jetzt wirklich ganz hart losgeht, sondern diese Klamotten auch mehr als zweimal im Januar dem Zwecke dienend tragen würde *(so richtig mit durchschwitzen)*, dann wäre ihr Stoffwechsel auf einem ganz anderen Niveau. Genetische Veranlagungen gibt es, keine Frage. Aus der 1,65 Meter großen Sabine mit etwas kürzer geratenen Beinen oder netter formuliert, mit einem schönen, langen Oberkörper, wird durch eine gesunde, ausgewogene Ernährung in Kombination mit regelmäßiger, sportlicher Betätigung kein 1,78 Meter großes Topmodel mit endlos langen Beinen werden. Eine schlanke und sportliche Figur, ihrer Genetik angepasst, ist aber allemal drin. Das beweisen Hunderttausende Frauen und Männer, die das schon geschafft haben.

Seit es das Wissenschaftsfeld der Epigenetik gibt, hat das für viele neue Erkenntnisse gesorgt. Man weiß heute, dass unsere Genetik nur 30–10 Prozent Einfluss auf uns hat, je nachdem, um welchen Bereich es sich handelt. Der Rest ist anderen Einflussfaktoren geschuldet, und viele davon können wir selbst steuern und beeinflussen.

Die Kenianer sind als Ausdauersportler bekannt. Seit Jahrzehnten dominieren sie in Ausdauerlaufdisziplinen die Weltspitze. Bei vielen Kenianern können in der Muskulatur überdurchschnittlich viele langsam zuckende Muskelfasern nachgewiesen werden. Vereinfacht ausgedrückt, sind diese Muskelfasern perfekt für den Ausdauersport geeignet.

Wenn ich nun einen Kenianer mit dieser Ausdauermuskulatur nehme und ihn im Sprint trainiere, dann kann ich aus diesem Athleten einen sehr guten Sprinter machen. Selbst mit den besten Trainern, der besten Ernährung, den besten Sponsoren und sonstigen Top-Rahmenbedingungen wird dieser Kenianer aber niemals Olympiasieger im 100-Meter-Sprint werden. Dafür bräuchte er mehr von der Sprintmuskulatur *(schnellzuckende Muskelfasern)* in seiner Muskulatur und weniger von seiner Ausdauer-Muskulatur. Trotz der Genetik liegt der aktuelle Landesrekord im 100-Meter-Sprint in Kenia nur knapp 15 Prozent über dem aktuellen Weltrekord von Usain Bolt.

Übertragen wir dieses Laufbeispiel auf die beiden Beispiele von oben *(Nörgler und Sonnenschein)*, dann wird schnell ersichtlich, dass es schwer wird, als chronischer Nörgler plötzlich zum Sonnenschein zu mutieren und alle anderen täglich mitzureißen. Das Nörgeln zu reduzieren, mit ein wenig Übung in die Neutralität zu gelangen *(nicht himmelhoch jauchzend, aber auch nicht zu Tode betrübt)* und dann durch weiteres Üben auch mal in Situationen positiv zu denken, ist möglich.

Der Ursprung und zugleich die Stellschraube für die Nörgler und Sonnenscheine sind die eigenen Gedanken. Um Ihren Quatschi zu ändern, müssen Sie es schaffen, immer wieder bewusst wahrzunehmen, wenn Sie in negative Gedankenschleifen verfallen. Dann und zwar nur dann, können Sie aktiv gegensteuern. Wenn Sie gegensteuern und Ihren Quatschi ändern, dann hat das direkte Auswirkungen auf Ihren aktuellen Zustand. Sie fühlen sich besser. Mit der Zeit bekommen Sie eine andere Grundhaltung, wodurch Sie auch in ähnlichen Situationen anders reagieren. Das hat Auswirkungen auf Ihren Stresslevel. Wie genau funktioniert das?

Stress-Toleranz-Schwelle

Stellen Sie sich vor, es ist Montagmorgen. Ihr Wecker klingelt um 6:00 Uhr. Es ist November, es regnet und es ist dunkel. Sie fühlen sich irgendwie energie- und lustlos. Sie sind nicht krank, aber irgendwie ein bisschen »grundmüde«. Sie durchlaufen Ihre übliche Morgenroutine, der Kaffee ist alle. Wie sollen Sie da wach werden, das geht ja gut los. Sie fahren von daheim los und stehen plötzlich an einer Stelle in der Rushhour, an der sonst der Verkehr noch fließt. Eine neue Baustelle ist in der Nacht aus dem Boden gestampft worden, ein Traum. Nun kommt in Ihnen ein wenig Stress auf, da Ihr erster Termin ein Meeting mit Ihrem Chef und einigen Kollegen ist. Es geht um ein Projekt, das, vorsichtig formuliert, ein wenig ins Stocken geraten ist. Sie wollten vorher noch zwei wichtige Anrufe für eben dieses Projekt erledigen und Sie sollten für das Meeting zwei Grafiken für Ihren Chef ausdrucken. Den Termin werden Sie nicht mehr pünktlich schaffen. Sie greifen Ihr Handy, um Bescheid zu sagen, dass Sie sich verspäten und die Ausdrucke für Ihren Chef an einen Kollegen zu delegieren. Ach ja, und die beiden Anrufe müssen Sie dann halt ohne Ihre vorbereiteten Stichpunkte auf dem Rechner gleich hier aus dem Auto tätigen. Verdammt, der Akku ist leer und das Ladekabel liegt zu Hause auf dem Küchentisch. Ohne Kaffee morgens ist halt blöd. Sie sind endlich auf der Arbeit angekommen und sprinten in den Meetingraum. Alle sind schon da, auch Ihr Chef, aber ohne Grafikausdrucke. Statt ein »Guten Morgen« bekommen Sie von Ihrem Chef vor versammelter Mannschaft eine Standpauke. Wenn's dicke kommt, dann halt auch richtig. Nach dem Meeting tätigen Sie die Anrufe, und beide Gesprächspartner sind, gelinde gesagt, angesäuert. Sie konnten ohne Ihre Freigabe nicht weiterarbeiten und sind nun ihrerseits in Verzug. Danach versuchen Sie die Zeit aufzuholen, die Sie verloren haben. Leider läuft heute alles schief und Sie werden immer wieder gestört. Während Sie durch den Tag hetzen, passieren auf der Arbeit noch 2–3 ungünstige und unvorhersehbare Dinge, und Sie rasseln mit einem Kollegen aneinander. Sie lassen Ihre Mittagspause ausfallen, damit Sie ein bisschen Zeit wieder aufholen. Trotzdem kommen Sie später los als geplant. Während dieses ganzen langen Tages haben Sie zu allem Überfluss immer wieder die Gedanken von Ihrem bevorstehenden Abend vor

Augen. Wie Blitze tauchen diese Bilder vor Ihrem geistigen Auge auf. Sie sind nämlich heute auf den Geburtstag Ihrer Schwiegermutter eingeladen. Für den Fall, dass Sie sich mit Ihrer Schwiegermutter genauso gut verstehen wie ich das tue, treffen Sie für dieses Beispiel bitte folgende hypothetische Annahme: Ihre Schwiegermutter hasst Sie und Sie hassen Ihre Schwiegermutter. Sie beide wissen das, es ist ein unausgesprochenes Abkommen. Sie sind also voller Vorfreude auf diesen Abend. Ihr Quatschi hält Sie den ganzen Tag auf Trab: »Gehe ich hin oder nicht? Oh, ich hab' keine Lust. Geh ich heute nicht dorthin, hängt die nächsten drei Wochen der Haussegen mit meinem Partner schief, das haben wir in der Vergangenheit schon einige Male durchexerziert. Das ist keine annehmbare Option. Geh ich da heute hin, dann explodiere ich. Auch kein schöner Gedanke.«

Wie fühlt sich dieser Tag an? Wie schnell sind Sie an Ihrer Stress-Toleranz-Schwelle angelangt? Wann ist der Punkt erreicht, an dem Ihr Wasserglas überläuft? Wie schwer ist es für Sie, in den aneinander gereihten Stresssituationen nicht überzureagieren? Wie schwer fällt es Ihnen, Ihre Emotionen im Griff zu behalten und Ihr Verhalten zu kontrollieren? Wann ist Ihr Frontallappen erschöpft und die Amygdala übernimmt die Leitung Ihrer Emotionen?

Stellen Sie sich vor, es ist schon wieder Montagmorgen. Ihr Wecker klingelt um 6:00 Uhr, aber diesmal geht die Sonne gerade vor Ihrem Fenster auf. Sie fühlen sich energiegeladen. Sie absolvieren Ihre übliche Morgen-Routine und nehmen einen leckeren Kaffee auf der Terrasse. Von dem Moment an, in dem Sie ins Auto steigen, bis zu dem Moment, an dem Sie die Arbeit verlassen, passiert von nun an exakt das gleiche wie in dem ersten Beispiel. Lediglich die Sonne scheint im zweiten Beispiel und Sie haben die Scheibe heruntergelassen, während es im ersten Beispiel auf dem Weg zur Arbeit dunkel ist und regnet. Auch dieses Mal haben Sie während dieses Arbeitstages immer wieder Gedanken von Ihrem bevorstehenden Abend, die wie Blitze vor Ihrem geistigen Auge auftauchen. Sie gehen heute Abend mit Ihrem besten Freund/Ihrer besten Freundin auf ein Konzert Ihrer Lieblings-Band. Da wollten Sie schon immer einmal hingehen, haben es aber noch nie geschafft. Vor fünf Jahren war die Band das letzte Mal in Deutschland auf Tour und da haben Sie keine Tickets mehr bekommen. Sie freuen sich riesig auf diesen Abend.

Wie fühlt sich dieser Tag an? Wie schnell sind Sie an Ihrer Stress-Toleranz-Schwelle angelangt? Wann ist der Punkt erreicht, an dem Ihr Fass überläuft? Wie schwer ist es für Sie, in den aneinander gereihten Stresssituationen nicht überzureagieren? Wie schwer fällt es Ihnen, Ihre Emotionen im Griff zu behalten und Ihr Verhalten zu kontrollieren? Wann ist Ihr Frontallappen erschöpft und die Amygdala übernimmt die Leitung Ihrer Emotionen?

Obwohl fast der ganze Tag in den beiden Beispielen gleich negativ abläuft und nur ein paar Kleinigkeiten abweichen, ist unsere Stress-Toleranz-Schwelle sehr unterschiedlich. Hauptauslöser ist dabei der Gedanke an die Abendveranstaltung, die immer wieder vor dem geistigen Auge erscheint. Wir alle kennen das. Es gibt Tage, an denen unser Fass schon überläuft, wenn noch nicht die erste Frühstückspause um ist, und andere Tage, da kann passieren, was wolle, und wir sind nicht aus der Reserve zu locken. Das ist Leben. Nicht jeder Tag ist gleich und nicht jeden Tag sind wir gleich gut/schlecht drauf.

Wie viele gute Tage es sind, hängt von drei Hauptfaktoren ab:

1. Äußere Umstände
2. Grundhaltung
3. Aktueller Zustand

Zu 1: Die äußeren Umstände sind bei jedem andere und unterliegen einem stetigen Wandel. Wir docken gerade wieder beim Thema Um-Bewertung aus dem rationalen Ansatz an. Es gibt Situationen, Ereignisse und Probleme, die nicht wegzudiskutieren sind und auch nicht einfach mal umbewertet werden können. Nennen wir es Schicksal. Das hatten wir bereits erarbeitet. Die wenigsten davon, Ausnahmen sind z. B. irreversible gesundheitliche Probleme sowie der Verlust eines geliebten Menschen, bleiben jedoch ein Leben lang bestehen.

Zu 2: Die Grundhaltung ist unter anderem abhängig von der Genetik – Nörgler oder Sonnenschein. Ich hatte jedoch dargestellt, dass die Genetik nur einen kleinen Teil ausmacht. Mittel- bis langfristig können Sie Ihre Grundhaltung verändern. Dazu kommen Sie an regelmäßiger Selbstreflexion, dem Thema Persönlichkeitsentwicklung, der Arbeit mit den eigenen Bewertungen und dem eigenen Quatschi nicht vorbei. Ihre Werte, die Kultur, in der Sie aufgewachsen sind, Ihre Erziehung usw. spielen ebenfalls eine nicht unwesentliche Rolle dabei. Es handelt sich um ein sehr komplexes Thema.

Zu 3: An dieser Stelle möchte ich mich jedoch auf Ihren aktuellen Zustand beschränken. Wenn Sie diesen zukünftig regelmäßig bewusst trainieren, dann hat das nach einiger Zeit Auswirkungen auf Ihren Grundzustand.

Aktives Zustandsmanagement

Unseren aktuellen Zustand haben wir täglich selbst in der Hand. Und ja, es gibt Tage, an denen wir negativ drauf sind und an denen es einen triftigen Grund dafür gibt. Das ist okay und wir brauchen daran nichts zu ändern. Es gibt Tage, an denen wir uns super fühlen und voller positiver Energie sind. An diesen Tagen sollten wir auf keinen Fall etwas ändern, sondern einfach nur genießen. Und dann gibt es ganz viele Tage dazwischen, an denen eigentlich nichts los ist. Das ist die Mehrheit der Tage. Es gibt keinen Grund, mega-positiv zu sein. Es gibt ebenso wenig einen Grund dafür, negative Quatschis zu haben. Wenn Sie zu denjenigen gehören, die an solchen Tagen von ihrem negativen Quatschi runtergezogen werden, dann sind das die Tage, an denen Sie unbedingt etwas ändern sollten.

In Deutschland überwiegt die Anzahl der Negativ-Denker. Eine alte Studie aus der Kommunikationsforschung besagt, dass wir negativ erlebte Dinge im Schnitt elf Personen weitererzählen. Positiv erlebte Dinge hingegen erzählen wir nur drei Personen.

In unseren Gedanken scheint es ähnlich abzulaufen, so die Theorie einiger Wissenschaftler. Ob es ein paar Prozent mehr oder weniger sind und wie genau diese ersten Studien sind, da machen wir mal ein Fragezeichen dahinter. Wichtig ist an dieser Stelle wieder die Frage: Wie denken Sie und wie kommunizieren Sie, eher positiv oder negativ? Das ist der entscheidende Faktor, der günstige oder ungünstige Auswirkungen auf Ihren Stresslevel hat!

Es ist schon wieder Montagmorgen. Es ist November und es regnet. Herbert hat keinen Bock auf Arbeit, in den Regen zu gehen, überhaupt aufzustehen. Er geht ins Bad und schiebt sich die Zahnbürste in den Mund. Herbert erkennt den Menschen im Spiegel nur verschwommen, aber er putzt ihm trotzdem mal die Zähne, passt schon. »Noch fünf Arbeitstage, bis wieder Wochenende ist – Montag ist echt der schlimmste aller Wochentage!« Herbert schleppt sich unter die Dusche. »Oh Mann, die Schiebetür der Dusche wollte ich schon seit zwei Wochen repariert haben, die hakt ja immer noch – vergessen. Und warum dauert es wieder so lange, bis endlich warmes Wasser kommt? Die wollen Menschen auf den Mars bringen und schaffen es nicht mal, dass warmes Wasser aus der Leitung kommt. Was für ein Stress!« »**STOPP!!!** Es ist nichts los!!! Wach auf Herbert und stoppe deinen Quatschi!!! Er zieht dich gerade in eine Negativspirale abwärts, sorgt dafür, dass du dich energiearm, unwohl und gestresst fühlst. Das willst du nicht wirklich.«

Der Negativ-Quatschi kreist gerade grundlos in Herberts Kopf. Jede Woche ist wieder ein neuer Montag, 52 x im Jahr wiederholt sich das. Das heißt, Herbert ist 52 Tage schon mal per se schlecht drauf, die meisten davon grundlos. Im November regnet es in Deutschland häufig und es wird spät hell bzw. früh wieder dunkel und dann ist man morgens gerne mal ein bisschen müde. Das Novemberwetter wird Herbert in seinem Leben nicht verändern können. Wenn er es nicht erträgt, dann sollte er zum Äquator auswandern. Wenn Herbert jetzt denkt: »Nun mal halblang. Das ist eine übertriebene Maßnahme«, dann sollte er aufhören, sich davon runterziehen zu lassen. Sie wissen bereits, was Herbert noch lernen muss: Alles sind nur Gedanken.

Frankys Selbstversuch: Praxis Mentaler Ansatz zum Zustandsmanagement

Ich möchte, dass Sie am eigenen Leib erfühlen, was Gedanken bewirken können. Dazu möchte ich Sie bitten, die kleine Übung mit mir gemeinsam zu machen, die Sie unter folgendem Link finden:

Link zur Übung auf meine Homepage mit QR-Code Test zur Mentalen Entspannung:
www.frank-ritter-seminare.de/downloads
Login: Ritter-Kunde

Bitte lassen Sie sich auf die Übung ein. Das Thema Bewertung hatten wir ja schon und im Thema Quatschi sind wir mittendrin. Bewerten Sie also nicht vorher.
Ich hoffe, Sie haben die Übung gemacht und das gleiche Ergebnis erzielt wie 80 Prozent meiner Seminarteilnehmer. 80 Prozent können sich nach dieser fünfminütigen Sequenz weiter drehen.
Wie ist das zu erklären? Sie haben in der Praxis gerade die Kette des Talmud durchlaufen. Ihre Gedanken sind zu Gefühlen geworden, haben Entspannung in Ihrem Organismus ausgelöst und sind zu einer Tatsache geworden – Beweglichkeitsverbesserung. Im Video waren es meine Worte, die die Gedanken bei Ihnen angeschoben haben. Natürlich spielt die Atmung hierbei auch eine Rolle, wie Sie bereits wissen. So richtig gut ist das Ergebnis der Übung, wenn beides (Atmung und Mentales) zusammenwirkt.

Überlegen wir kurz rational, was Sie gerade bei der Übung erlebt haben. Sie haben sich maximal gedreht *(Ist-Zustand)*. Dann haben Sie sich fünf Minuten etwas vorgestellt, geatmet.

Anschließend haben Sie sich wieder maximal gedreht und Sie konnten weiter drehen. Kann Entspannung wirklich so einfach sein? Ja, es ist simpel, und wenn Sie ein paar Parameter beachten, die wir gleich durchgehen, ist das sehr effektiv. Sie müssen es regelmäßig praktizieren und Ihr Quatschi sollte Ihnen dabei nicht im Weg stehen.

Was würde passieren, wenn Sie diese Übung nicht nur einmal zur Beweglichkeitsverbesserung machen würden, sondern wenn Sie für Ihr restliches Leben täglich eine solche mentale Entspannungstechnik praktizieren würden? Würde das etwas zu Ihrer Entspannung beitragen und Ihren Stresslevel kurz-, mittel- und langfristig senken? Würde es am aktuellen Zustand und an Ihrer Grundhaltung etwas ändern? Definitiv! Streichen Sie in diesem Absatz alle »Möglichkeitsformen« und fangen Sie noch heute damit an. Das Ziel ist dabei nicht immer, sich dann in ein paar Jahren um 720 Grad drehen zu können. Es geht um Entspannungssequenzen für Ihr Wohlbefinden.

Toll wäre es, wenn Sie täglich mehr als fünf Minuten aufwenden könnten. Ich gehe hierauf in diesem Kapitel im Punkt *Meditation* ein. Wenn Sie sich nicht mehr Zeit nehmen können oder wollen, dann starten Sie täglich mit den fünf Minuten, denn auch das funktioniert ja, wie das Beispiel gezeigt hat. Ich halte die Hürde hier bewusst niedrig. Die Regelmäßigkeit ist viel wichtiger für einen Erfolg als die Länge solcher Entspannungstechniken.

Auf meiner Homepage finden Sie unter folgendem Link eine kurze Entspannungstrance als Audiodatei, die Sie kostenfrei herunterladen können – sozusagen als Start in Ihre nun tägliche Entspannung:

Link zur Homepage – Audio-Datei:
www.frank-ritter-seminare.de/downloads
Login: Ritter-Kunde

Es folgen nun drei Praxisanleitungen für eine fünfminütige mentale Entspannung. Probieren Sie unbedingt alle drei aus und entscheiden Sie dann, welche Ihnen am besten liegt.

1. Visualisierung
2. Liebe
3. Dankbarkeit

Die Visualisierung

Ein kleiner Versuch zum Start. Lesen Sie sich die folgenden Punkte genau durch und dann machen Sie bitte die Übung für fünf Minuten genau, wie beschrieben. Stellen Sie sich einen Wecker. Danach erst lesen Sie bitte weiter.

- Setzen oder legen Sie sich gemütlich hin.
- Nehmen Sie bewusst fünf gleichmäßige, entspannte Atemzüge.
- Erinnern Sie sich nun an Ihren letzten, schönen Urlaub.
- Was war das für ein Gefühl? War es Freude, Glücksgefühl, Entspannung …?
- Wo in Ihrem Körper haben Sie das Gefühl gespürt? Wie hat es sich angefühlt?
- Tauchen Sie in das gute Gefühl ein, aus Ihrem letzten, schönen Urlaub …

Stopp: Bitte jetzt für 5 Minuten diese Übung durchführen!
Beantworten Sie bitte folgende Fragen:

- Haben Sie eine schöne Urlaubserinnerung gefunden?
- Sind Sie in den fünf Minuten ein bisschen in das Gefühl des damaligen Urlaubs eingetaucht? Natürlich nicht so stark, wie es sich damals angefühlt hat, aber ein wenig?
- War direkt das Gefühl da oder haben Sie vorher, um sich zu erinnern, ein Bild/mehrere Bilder/einen Film von diesem Urlaub angesehen?

Schauen Sie bitte auf die Übungsbeschreibung. Da steht nichts von Bild, Film, sehen, beobachten bzw. irgendein Wort für den Sinneskanal »Sehen«. Das Bild ist ganz von selbst in Ihrem Kopf entstanden.

In unserem Unterbewusstsein sind alle emotionalen Erlebnisse unseres Lebens abgespeichert, positive wie negative. Es ist ein riesiger Speicher, den wir mit einem Leben nicht gefüllt bekommen. Nehmen wir als Vergleich einen PC, der natürlich anders arbeitet als unser Gehirn, aber zur Verdeutlichung hier gut passt. Das Speicherformat für unsere Emotionen ist ein Bildformat, wie z. B. ein JPG. Es ist nicht Excel oder Word. Über die Erinnerung an das abgespeicherte Bild kommen wir nachträglich wieder in das Gefühl.

Solche Erinnerungen geschehen täglich. Stellen Sie sich vor, Sie fahren morgens mit dem Auto los. Sie schalten das Radio ein und hören die ersten drei Töne eines Liedes und plötzlich fühlen Sie sich großartig, frei, voller Energie. Das Lied ist der Sommerhit Ihrer Abschlussklasse. Sie waren fertig mit der Schule, die letzten Klausuren waren geschrieben. Es war Sommer, und Sie hatten dieses großartige, freie Gefühl. Sie waren am See, haben gegrillt bis in die Nacht. Selbst nachts sind Sie noch in den See gesprungen, denn es war noch angenehm warm. An Land brannte das Lagerfeuer, und aus dem Ghettoblaster schallte der Sommerhit über den See, immer und immer wieder.

Der Auslöser für Ihr positives Gefühl im Auto war der Sommerhit von damals *(Akustik)*. Binnen Millisekunden hat Ihr Unterbewusstsein die alten Bilder gefunden und vor Ihrem geistigen Auge ablaufen lassen. Bevor Sie »Scheibenkleister« sagen können, sind Sie im großartigen Gefühl von Freiheit.

Rein rational betrachtet ist ein Gefühl ein bestimmter Hormoncocktail im Blut. Bei uns werden permanent Hormone produziert, ausgeschüttet und wieder neutralisiert. Diese sind verantwortlich für unser Gefühlsleben. Wir sind eben keine Computer, sondern emotionale Wesen. Ich finde das gut so, denn sonst würden wir schöne Gefühle wie Liebe, Dankbarkeit, Freude, Überraschung etc. nicht erleben können. Das wäre ein tristes Leben.

Beim Thema Stress kann dieser Ablauf allerdings auch ungünstig für uns sein. Das ist dann der Fall, wenn unser System eine Situation als stressig bewertet, obwohl sie es gar nicht ist. Unser Reiz-Reaktions-System feuert, die Stresshormone werden ausgeschüttet, und wir fühlen Stress, den wir eigentlich gar nicht wollen und der an dieser Stelle ganz und gar unnütz ist.

Über die Mentaltechnik des Visualisierens können Sie das zukünftig bewusst steuern. Dass in einer realen Situation von Freude, Angst, Stress etc. die entsprechenden Hormone ausgeschüttet werden, ist einfach nachzuvollziehen. Sie werden von Ihrem Partner überrascht. Er hat einen Tisch in Ihrem Lieblingsrestaurant organisiert. Hier gehen Sie normalerweise nur zu ganz besonderen Anlässen hin. Sie machen sich hübsch, denn auch Ihr Partner hat sich in Schale geschmissen. Als Appetizer bestellt Ihr Partner zwei Gläser Champagner. »Was ist hier los, das haben wir ja noch nie gemacht. Gibt es etwas zu feiern?« In dem Glas, das der Kellner Ihnen serviert, befindet sich ein Ring. Oh, mein Gott. Sie bekommen gerade einen Heiratsantrag. Die Hormone in Ihrem Organismus tanzen Samba … In der Situation vollkommen klar, dass wir so empfinden.

Vielleicht sind Sie glücklich verheiratet und erinnern sich gerade an Ihren eigenen Antrag. Wie war das damals? Nehmen Sie sich bitte nur einen kleinen Moment und erinnern Sie sich daran zurück. Sind Sie gerade in einem beschwingten Gefühl? Haben Sie ein Lächeln auf Ihrem Gesicht?

Das ist das geniale an unserem menschlichen Gehirn. Wenn Sie sich etwas ganz genau vorstellen, mit allen Sinnen in diese Vorstellung eintauchen, dann werden die gleichen Hormone produziert wie in der Situation selbst. Ihr Unterbewusstsein kann nicht unterscheiden zwischen realem Erleben und fiktivem Vorstellen. Das ist einer der Schlüsselfaktoren, warum Mentaltraining so gut funktioniert. Es gibt hierzu mittlerweile viele Studien.

Im Spitzensport wird damit schon seit längerer Zeit spartenübergreifend gearbeitet, weil es hocheffektiv ist.

Sie müssen kein Leistungssportler sein, um diese Technik auch für sich zu nutzen. Die Visualisierung funktioniert, um auf den Punkt Leistung abzurufen, und wenn das für Sie für den Sport, Ihren Job oder in anderen Kontexten interessant ist, nur zu.

In diesem Buch möchte ich die Praxis zur Visualisierung

natürlich auf das Thema Entspannung beziehen. Sie dürfen die folgende Praxis für sich und Ihre Belange umbauen und ein eigenes Bild aus einer eigenen Situation kreieren. Wenn Sie diese Technik regelmäßig trainieren, werden Sie schnelle Fortschritte erzielen.

Frankys Selbstversuch: Urlaubssequenz

Nehmen Sie sich 5–10 Minuten für diese Übung Zeit. Schließen Sie Ihre Augen und fokussieren Sie sich zuerst für ein paar Atemzüge auf Ihre Atmung. Praktizieren Sie dabei die entspannte Atmung durch die Nase, die Sie bereits kennengelernt haben. Nichts ist jetzt wichtig, außer Ihnen und Ihrer Atmung.

Gehen Sie nun im Kopf die folgende Sequenz durch:

Versetzen Sie sich in Gedanken an einen schönen Urlaubsort. Es sollte ein Urlaub sein, in dem Sie sich so richtig tiefenentspannt und wohl gefühlt haben. Stellen Sie sich diesen Urlaubsort vor Ihrem geistigen Auge nun ganz genau vor.

1. *Was haben Sie gesehen? Wie hat es dort ausgesehen? Wie sah Ihr direktes Umfeld aus (Nahansicht der direkten Umgebung)? Alle Details sind hierbei hilfreich. Wie war das große ganze Bild (Weitblick auf Horizont, das Meer, die Berge, die Stadt etc.)?*
2. *Vielleicht ist es ein Bild, das Sie gerade sehen? Vielleicht sind es mehrere Bilder von unterschiedlichen Plätzen, Situationen aus diesem Urlaub? Vielleicht läuft bei Ihnen ein Film ab? Bei jedem ist das anders.*
3. *Sind Sie selbst mit im Bild/Film oder ist es ein Bild/Film aus Ihrer damaligen Perspektive ohne Sie? Beides ist okay, nehmen Sie es nur genau wahr.*
4. *Was haben Sie gehört? Waren da Geräusche, laute, leise, weit weg oder nah bei Ihnen? Nehmen Sie diese Geräusche wieder wahr, als wenn Sie gerade vor Ort wären.*

5. *Haben Sie etwas gerochen? Lag da ein ganz besonderer Duft in der Luft? Vielleicht nicht die ganze Zeit, aber in bestimmten Situationen?*
6. *Hatten Sie dabei einen Geschmack? Weil es da etwas ganz Spezielles zu essen/trinken gab, Sie Kaugummi gekaut haben, ... ?*
7. *Haben Sie etwas gefühlt? Wärme, Kälte, ein angenehmer Wind auf der Haut, Salz, ... ?*
8. *Wie hat es sich insgesamt angefühlt? Wo war das Gefühl von Tiefenentspannung und Wohlfühlen? Wo in Ihrem Körper war das Gefühl? Spüren Sie einmal genau in sich hinein? Können Sie gerade spüren, wie es wieder in Ihnen aufsteigt?*

Üben Sie den ersten Monat lang in einem ruhigen Setting. Hierfür müssen Sie sich die fünf Minuten freischaufeln. Nach einem Monat sollte die Technik so gefestigt sein, dass Sie sie auch unterwegs trainieren können. Schauen Sie einfach, wo es in Ihren Alltag reinpasst. Wenn Sie aus dem ruhigen Setting daheim in den Alltag wechseln, kann es sein, dass es Ihnen zu Beginn wieder ein wenig schwerer fällt, in die Entspannung einzutauchen. Das ist ganz normal und legt sich nach ein paar Mal.
Wenn Sie die Technik zwei weitere Monate regelmäßig praktiziert haben, dann können Sie die Technik anwenden, um in Stresssituationen kurz gegenzusteuern. Sie sind zwischen zwei Meetings unterwegs? Einmal kurz im Fahrstuhl die Augen schließen, ein paar entspannte Atemzüge nehmen, in Ihr Bild eintauchen und einen kurzen Schuss gute Hormone abholen. Ihnen wächst die Arbeit gerade über den Kopf und Sie verlieren die Kontrolle? Augen zu und für ein paar Atemzüge in Ihr Bild eintauchen. Ihr ANS bremst. Die Arbeit ist danach nicht weniger, das Meeting nicht weniger anstrengend, aber Ihnen geht es emotional ein kleines bisschen besser. Ihr Akku ist aufgeladen, Ihr Frontallappen entspannt und Ihr Wasserglas ein bisschen geleert – nur das zählt.

Vor ein paar Jahren hatte ich eine Augen-Operation. Mir wurde eine Spenderhornhaut transplantiert. Der Eingriff wurde damals unter örtlicher Betäubung durchgeführt. Als mich die beiden Krankenschwestern in den OP-Saal schoben, saß der Professor, der die OP durchführte, auf einem kleinen Stuhl, die Augen geschlossen. Um ihn herum wuselte es. Jeder wusste, was zu tun ist, jeder Handgriff saß. Der Geräuschpegel war hoch (Klappern der OP-Geräte, Herrichten der Kopfstütze von meinem Bett, Gespräche zur Abstimmung der OP-Helfer untereinander etc.). Der Professor saß wie ein Mönch auf seinem Stuhl. Als nach ein paar Minuten ein OP-Helfer sagte, dass alles bereit ist, schlug er die Augen auf, klatschte einmal in die Hände und sagte: »Dann beginnen wir.« Er operierte an seinen OP-Tagen über mehrere Stunden. Die Patienten werden, wie am Fließband, in die beiden OP-Säle rein- und wieder rausgefahren. Bei meiner OP wurde die alte Hornhaut mit einem Laser entfernt. Die Spenderhornhaut wird dann mit Nähten fixiert. Ich habe es auf vergrößerten Aufnahmen meines Auges anschließend betrachten dürfen. Das sieht aus wie eine doppelte, kreisrunde Naht. Damit die Konzentration des Professors hoch bleibt – es geht immerhin um das Augenlicht seiner Patienten – führt er immer wieder zwischen einigen OPs die oben beschriebene Entspannung durch.

Das Bild mit dem Urlaub passt für Sie nicht? Dann suchen Sie sich eine andere Situation aus Ihrem Leben und verfahren Sie nach dem gleichen System. Ausschlaggebend ist, dass Sie mit dieser Situation eine starke positive Emotion verknüpfen. Es geht nicht um eine Situation, in der Sie sich entspannt gefühlt haben. Suchen Sie eine Situation, in der Sie tiefenentspannt waren. Dann wird Ihr Ergebnis mit wenig Aufwand gut werden.

Es können auch mehrere Bilder sein bzw. Sie können vor Ihrem geistigen Auge einen Film daraus machen. Sie können, wenn Ihnen die Vorstellung zu Beginn schwer fällt, auch mit echten Fotos arbeiten. Nehmen Sie sich ein Foto vom Urlaub, Ihrem Liebsten, der Situation … zur Hand und schauen Sie es sich an. Wenn Sie anfangen, in die Erinnerung einzutauchen, dann schließen Sie die

Augen und fahren fort wie beschrieben. Sie können auch entspannende Musik dazu anstellen. Alles was Ihnen hilft, gut in Ihre Erinnerung einzutauchen, ist erlaubt!

Frankys Exkurs: Musik

Musik wird sowohl erfolgreich in der Pädagogik, in Entspannungstrainings als auch in der Therapie eingesetzt. Musik vermag uns in emotionale Zustände zu versetzen. Musik kann uns helfen, zu entspannen, kann uns neue Energie geben, uns pushen oder sogar aggressiv machen. Das macht sie ganz von selbst, ohne dass wir uns darauf konzentrieren müssen. Wenn Sie Klassik oder Jazz lieben, und Sie besuchen ein Konzert bzw. eine Oper Ihrer Wahl, dann sind Sie beschwingt. Wenn Sie Metal-Fan sind und live bei einem AC/DC-Konzert dabei sind, sind Sie das ebenso. Auch wenn sich AC/DC nicht so sehr für Entspannung eignet und auch nicht in der Musiktherapie eingesetzt wird – Emotionen weckt auch diese Musikrichtung.

Wenn Sie musikalisch sind oder einfach gerne Musik hören, dann nehmen Sie dieses Puzzleteil unbedingt zur Hilfe. Es kann Ihnen zu Beginn vielleicht helfen, besser in die Entspannung zu finden. Es gibt hier nicht richtig oder falsch. Die Fragestellung bleibt nach wie vor: Was hilft Ihnen, einfach und unkompliziert in die Entspannung einzutauchen?

Die Bedeutung der Liebe

Wenn wir in eine starke Emotion eintauchen und sie körperlich fühlen, dann ist da kein Platz für andere Emotionen, vor allem nicht für gegensätzliche. Wir können verliebt sein und in unserem Alltag alle anderen Emotionen durchleben. Wir können allerdings nicht gleichzeitig tief in der Emotion Liebe schmachten und dabei wütend sein. Diese Tatsache können wir uns zunutze machen, um zwischendurch dem stressigen Alltag zu entfliehen und die eigenen Akkus kurz aufzuladen. Ich baue diese Übung gerne vorm Aufstehen oder beim Zubettgehen in meinen Tag ein.

Frankys Selbstversuch: Liebe

Stellen Sie sich, bevor Sie mit der Übung beginnen, einen Wecker, damit Sie sich ganz auf die Übung konzentrieren können. Schließen Sie bitte einmal die Augen und atmen Sie ein paar Atemzüge ruhig und entspannt durch die Nase ein und wieder aus. Nun stellen Sie sich vor Ihrem geistigen Auge eine Person vor, die Sie lieben. Es geht hierbei nicht um gern haben oder ähnliches. Es sollte ein Mensch sein, den Sie zutiefst, ehrlich und aufrichtig lieben (Eltern, Großeltern, Partner, Kind, Enkelkind ...). Ich hoffe sehr, dass es mindestens einen solchen Menschen in Ihrem Leben gibt. Denken Sie mit jeder Einatmung an diese Person und mit jeder Ausatmung an diese Person. Vielleicht ist es nur ein Bild vor Ihrem geistigen Auge, vielleicht sind es mehrere Bilder in unterschiedlichen Situationen oder ein kleiner Film, der abläuft. Vielleicht sind Sie mit in diesem Bild/Film oder Sie sehen nur die liebe Person. Vielleicht hören Sie die Stimme dieses Menschen oder riechen ihn gar. Stellen Sie sich diese Person ganz detailliert vor und spüren Sie das Gefühl von Liebe in Ihrem Körper.

Stopp! *Machen Sie jetzt erst diese Übung, bevor Sie weiterlesen. Sind Sie bei dieser kurzen Übung in die Emotion von Liebe eingetaucht? Haben Sie bei der Übung angefangen zu lächeln bzw. ist ein Lächeln über Ihr Gesicht gehuscht? Haben Sie sich dabei entspannt bzw. fühlen Sie sich jetzt gerade entspannt? Hat sich Ihre Stimmung aufgehellt? Fühlen Sie mal in sich hinein!*

Sie waren gerade in diesen positiven Emotionen. Ihr Blut ist noch jetzt voll mit den dafür zuständigen Hormonen. Wenn Sie sich eben wirklich zu 100 Prozent auf die Übung fokussiert haben, dann war da gerade kein Platz für negative Gefühle von Angst, Wut, Stress etc. Sie hatten gerade eine kleine Pause vom negativen, stressigen Alltag. Genau dafür ist die Übung gedacht. Wenn es Ihnen leichter fällt, auch bei einer solchen Übung mit einem realen Bild/Foto zu arbeiten, dann machen Sie das gerne. Alles was hilft, ist willkommen.

Es gibt so viele Menschen, die ein Foto von einem lieben Menschen im Portemonnaie tragen oder auf dem Schreibtisch stehen haben. Leider nehmen sie es nie zur Hand, schauen darauf und tauchen kurz in ein positives Gefühl, das sie mit dieser Person verbinden. Ja, meist steht das Bild da schon so lange, dass es gar nicht mehr bewusst wahrgenommen wird. Das ist schade, denn es ist eine so einfache und effektive Übung. Nutzen Sie Ihr Wissen zukünftig besser.

Die Bedeutung von Dankbarkeit

Liebe und Dankbarkeit sind zwei der stärksten und positivsten Gefühle. Wenn Sie voll und ganz in Liebe und/oder Dankbarkeit sind, können Ihnen die stärksten negativen Umstände emotional nichts anhaben. Alles Negative von außen prallt wie an einem Schutzpanzer ab. Liebe verleiht Flügel, und so mancher ist dadurch schon über sich hinausgewachsen. Hierzu gibt es auf der ganzen Welt, in jeder Sprache und Kultur Geschichten und Beispiele. Dankbarkeit ist ebenfalls ein starkes Gefühl, dass den Stresslevel positiv beeinflusst.

Frankys Selbstversuch: Dankbarkeit

Stellen Sie Ihren Wecker wieder auf fünf Minuten. Schließen Sie bitte einmal die Augen und atmen Sie ein paar Atemzüge ruhig und entspannt durch die Nase ein und wieder aus. Nun fokussieren Sie sich auf die Emotion Dankbarkeit. Mit jeder Einatmung sprechen Sie mit Ihrer inneren Stimme das Wort »Dankbar« oder den Satz »Ich bin dankbar« 2–3 x aus (je nachdem, wie lang Ihr Atemrhythmus ist). Mit jeder Ausatmung hören Sie vor Ihrem inneren Ohr 2–3 x das Wort »Dankbar« oder den Satz »Ich bin dankbar« als Endlosschleife. Es ist keine Pause dazwischen. Das Wort läuft in einer entspannten Geschwindigkeit ohne Stress ab. Finden Sie ein Tempo, das zu Ihnen und Ihrem Atemrhythmus passt.

Wenn andere Gedanken aufkommen, dann nehmen Sie diese wahr. Das ist normal und vollkommen okay. Lassen Sie den Gedanken weiterziehen, denn er hat hier jetzt nichts verloren. Gehen Sie mit Ihrer Aufmerksamkeit zurück zu Ihrer Atmung und Ihrem Mantra. Das Wort »Dankbar« bzw. der Satz »Ich bin dankbar«, stellt in diesem Fall das Mantra da. Mantras werden in vielen Meditationstechniken verwendet. Ein Mantra kann eine Silbe, ein Wort oder ein ganzer Satz sein, der sich immer und immer wiederholt. Mantras sollen helfen, Sie auf eine Sache zu fokussieren und Sie vor ablenkenden Gedanken schützen.

Erinnern Sie sich an den Spruch aus dem Talmud. Ein Wort kann der Reiz von außen sein, der einen Gedanken bei Ihnen entstehen lässt und somit die Kette in Gang setzt. In diesem Fall kommt das Wort nicht von außen, sondern Sie kreieren es mit Ihrem Mantra, das Sie immer im Kopf wiederholen. Über Ihr Mantra werden Gedanken von Dankbarkeit bei Ihnen aufkommen und Sie werden in das Gefühl von Dankbarkeit kommen. Das ist ein ganz normaler Prozess, wenn Sie ihn zulassen und neutral an diese Übung herangehen.

Haben Sie gerade negative, kritische oder zweifelnde Gedanken?! »Das ist ja Mumpitz, was der Frank hier schreibt. Was soll mir das denn bringen?« »Ein bisschen an Dankbarkeit denken und alles ist gut? Das macht er sich ja ganz schön einfach.« »Ich kann mich jetzt doch nicht einfach hinsetzen und in Liebe versetzen. Wie soll ich das denn auf Knopfdruck machen?« Diese und ähnliche Einwände kommen häufig von Teilnehmern in meinen Seminaren. Haben Sie die auch gerade? Denken Sie gerade oder denkt es Sie? Versucht Ihr Negativ-Quatschi Sie gerade zu beeinflussen? Beschränken Sie sich nicht mit Ihren eigenen Gedanken und Zweifeln. Öffnen Sie sich und probieren Sie mal etwas Neues aus. Es tut nicht weh – versprochen!

Spannend finde ich dabei, dass Teilnehmer mit den genannten Einwänden für Liebe und Dankbarkeit problemlos eine Situation aus ihrem Leben beschreiben können, in denen sie sich so richtig geärgert haben. Wenn ich sie eine solche Situation erzählen lasse, kommt dabei automatisch ein wenig von dem Ärger auf, den sie in der Situation hatten. Das geht einfach mal so auf Knopfdruck, ohne große Übung und ist für die anderen Seminarteilnehmer ersichtlich und für den Erzähler erfühlbar. Sich eine Situation von Liebe oder Dankbarkeit vorzustellen und diese Gefühle im eigenen Körper auszulösen, dagegen wehren sich viele jedoch vehement. Das ist schon merkwürdig, oder?

Wie ist es bei Ihnen? Haben Sie schon einmal einem guten Freund oder dem Partner eine erlebte Situation geschildert, in der Sie sich geärgert haben, und beim Erzählen kam dieser Ärger wieder auf? Sie waren beim Erzählen wieder emotional voll in der Situation drin? Wenn Sie das können, dann können Sie sich auch in Liebe oder Dankbarkeit versetzen und dieses Gefühl bewusst erzeugen.

Mein Tipp: Probieren Sie sowohl die Visualisierung, als auch die Methode mit dem Mantra aus. Sie werden schnell merken, welche Technik Ihnen mehr liegt bzw. in welchen Situationen welche für Sie besser funktioniert. Die 5-Minuten-Übung Liebe können Sie als Mantra-Übung umbauen und die 5-Minuten-Übung Dankbarkeit können Sie als Visualisierungsübung durchführen.

Bei beiden empfehle ich eine Trainingsphase von einem Monat zur Installation. Danach können Sie beide Übungen als kurze Pause und Energiespritze in Ihrem Alltag *(im Wettkampf)* anwenden.

Ich habe bereits erwähnt, dass ich die Übungen Liebe und Dankbarkeit als Morgen- und Abendritual bei mir installiert habe. Wenn ich abends im Bett das Licht ausschalte und die Augen schließe, dann gehe ich in Gedanken kurz die Dinge/Situationen meines Tages durch, für die ich dankbar bin. Das können große und allgemeine Dinge in meinem Leben sein *(Dankbarkeit für das, was mir meine Eltern mitgegeben haben; Dankbarkeit für meine Frau und meine Tochter)* ebenso wie ganz kleine Dinge dieses Tages *(das freundliche Gespräch beim Fischmann, die herrliche Teepause auf der Terrasse, der Sonnenuntergang …).* Mein Körper kommt dank der Hormone in ein angenehmes Gefühl von Dankbarkeit, und ich schlafe beseelt ein. Meine Schlafqualität ist deutlich besser, als wenn ich vorm Einschlafen noch meine Probleme wälze.

Wenn mein Wecker morgens klingelt, dann nehme ich mir 2–3 Minuten und versetze mich in das Gefühl von Liebe. Ich denke an meine beiden Liebsten, an Situationen, als meine Tochter noch ganz klein war und/oder an aktuelle Situationen mit meiner Frau und/oder Tochter. Mit diesem Gefühl im Herzen stehe ich auf und starte in den Tag. Probieren Sie das unbedingt mal aus. Ich möchte das nicht mehr missen.

Frankys Praxistipp: Achtsamkeit 3

Wenn Sie richtig gut drauf sind, vor Energie strotzen und alles rosarot ist, wie sehen Sie dann aus?! Welches Bild passt besser?

Rhetorische Frage, es ist natürlich Bild 1, links. Ihr inneres Empfinden spiegelt Ihr äußeres wider, sowohl Ihre Haltung als auch Ihre Mimik. Jeder Mensch ist anders und bei vielen sieht das Strahlen auf dem Gesicht nicht ganz so stark aus wie auf dem Bild 1. Doch selbst wenn ein introvertierter, zurückhaltender Mensch so richtig gut drauf ist, kann man das an seinem Gesicht ablesen.
Rational betrachtet laufen hier wieder biochemische Prozesse ab. Sie fühlen sich, als könnten Sie die Welt umarmen? Um dieses Gefühl zu empfinden, wissen wir bereits, müssen vorher die entsprechenden Hormone ausgeschüttet worden sein. Das steuert Ihre Zentrale, Ihr Gehirn. Es gibt die Information aber auch gleich über Ihre Internetleitung an Ihre Muskeln weiter. Ihr Gehirn informiert so Ihre Gesichtsmuskeln – Sie lächeln – und Ihre Skelettmuskeln, d.h. Sie richten sich auf und nehmen eine offene Körperhaltung ein.

Ergebnis: Sie fühlen sich super. Dieser Kommunikationsweg ist keine Einbahnstraße.
Es ist wieder einer dieser schon beschriebenen, verregneten Novembermontage. Es ist eigentlich nichts los und dennoch sind Sie nicht so gut drauf und fühlen sich energiearm. Wechseln Sie ins Hier und Jetzt und nehmen Sie sich, Ihre Haltung, Ihr Gefühl bewusst wahr. Nun richten Sie sich auf. Brustbein anheben, Schultern leicht zurückziehen, aber entspannt unten lassen und den Kopf anheben, sodass Sie nach vorne schauen, vielleicht sogar ganz leicht nach oben und nicht mehr auf Ihre Knie. Und nun lächeln. Lächeln Sie Ihr schönstes Lächeln. Am allerbesten ist es, wenn Sie das vor einem Spiegel machen. Das sieht doof aus und Sie kommen sich wahrscheinlich bei den ersten Malen doof dabei vor. Vielleicht müssen Sie unwillkürlich anfangen zu grinsen. Wenn Gedanken aufkommen von: »Was für ein Blödsinn. Was mach ich hier bloß? Warum muss ich denn jetzt wirklich grinsen ... «, dann ist das gut. Machen Sie einfach weiter. Ihre Skelett- und Gesichtsmuskeln leiten via Internet gerade Impulse über Ihre Nerven weiter an Ihre Zentrale. Die Zentrale gibt diesen Impuls an Ihre Drüsen weiter und die fangen an, die entsprechenden Hormone und Botenstoffe zu produzieren. Weder Ihr Körper noch Ihr Gehirn wissen warum, sie tun es einfach. Ihre Stimmung hellt sich auf. Ihre negativen Quatschis werden leiser und verstummen. Ergebnis: Sie fühlen sich super.
Praktizieren Sie diesen Selbstversuch einmal am Tag für 3 Minuten, am besten morgens, einen Monat lang. Schauen Sie dabei in den Spiegel, dann ist es noch effektiver. Die Morgen, an denen Sie am wenigsten Lust auf die Übung verspüren, sind die wichtigsten für diese Übung. Beobachten Sie, was mit Ihrer Stimmung passiert. Wie ist es bei und direkt nach der Übung? Bleiben Sie im Hier und Jetzt und nehmen Sie Ihr Gefühl wahr. Was passiert während des Tages? Wie ist Ihr Stresslevel? Nehmen Sie die Situationen anders wahr? Treten Ihnen Personen anders gegenüber? Spricht Ihr Quatschi anders mit Ihnen?
Ich verspreche Ihnen hiermit: Ihre Stimmung wird sich durch diese

Übung nicht verschlechtern und auch Ihr Stresslevel wird nicht höher werden. Das Allerschlimmste, was Ihnen passieren kann – es passiert nichts. Wenn Sie nach dem Monat keine einzige Veränderung festgestellt haben, dann haben Sie einen Monat lang täglich 3 Minuten vorm Badezimmerspiegel gelächelt. Das ist sowohl vom Energie- als auch vom Zeitaufwand ein überschaubares Risiko, richtig? Gehen Sie es ein! Wenn sich durch diese einfache Übung auch nur minimal etwas zum Besseren verändert, dann hat es sich gelohnt und Sie sollten diese Übung auch nach dem Monat fest in Ihren Tagesablauf einbauen.

Schauspieler arbeiten damit, Sänger, viele meiner Trainerkollegen und Radiomoderatoren sowie Mitarbeiter von Callcentern werden so geschult, weil man lächelnd eine ganz andere Stimmlage hat als grimmig dreinschauend.

Gedanken sind mächtig

Sie haben nun einige Techniken ausprobiert, um Ihre Gedanken zu kontrollieren. Egal, ob Ihnen eher der rationale, der mentale oder körperliche Ansatz zusagt, eines ist unumstößlich. Ihr Stresslevel ist abhängig von Ihren Gedanken, und Ihre Gedanken bestimmen nur Sie. Sie sind der Chef Ihrer Gedanken, vollkommen egal, was von außen auf Sie einprasselt.

Sehr anschaulich macht das das Beispiel von Victor Frankl. Der Psychiater und spätere Neurologe wurde 1942 als Jude ins KZ deportiert. Er durchlief in knapp drei Jahren vier unterschiedliche KZ-Lager und verlor dort seine Eltern, seinen Bruder und seine Frau. Mit seinem Buch »Trotzdem Ja zum Leben sagen« verarbeitete er nicht nur seine Erlebnisse, sondern untersuchte auch die Ursachen, warum viele Menschen, die so schlimme Dinge wie das KZ überlebten, daran zerbrachen, und warum andere Menschen, die die gleichen schlimmen Dinge erlebten, danach ein normales Leben führen konnten. Die eigenen Einstellungen und Gedanken spielen dabei eine wesentliche Rolle.

Wie mächtig unsere Gedanken sein können, beweist immer wieder eindrucksvoll die Placeboforschung.

Damit in Europa neue Medikamente zugelassen werden, müssen sie unterschiedliche Studien durchlaufen. Um einen in der Realität sehr komplizierten Ablauf hier einfach darzustellen, beschränke ich mich auf zwei wesentliche Punkte.

Punkt 1: Das zu testende Medikament darf keine Nebenwirkungen haben, die den Nutzen übersteigen. Wenn ein Medikament gegen Kopfschmerzen z. B. als Nebenwirkung bei einem zu hohen Prozentanteil zu einem Magendurchbruch führen würde, dann wäre der Schaden größer als der Nutzen. Hierzu gibt es entsprechende Richtlinien.

Punkt 2: Des Weiteren muss das Medikament signifikant besser wirken als ein Placebo. Dazu wird eine Doppelblindstudie durchgeführt. Ein Beispiel: Das neue Medikament ist eine grüne Pille gegen Kopfschmerzen. Die Studienteilnehmer werden in zwei Gruppen unterteilt. Es gibt eine Gruppe von Patienten, die das Medikament bekommen, und eine, die ebenfalls eine grüne Pille bekommen, die genauso aussieht wie das Medikament, allerdings keine Wirkstoffe beinhaltet – das Placebo. Der Arzt, der die Pillen an die Patienten ausgibt, diese untersucht und den Krankheitsverlauf dokumentiert, weiß nicht, welche Patientengruppe das richtige und welche das Placebo-Medikament bekommt. Der Arzt erhält die Pillen vom Leiter der Studie, damit er nicht bewusst oder unbewusst auf die Ergebnisse Einfluss nehmen kann. Deshalb heißt es Doppelblindstudie – die Patienten und der behandelnde Arzt sind blind. Diese Studien sind die größte Angst der Pharmaindustrie, denn bei jeglichen Krankheiten helfen immer wieder auch die Placebos. Schneidet das Medikament bei der Studie nicht signifikant besser ab, dann droht die Verweigerung der Zulassung. Da bis zu diesem Zeitpunkt schon viel Zeit und Geld für die Entwicklung des Medikamentes investiert wurde und bereits andere Studien durchlaufen wurden, ist das ein unerwünschtes Ergebnis der Pharmaindustrie.

Beispiele aus der Placeboforschung:

- In der Schmerztherapie sind Placebos annähernd so wirksam wie Morphium.
- Bei knapp 50 Prozent der Asthmatiker verbessert ein Scheinmedikament oder eine Scheinakupunktur die Beschwerden. Ca. 40 Prozent der Kopfschmerzpatienten reagieren positiv auf ein Placebo.
- Bei der Hälfte der Patienten mit schmerzhaften Magengeschwüren stellt sich eine Linderung der Beschwerden ein, wenn man ihnen ein Placebo verabreicht.
- Die Liste ist lang und zieht sich durch sämtliche Krankheits- und Beschwerdebilder.

Ähnlich verhält es sich auch beim Nocebo, d.h. bei den zu erwartenden Nebenwirkungen. Die Informationen zu Nebenwirkungen sind wie eine selbsterfüllende Prophezeiung. So wurde beispielsweise ein neues Chemotherapeutikum getestet. Die Studienteilnehmer wissen, dass sie Teil einer Studie sind, sie nehmen daran freiwillig teil und werden umfassend informiert. Dazu gehört auch, dass die Studienteilnehmer wie in einer normalen Behandlung über Chancen und Risiken aufgeklärt werden und was es für zu erwartende Nebenwirkungen gibt. Was fällt Ihnen als Nebenwirkung zur Chemotherapie als erstes ein?

Die Placebo-Gruppe bekam eine wirkstofffreie Kochsalzlösung, die andere Gruppe das zu testende Medikament. 30 Prozent der Placebo-Gruppe fielen im Laufe der Behandlung die Haare aus. Die Kochsalzlösung war an dieser Nebenwirkung ganz sicher nicht schuld. Wenn Sie wissen, dass Sie einen Tropf mit wirkungsfreier Kochsalzlösung bekommen, dann passiert Ihnen gar nichts. Nochmal: 30 Prozent der Placebo-Gruppe verloren sämtliche Haare. Schuld daran waren die Gedanken dieser Patienten. Unterschätzen Sie nicht die Kraft der Gedanken.

In einer anderen Studie wurden Asthmatiker untersucht. Man ließ sie eine Kochsalzlösung inhalieren mit dem Hinweis, dass dort allergieauslösende Substanzen enthalten seien. Der Großteil begann zu keuchen, bekam Atemnot, einige sogar einen richtigen

Asthmaanfall. Interessant dabei war, dass nicht nur die Symptome anfingen, die Bronchien der Teilnehmer mit Symptomen verengten sich. Die Teilnehmer, die Symptome aufwiesen, bekamen noch einmal die gleiche Kochsalzlösung, dieses Mal jedoch mit dem Hinweis, dass es ein Medikament zur Linderung ihrer Symptome sei. Es ging ihnen sofort besser.

Frankys Praxistipp:
Nehmen Sie bitte jetzt nochmals Ihre Liste aus der Analysephase zur Hand (Stressorenliste). Gehen Sie Ihre Punkte einzeln durch und überlegen Sie, an welchen Stressreizen Ihre eigenen Gedanken eine Mitursache haben könnten.

Meditation – Esoterik oder hocheffektiv?

2004 wurden in einer ersten Studie zur Meditation mit Mönchen veränderte EEG-Werte gemessen. Die gemessenen Gammawellen im Gehirn waren mehr als 30-mal höher als bei der Vergleichsgruppe. Die Wissenschaftler konnten sich die Ergebnisse nicht erklären. Das mögen Wissenschaftler gar nicht. Seither wurden viele weitere Studien zur Meditation mit unterschiedlichen bildgebenden Verfahren durchgeführt, die belegen, dass sich durch Meditation sowohl funktionelle als auch strukturelle Dinge in unserem Organismus verändern.

Jahrtausende lang waren diese positiven Veränderungen, die Meditation auslöst, schon erspürbar und viele Praktizierende haben sie über Generationen für sich genutzt und weitervermittelt. Nun kann die Wissenschaft diese Veränderungen endlich messen. Gerade beim Thema Stress sind die Auswirkungen regelmäßiger Meditation sehr, sehr günstig. Ich kann aus eigener Erfahrung nur raten, dieses Puzzleteil auszuprobieren.

Hier eine kleine Auflistung der strukturellen und funktionellen Veränderungen, die durch Meditation ausgelöst werden.

Strukturelle Veränderungen durch regelmäßige Meditation:

- Ein signifikant größerer Anteil an grauer Substanz im Präfrontalkortex, der eine entscheidende Rolle für unser Arbeitsgedächtnis gerade auch beim Thema Alterung spielt
- Eine signifikante Zunahme an grauer Substanz im Hippocampus
  a) Bessere Planung, Konzentration, Gedächtnisbildung.
  b) Bei Depressionen und posttraumatischen Belastungsstörungen verkleinert sich der Hippocampus.
- Eine signifikante Zunahme im temporoparietalen Übergang
  a) Dieser spielt u.a. eine wichtige Rolle bei der Fähigkeit zum Perspektivwechsel sowie bei der Empathiefähigkeit.
- Eine signifikante Verkleinerung der Amygdala
  a) Die Studienteilnehmer zeigten anhaltend weniger stressbezogene Symptome *(geringere Stress-Reaktion auf Stressoren)*, wenn man sie unter Stress setzte.
  b) Die Abnahme der Aktivierung der Amygdala auf emotionale Reize war dabei von Dauer, auch noch Wochen nach dem Meditationstraining.
  c) Eine verbesserte Emotionsregulation wurde beobachtet.
- Stärkung der Verbindung von Präfrontalkortex und Amygdala
  a) Natürlich haben wir weiterhin Emotionen. Wir nehmen sie aber bewusster wahr und können diese Emotion besser regulieren.
  b) Das wird als verbesserte Selbstregulation beschrieben.

Selbstregulation ist das, was wir brauchen, um uns tatsächlich so zu verhalten, wie wir uns das wünschen. Sie hilft dabei, Störungen *(Impulse, Emotionen, Gedanken)* regulieren zu können. Erinnern Sie sich an das Beispiel, bei dem Sie sich Ihren Frontallappen durch die Dauerreize als ermüdeten Muskel vorstellen sollten? Der Muskel ermüdet und die Amygdala feuert vermehrt. Sie werden emotionaler und es fällt Ihnen immer schwerer, diese Emotionen zu regulieren und sich so zu verhalten, wie Sie es rational für angemessen halten. Genau diese Fähigkeit wird durch regelmäßige Meditation gestärkt. Es findet eine Um-Bewertung statt. Allerdings läuft diese Um-Bewertung nicht nach dem in diesem Buch beschriebenen rationalen Ansatz ab, der mit viel Arbeit verbunden ist. Es passiert durch die Auswirkungen von regelmäßiger Meditation automatisch.

Viele Wege führen nach Rom. Nehmen Sie den Weg, der besser zu Ihnen passt, der Ihnen leichter fällt. Vielleicht stellen Sie beim Ausprobieren fest, dass beide Wege *(der rationale und mentale Ansatz)* für Sie ihre Vorteile haben. Falls dem so ist, verfolgen Sie doch beide Ansätze.

Funktionelle Veränderungen:

1. Das Cortisol, das bei erhöhten Werten zu vielen, bereits in diesem Buch erläuterten Problemen führt, sinkt.
2. Melatonin, Dopamin, Serotonin steigen an.
3. Verbesserung des Immunsystems.

Wie funktioniert Meditation?

Sie sind nach diesen Fakten davon überzeugt, dass Meditation Ihnen beim Thema Stress helfen kann? Aber wie setzen Sie das nun in die Praxis um? Wie funktioniert Meditation eigentlich?

Das ist gar nicht so einfach auf den Punkt zu bringen, denn es gibt viele Arten der Meditation, viele Erklärungsansätze und philosophische Texte, die sich mit Meditation befassen.

Lassen Sie sich davon nicht abschrecken bzw. verrückt machen. »Ich weiß ja gar nicht, wie das richtig geht. Hier steht es so und woanders steht es anders. Was, wenn ich es falsch mache. Dann kann es ja nicht wirken und es ist Zeitverschwendung …« Machen Sie sich von diesen Gedanken frei. Das ist einer der wichtigsten Schritte zur Meditation. Nicht so viel denken und vor allem nicht bewerten. Bei der Meditation geht es nicht um rationales Denken. Es geht darum, sich von Gedankenzwängen zu lösen, ins

Körpergefühl zu kommen, Körper, Geist und Seele in Einklang zu bringen. Meditation ist keine konkrete Technik, deren Ablauf Sie auswendig lernen und dann von heute auf morgen beherrschen. Meditation ist ein Prozess, eine spannende Entdeckungsreise zu sich selbst.

Vielleicht sind Sie bereits losgegangen, denn ich habe hier schon Techniken vorgestellt, die auch in einigen Meditationspraktiken vorkommen. Haben Sie diese Praxistechniken schon ausprobiert?

- 7 Mal klatschen und dann die Hände beobachten – das ist eine von vielen Einstiegsmöglichkeit in die Achtsamkeitsmeditation.
- Visualisierung wird häufig in der Meditation verwendet.
- Liebe und Dankbarkeit – Mantras werden in der Meditationspraxis verwendet.
- Den Fokus auf die Atmung zu richten ist in vielen Meditationspraktiken ein erster Einstieg. Die Atmung ist ein zentraler Bestandteil aller Entspannungstechniken, so auch bei der Meditation. Es gibt reine Atem-Meditationen.
- Finden Sie Ihren Weg in die Meditation. Es ist Ihre Entdeckungsreise.

Mir ist klar, dass viele, die mit Meditation noch keine Berührung hatten, an dieser Stelle ein wenig verwirrt sind. »Aber wie fange ich denn nun an?« Ich möchte das Thema deshalb ein wenig entmystifizieren und pragmatisch halten. Die folgenden Ausführungen sollen Ihnen als Anhaltspunkte dienen, in die Meditationspraxis einzusteigen. Probieren Sie sie aus und fühlen Sie, was zu Ihnen passt.

Meditationshaltung

Grundsätzlich kann Meditation in jeder Haltung ausgeübt werden *(stehend, sitzend, liegend ...)*. Ich persönlich *(und ich weiß das von vielen anderen auch)* schätze das Ritual um die Meditation herum.

Das ist wie ein leckeres Essen. Ich kann das auf einen Plastik-Teller klatschen und stehend in der Küche essen oder nett auf einem schönen Teller anrichten und an einem hübsch gedeckten Tisch mit Kerze einnehmen. Das Essen ist das gleiche, das Erlebnis ein anderes.

Ich habe Meditation bei meinem Meister wie folgt gelernt. Gehen Sie diese Punkte durch, wenn Sie sich zur Meditation setzen. Es kann schon als ein kleiner Einstieg in die Meditation betrachtet werden.

- Aufrechter Sitz (Schneider- oder Fersensitz). Sehr hilfreich dabei ist ein Sitzkissen bzw. eine gefaltete Decke, die unter Gesäß und Füßen (Schneidersitz) bzw. Füßen, Schienbeinen und Knien (Fersensitz) liegt.
- Der Rücken ist gerade, das Becken ein wenig aufgerichtet, die Schultern sind entspannt und unten, die Hände liegen auf den Oberschenkeln bzw. im Schoß.
- Der Kopf ist in Verlängerung der Wirbelsäule. Stellen Sie sich vor, dass Sie an einem Faden am höchsten Punkt des Kopf eswie eine Marionette hochgezogen werden. Ihre Wirbelsäule wird dabei wie eine Perlenkette auseinander gezogen.
- Der Kiefer und das Gesicht sind locker, die Zähne liegen nicht aufeinander. Lassen Sie die Muskulatur los. Die Zunge führen Sie an den Gaumen hinter den beiden Schneidezähnen im Oberkiefer.
- Die Augen sind eigentlich auf und der Blick glasig. Für viele funktioniert die Meditation gerade zu Beginn besser mit geschlossenen Augen. Wichtig dabei ist: Meditation ist kein Schlaf.

Tipp: Ich freue mich schon vorher auf meine Meditation und das schöne Gefühl dabei und danach. Ich habe bei mir daheim zwei Ecken (eine draußen und eine drinnen), die ich für mein Meditationsritual nutze. Im Haus zünde ich mir häufig einige Kerzen für die Meditation an.

Meditation ist kein Nicht-Denken

Wir haben das bereits wissenschaftlich beleuchtet. Solange wir leben, laufen elektrische Impulse in unserem Gehirn ab. Sie werden bei der Meditation Gedanken haben, als Meditationseinsteiger und als Profi, auch wenn Sie sich auf Ihre Atmung, ein Mantra oder Bilder fokussieren. Das ist vollkommen normal. Die Gedanken abzuschalten ist nicht das Ziel. Bei der Meditation geht es darum, die aufkommenden Gedanken wahrzunehmen, anzunehmen, nicht zu bewerten und dann weiterziehen zu lassen. Eine Technik ist, sich die aufkommenden Gedanken als Wolke vorzustellen. Diese Wolke wird vom Wind zu Ihnen herangetragen und vom Wind wieder weggeweht, denn der Gedanke ist jetzt nicht wichtig.

Wenn Sie regelmäßig üben, werden Sie feststellen, dass Ihre Gedanken weniger werden. Forcieren Sie diesen Prozess nicht. Er wird ganz von allein eintreten, in der Zeit, die Sie dafür benötigen.

Ich in der Rolle des Beobachters

Stellen Sie sich als Beobachter vor. Sie beobachten sich, Ihre Gedanken, Ihre Gefühle, die durch die Gedanken aufkommen, Ihre Atmung ... alles, was Sie wahrnehmen. Sie bewerten es nicht. Es gibt kein gut oder schlecht, richtig oder falsch. Sie sind urteilsfrei. Es ist da. Sie sind da.

Ihr Quatschi hat bei der Meditation Pause. Gerade am Anfang könnte es sein, dass ihm das gar nicht gefällt. Auch Ihren Quatschi dürfen Sie bewertungsfrei wahrnehmen. Er ist da.

Egal was Sie durch mich oder andere von diesem Thema lesen, hören etc. Es entstehen unwillkürlich Erwartungen bei Ihnen. »Was wird wohl bei meinen ersten Meditationen passieren? Wie wird es mit meinen Gedanken sein? Wie wird es sich anfühlen?« Da Sie keine Erfahrung mit Meditation haben, sind Sie im Bereich des Unbekannten unterwegs. Aus diesem Grund können die Erwartungen auch nicht erfüllbar sein. Am besten, Sie erlauben sich, Erwartungen zu haben, in dem Wissen, dass sie unrealistisch sind.

Was auf jeden Fall passieren wird, ist das Hier und Jetzt. Sie kommen bei der Meditation durch die Beobachter-Position und die Wahrnehmung ins Hier und Jetzt. Unsere Gedanken springen im Alltag sehr häufig zwischen Vergangenem und Zukünftigen hin und her. Unser Gehirn kann das Hin- und Herspringen, deshalb macht es das ständig. Wie alles hat auch das natürlich Vorteile. Wir können aus Vergangenem lernen, zukünftige Möglichkeiten abwägen und planen. Leider ist es so, dass durch unser modernes Leben das Hier und Jetzt immer weniger wird. Wir nehmen uns und unsere Gefühle gar nicht mehr wahr. Genau das ist ein Teil des komplexen Problems mit Stress. Eine Gemeinsamkeit der unterschiedlichen Meditationspraktiken ist, dass wir im Hier und Jetzt sind. Unser Gehirn freut sich über diesen Zustand. Wenn wir durch regelmäßige Meditationspraxis den Zustand von Hier und Jetzt herstellen, dann verändert sich unsere Wahrnehmung im Alltag mit der Zeit. Wir wechseln automatisch auch im Alltag hin und wieder ins Hier und Jetzt und nehmen die Situation, unser Denken, Verhalten und unser Gefühl wahr. Wir nehmen uns wieder wahr.

Wenn Sie oder Ihr Quatschi den Begriff Meditation nicht mögen, Ihnen das von mir kurz beschriebene schon zu viel an »Philosophie« um die Meditation herum ist, dann nennen Sie es einfach anders. Wenn ich mir ganz nüchtern und objektiv anschaue, was bei der Meditation passiert, beim Autogenen Training passiert, bei einer Entspannungstrance oder einer Selbst- bzw. Fremdhypnose abläuft, dann sind da sehr viele Gemeinsamkeiten. Nennen Sie es Entspannung oder Entspannungstraining. Alles, was Ihnen hilft, ist erlaubt. Mir geht es darum, dass Sie ins regelmäßige Tun kommen.

Frankys Atem-Meditation

Führen Sie Ihr Ritual zur Meditation durch und freuen Sie sich ein bisschen darauf, dass es jetzt losgeht. Setzen Sie sich hin und gehen Sie in Gedanken einmal die Punkte für den Meditationssitz durch. Wenn Sie korrekt sitzen, beginnen Sie sich auf Ihre Atmung zu fokussieren. Nichts ist jetzt mehr wichtig, nur Sie und Ihre Atmung. Sie atmen durch die Nase ein und aus. Verfolgen Sie den Atem, wie er bei der Einatmung in Sie hineinfließt. Spüren Sie, wo er überall ankommt. Verfolgen Sie den Atem, wie er aus Ihnen herausfließt.

Sie forcieren Ihren Atem dabei nicht. Sie atmen nicht besonders tief, kräftig, lang etc. Sie lassen Ihren Atem einfach geschehen. Gehen Sie raus aus der Bewertung von richtigem oder falschem Atmen. Ihr Atem weiß, was richtig und falsch ist. Vertrauen Sie darauf. Sie beobachten nur Ihren Atem, wie er in Ihren Körper hinein- und wieder hinausfließt. Es ist ganz leicht, denn Ihr Atem passiert von selbst.

Wenn andere Gedanken aufkommen, Ihr Quatschi sich meldet, dann ist das ganz normal. Stellen Sie sich den Gedanken als Wolke vor/Ihren Quatschi auf der Wolke vor. Lassen Sie den Gedanken vorbeiziehen, so als ob Wind die Wolke wegträgt. Jetzt sind nur Sie und Ihr Atem wichtig. Wenn Sie spüren, dass Ihre Mediationshaltung anstrengend wird, es in den Fußgelenken, Knien, Hüfte, Rücken etc. anfängt, ein wenig zu schmerzen, dann nehmen Sie es wahr. Das ist okay und am Anfang ganz normal. Nicht bewerten, nur wahrnehmen. Verändern Sie die Haltung einfach ein wenig und kehren zurück zu Ihrer Atmung.

Führen Sie diese Meditation ca. zehn Minuten lang durch. Länger ist natürlich erlaubt. Mir ist hierbei wieder wichtig, die Hürde klein zu halten. Lieber häufiger und regelmäßig zehn Minuten als einmal im Monat zwei Stunden.

Wenn Sie zum Einstieg in die Meditation gerne ein wenig Unterstützung hätten, dann ist auch das okay. Unter dem folgenden Link finden Sie die Atem-Meditation noch einmal als Audiodatei. Laden Sie sie einfach kostenfrei herunter. Mein Tipp an dieser Stelle ist, dass Sie nach ein wenig Praxiserfahrung immer wieder probieren, die Meditation alleine durchzuführen. Machen Sie sich nicht abhängig von mir oder irgendjemand anderem. Sie können Ihre Gedanken hervorragend selbst bestimmen und problemlos eigenständig meditieren.

Mehr Tipps, Tricks und Übungen zum rationalen Ansatz bekommen Sie im Online-Anti-Stress-Training auf der Homepage: www.frank-ritter-stresskiller.de Mit dem Rabattcode erhalten Sie 50 Prozent auf alle Online-Seminare: Stresskiller50.

Über den Autor

Frank Ritter hat BWL studiert, war Leistungssportler und arbeitete acht Jahre lang selbstständig als Personal Trainer und Mental Coach.

Seit 2010 hält er Vorträge, Seminare und Workshops zu den Themen Stressmanagement, Gesundheit und mentale Stärke, und startete 2015 seine Anti-Stress-Online-Plattform »*STRESSKILLER*«.

https://www.frank-ritter-stresskiller.de/

Danksagung

Dieses Buch ist mein erstes. Ich weiß nicht, wie es anderen Autoren beim ersten Buch ergangen ist, ich für meinen Teil habe dieses Projekt an einigen Stellen mächtig unterschätzt. Somit durfte ich einige der hier vermittelten Techniken gegen Stress selbst anwenden. Fazit: Funktioniert ganz gut!

Ohne Hilfe hätte ich das Büchlein nicht geschafft. Daher möchte ich an dieser Stelle einmal kurz »Danke« sagen.
Zu aller erst möchte ich mich bei meinen beiden Mädels bedanken, meiner sensationellen Frau und Tochter. Danke, dass Ihr mir den Rücken frei gehalten habt und Verständnis für den einen oder anderen zeitlichen Engpass hattet. Ich werde ab jetzt wieder öfter für gemeinsame Aktivitäten zur Stelle sein – versprochen!

Ein ganz lieber Dank geht an meine Eltern, die mich wie immer unterstützt haben. Speziell Dir, Papa, danke ich für das Korrekturlesen und die Hartnäckigkeit bei der Diskussion um meinen Ausdruck. Nur so konnte ich meinem Verlag ein vernünftiges Manuskript vorlegen, ohne dass die gleich die Hände über den Kopf zusammenschlagen.

Vielen Dank an meine Kunden und Seminarteilnehmer. Nur durch die mit Euch gemachten Erfahrungen konnte ich dieses Buch verwirklichen. Die Namen in den Beispielen im Buch sind selbstverständlich ausgedacht und Ähnlichkeiten sind rein zufällig entstanden.

Besten Dank an dieser Stelle auch dem Illustrator Jan Bintakies, der meine Idee vom STRESSKILLER Franky so fantastisch zeichnerisch umgesetzt hat.

Zu guter Letzt danke ich meinem Verlag und zwar dem gesamten Team für die professionelle und unkomplizierte Zusammenarbeit rund um mein Buch. Mir gefällt das Endprodukt wirklich sehr.

In Persona lieben Dank an Frau Katharina Maier, die meine Ansprechpartnerin und Lektorin war und nicht müde wurde, meine Fragen zu beantworten sowie das Beste aus meinem Manuskript herauszuholen.

Herzlich,
Frank Ritter

Stichwortverzeichnis

Quellenverzeichnis

Einleitung

Quelle 1: MacFarland, B.H. et al; »Utilization patterns among long-term enrollees in a prepaid group practice health maintenance organization«, Medical Care 23 (1985)

Quelle 2: baua Stressreport Deutschland 2012: »Psychische Anforderungen, Ressourcen und Gefinden«; https://www.baua.de/DE/Angebote/Publikationen/Berichte/Gd68.html

Quelle 3: Giulia Enders: »Darm mit Charme« 2014 / Doc Childre, Deborah Rozman: »Stressfrei mit Herzintelligenz« 2005

Quelle 4: Prof. Andreas Michaelsen: »Heilen mit der Kraft der Natur« 2017

I Analysephase - Stress Erkennen

Quelle 1: Barmer Gesundheitsreport 2018: https://www.barmer.de/presse/infothek/studien-und-reports/gesundheitsreports-der-laender/gesundheitsreport-2018-155292; DAK Gesundheitsreport 2018: https://www.dak.de/dak/download/gesundheitsreport-2018-pdf-2073702.pdf; TK-Stressstudie 2016: https://www.tk.de/resource/blob/2026630/9154e4c71766c410dc859916aa798217/tk-stressstudie-2016-data.pdf

Quelle 2: The Lancet: Diabetes & Endocrinology; https://www.assmann-stiftung.de/nach-herzinfarkt-und-schlaganfall-kann-stress-im-job-toedlich-sein-232/)

Quelle 3: TK-Stressstudie 2016; https://www.tk.de/resource/blob/2026630/9154e4c71766c410dc859916aa798217/tk-stressstudie-2016-data.pdf)

Quelle 4: Dr. Joe Dispenza https://humanfrequencycenter.com/de/service/therapie-medizin/

Quelle 5: Doku ARTE: »Neustart im Gehirn« https://www.youtube.com/watch?v=K5baIx54YaI

Quelle 6: Urry, H. L., van Reekum, C. M., Johnstone, T., Kalin, N. H., Thurow, M. E., Schaefer, H. S., et al: »Amygdala and ventromedial prefrontal cortex are inversely coupled during regulation of negative affect and predict the diurnal pattern of cortisol secretion among older adults." Journal of Neuroscience (26, 2006)

Quelle 7: https://austria-forum.org/af/Sparkling_Science/Aufsatzsammlung/Bewusstseinsforschung

Quelle 8: https://www.welt.de/wissenschaft/article3411612/Die-heimliche-Macht-des-Unbewussten.html; Notebaert, K. / Creutzfeldt, P. »Wie das Gehirn Spitzenleistungen bringt.« 2016

Quelle 9: TK-Stressreport 2016 https://www.tk.de/resource/blob/2026630/9154e4c71766c410dc859916aa798217/tk-stressstudie-2016-data.pdf

Quelle 10: Giulia Enders: »Darm mit Charme« 2014

Quelle 11: Suzana Herculano-Houzel: »The human brain in numbers: a linearly scaled-up primate brain« Front Human Neurosci 2009

Quelle 12: Taubert, M./ Draganski, B. / Anwander, A. / Müller, K. / Horstmann, A. / Villringer, A. / Ragert, P.: »Dynamic Properties of Human Brain Structure: Learning-Related Changes in Cortical Areas and Associated Fiber Connections «Journal of Neuroscience (September 2010)

Quelle 13: Karen Adolph et al: »How Do You Learn to Walk? Thousands of Steps and Dozens of Falls per Day.« Psychological Science 2012

Quelle 14: Bis zum 12 Lebensjahr hört ein Kind auf jedes Ja im Durchschnitt 13-mal Nein. Quelle 14

Quelle 15: Dr. Ulrich Strunz / Andreas Jopp: »Topfit mit Vitaminen« 2006

Quelle 16: https://dr.spitzbart.com/der-mensch-besteht-aus-47-zutaten
Quelle 17: Dr. Ulrich Strunz / Andreas Jopp: »Topfit mit Vitaminen« 2006
Quelle 18: Uschi Eichinger / Kyra Hoffmann: »Der Burnout Irrtum« 2016
Quelle 19: Giulia Enders: »Darm mit Charme« 2014
Quelle 20: White Paper Magnesium: http://www.naturafoundation.de/?objectID=1840
Quelle 21: Yuval Noah Harari: »Eine kurze Geschichte der Menschheit« 2013
Quelle 22: https://de.wikipedia.org/wiki/Ignaz_Semmelweis
Quelle 23: Prof. Andreas Michaelsen: »Heilen mit der Kraft der Natur« 2018
Quelle 24: Giulia Enders: »Darm mit Charme« 2014
Quelle 25: Uschi Eichinger/Kyra Hoffmann: »Der Burnout Irrtum« 2016
Quelle 26: Klaperski, S., Seelig, H., & Fuchs, R.: »Sportaktivität als Stresspuffer« Zeitschrift für Sportpsychologie 2012
Quelle 27: Prof. Müller Tyl; https://www.mueller-tyl.at/hormone-und-ihre-wirkung/dhea---dehydroepiandrosteron/index.html
Quelle 28: baua: »Arbeitsplatz im Wandel – Zahlen, Daten, Fakten« 2007; https://www.baua.de/DE/Angebote/Publikationen/Praxis/A57.pdf?__blob=publicationFile; https://www.ergo.com/de/Media-Relations/Pressemeldungen/PM-2016/20160808-AM-DKV-Deutschland-bleibt-sitzen-im-Job
Quelle 29: Dr. Martin Hofmeister: »Ernährung und Medizin« 2008 https://www.researchgate.net/profile/Martin_Hofmeister2/publication/245881459_Medikament_Bewegung_in_der_Ernahrungsberatung_The_Drug_Exercise_in_Dietary_Advice/links/5564315d08ae9963a11f0561/Medikament-Bewegung-in-der-Ernaehrungsberatung-The-Drug-Exercise-in-Dietary-Advice.pdf
Quelle 30: https://www.derstandard.de/story/2000073503205/zwoelf-stunden-arbeit-was-passiert-im-gehirn
Quelle 31: https://de.statista.com/statistik/daten/studie/175483/umfrage/pro-kopf-verbrauch-von-zucker-in-deutschland/
Quelle 32: Dr. Matthias Riedel: http://blog.primomedico.com/schlusslicht-lebenserwartung-deutschland-und-kein-ende-in-sicht-es-wird-noch-schlimmer/
Quelle 33: https://www.sylke-kaenner.de/stressbewaeltigung/stress-symptome/
Quelle 34: TK-Stressstudie 2016: https://www.tk.de/resource/blob/2026630/9154e4c71766c410dc859916aa798217/tk-stressstudie-2016-data.pdf

II Analysephase - Stress Messen

Quelle 1: Akselrod, S. D. Gordon et al. (1981); »Power spectrum analysis of heart rate fluctuatio: a quantitative probe of beat-to-beat cardiovascular control«, Science Bd.
Quelle 2: David Servan Schreiber: »Die neue Medizin der Emotionen« 2013
Quelle 3: David Servan Schreiber: »Die neue Medizin der Emotionen« 2013
Quelle 4: Joint survey research project, Dr. Leonard Reinecke, Dr. Tilo Hartmann and Dr. Allison Eden: https://idw-online.de/de/news597772
Quelle 5: AvniBavishi, Martin D. Slade, Becca R. Levy: »A chapter a day: Association of book reading with longevity«; University of Yale 2016
Quelle 6: https://www.firstbeat.com/de/blog-de/was-ist-die-herzratenvariabilitaet-hrv-und-wieso-ist-sie-wichtig/
Quelle 7: Ornish, D., L. Scherwitz, et al (1998) »Intensiv lifestyle changes for reversal of coronary heart disease« JAMA, Bd. 280
Quelle 8: Jan Frodeno: »Eine Frage der Leidenschaft«
Quelle 9: https://www.ingo-froboese.de/abnehmen-turbo-stoffwechsel-prinzip/#more-823
Quelle 10: https://www.uni-bamberg.de/universitaet/aktuelles/news/artikel/technostress/
Quelle 11: US-Marktforschungsinstitut dscout: »A study on human and their tech«,

2016; https://www.galileo.tv/life/so-oft-beruehren-wir-unser-handy-pro-tag/
Quelle 12: https://www.uni-bamberg.de/universitaet/aktuelles/news/artikel/technos-tress
Quelle 13: https://www.helmholtz.de/gesundheit/gute-nacht/
Quelle 14: https://www.quarks.de/gesundheit/handystrahlung-wie-gefaehrlich-ist-das-neue-mobilfunknetz-5g/
Quelle 15: https://www.cashkurs.com/cashkurs-tv/beitrag/tagesvideo-perverse-boer-se-telekom-bringt-5g-warnt-gleichzeitig-aktionaere/
Quelle 16: https://www.ots.at/presseaussendung/OTS_20151211_OTS0076/aerzte-kammer-legt-10-medizinische-handy-regeln-neu-auf-anhang

III Reduktionsphase - Kill deinen Stress rational

Quelle 1: https://www.dasgehirn.info/denken/emotion/bewusste-gefuehle
Quelle 2: https://www.erfolgspsychologie.at/psychische-blockaden/
Quelle 3: TK-Stressstudie 2016: https://www.tk.de/resource/blob/2026630/9154e4c71766c410dc859916aa798217/tk-stressstudie-2016-data.pdf
Quelle 4: https://www.unternehmen-erfolgreich.com/stoerungsfreies-arbeiten-so-sagen-sie-dem-saegeblatt-effekt-den-kampf-an/
Quelle 5: TK-Stressstudie 2016: https://www.tk.de/resource/blob/2026630/9154e4c71766c410dc859916aa798217/tk-stressstudie-2016-data.pdf

III Kill deinen Stress körperlich: Stresskiller Atmung

Quelle 1: Patrick McKeown: »Erfolgsfaktor Sauerstoff« 2015
Quelle 2: Patrick McKeown: »Erfolgsfaktor Sauerstoff« 2015
Quelle 3: Gibs D.M: »Hyperventilation-induced cerebral ischemia in panic disorder and effects of nimodipine« American Journal of Psychiatry 1992
Quelle 4: Balke, B. / Lillehei, J.P.: »Effect of hyperventilation on performance« Journal of Applied Physiology 1956
Quelle 5: Kim, E.J. / Choi, J.H. / Kim, K.W. / Kim, T.H. / Lee, S.H.: »The impacts of open-mouth breathing on upper airway space in obstructive sleep apnea: 3 D MDCT analysis« Eur Arch Otorhinolaryngol 2011; Lee S.H. / Choi, J.H. / Shin C. / Lee H.M. / Kwon S.Y.: »How does open mouth-breathing influence upper airway anatomy?« Laryngoscope 2007
Quelle 6: Patrick McKeown: »Erfolgsfaktor Sauerstoff« 2015
Quelle 7: Patrick McKeown: »Erfolgsfaktor Sauerstoff« 2015
Quelle 8: Patrick McKeown: »Erfolgsfaktor Sauerstoff« 2015
Quelle 9: Pei, C. »Qigong for beginners« 1 ed. Body Wisdom, 2009
Quelle 10: Ignarro, L.: »No more heart disease: how nitric oxide can prevent – even reverse – heart disease and stroke« 1 ed. St. Martin's Griffin 2006
Quelle 11: Gespräch mit Magdalena Neuner (mehrfache Olympiasiegerin im Biathlon)
Quelle 12: https://news.harvard.edu/gazette/story/2002/04/meditation-dramatically-changes-body-temperatures/
Quelle 13: Patrick McKeown: »Erfolgsfaktor Sauerstoff« 2015
Quelle 14: Patrick McKeown: »Erfolgsfaktor Sauerstoff« 2015
Quelle 15: Patrick McKeown: »Erfolgsfaktor Sauerstoff« 2015
Quelle 16: Patrick McKeown: »Erfolgsfaktor Sauerstoff« 2015
Quelle 17: Patrick McKeown: »Erfolgsfaktor Sauerstoff« 2015
Quelle 18: Patrick McKeown: »Erfolgsfaktor Sauerstoff« 2015

III Kill deinen Stress körperlich: Stresskiller Bewegung

Quelle 1: www.ndr.de/ratgeber/gesundheit/muskelabbau-das-unterschaetzte-risiko,muskeln100.html
Quelle 2: Uschi Eichinger / Kyra Hoffmann: »Der Burnout Irrtum« 2016 Interview Dr. Ulrich Strunz
Quelle 3: Uschi Eichinger / Kyra Hoffmann: »Der Burnout Irrtum« 2016 Interview Dr. Ulrich Strunz
Quelle 4: Uschi Eichinger / Kyra Hoffmann: »Der Burnout Irrtum« 2016 Interview Dr. Ulrich Strunz
Quelle 5: https://www.runnersworld.de/lauftraining/was-bringt-mehr-einmal-lang-oder-mehrmals-kurz/
https://www.dirk-hardt.de/wie-oft-sport-in-der-woche-die-antwort/
Quelle 6: Mary Carol R. Hunter: »Urban Nature Experiences Reduce Stress in the Context of Daily Life Based on Salivary Biomarkers« Front. Psychol. 2019

III Kill deinen Stress körperlich: Stresskiller Ernährung

Quelle 1: https://www.dge.de/wissenschaft/weitere-publikationen/fachinformationen/sekundaere-pflanzenstoffe-und-ihre-wirkung/
Quelle 2: Uschi Eichinger, Kyra Hoffmann: »Der Burnout Irrtum« 2016
Quelle 3: Uschi Eichinger, Kyra Hoffmann: »Der Burnout Irrtum« 2016
Quelle 4: Uschi Eichinger, Kyra Hoffmann: »Der Burnout Irrtum« 2016
Quelle 5: Dr. Nicolai Worm: »Syndrom X oder ein Mammut auf dem Teller« 2008
Quelle 6: Dr. Nicolai Worm: »Mammut auf dem Teller«
Quelle 7: Bas Knast: »Ernährungskompass« 2018
Quelle 8: Mattson MP. Et al: »Meal frequency and timing in health and disease«; Proc Natl Acad Sci USA 2014
Quelle 9: Madeo, F. et al: »Essential role for autophagy in life span extension«; J. Clin Invest. 2015
Quelle 10: Prof. Michaelsen: »Heilen mit der Kraft der Natur« 2017
Quelle 11: https://www.ndr.de/fernsehen/sendungen/die-ernaehrungsdocs/index.html
Quelle 12: Prof. Michaelsen: »Heilen mit der Kraft der Natur« 2017
Quelle 13: Prof. Michaelsen: »Heilen mit der Kraft der Natur« 2017
Quelle 14: Huether G./Zhou D./Schmidt S./Wiltfang J./Ruther E: »Long-term food restriction down-regulates teh density of serotonin transporters in the rat frontal cortex.« Biological psychiatry 1997
Quelle 15: Prof. Michaelsen: »Heilen mit der Kraft der Natur« 2017
Quelle 16: Mattson MP. et al.: »Meal frequency and timing in health and disease«; Proc Natl Acad Sci USA 2014; Mattson MP., Longo F., Havie M.: »Impact of intermittent fasting on health and disease processes.«; Ageing Res Rev. 2016
Quelle 17: https://de.wikipedia.org/wiki/Liste_der_Lebensmittelzusatzstoffe
Quelle 18: Dr. med. Anne Fleck: »Ran ans Fett« 2019
Quelle 19: Quirk S.E. et al: »The association between diet quality, dietary patterns and depression in adults: a systematic review.« BMC Psychiatry 2013
Quelle 20: Stoll, A.L. / C.A. Locke (2002): »Omega-3 fatty acidsin mood disorders: A review of neurobiologic and clinical applications« Natural Medications for Psychiatric Disorders: Considering the Alternatives, D. Mischoulon, J. Rosenbaum, Philadelphia, Lippincott Williams & Wilkins.
Quelle 21: Rudin, D.O. 1982: »The dominate diseases of modernized societies as omega-3 essential fatty acid deiciency syndrome« Medical Hypotheses Bd. 8; Simopoulos, A.P./Robinson, J. 1998: »The Omega Diet« New York, Harper Collins; Bas Kast: »Der Ernährungskompass« 2018

Quelle 22: David Servan Schreiber: »Die Neue Medizin der Emotionen« 2003
Quelle 23: Grosso, G. et al: »Omega-3 fatty acids and depression - Scientific evidence and biological mechanisms« Oxid Med Cell Longev 2014
Quelle 24: David Servan Schreiber: »Die Neue Medizin der Emotionen« 2003
Quelle 25: Marriott, B.P. et al: »Design and methods for the Better Resiliency Among Veterans and non-Veterans with Omega 3's (BRAVO) study.« Contemp Clin Trials 2016
Quelle 26: Dr. med. Anne Fleck: »Ran ans Fett« Februar 2019
Quelle 27: Dr. med. Anne Fleck: »Ran ans Fett« Februar 2019
Quelle 28: Bas Kast: »Der Ernährungskompass« 2018
Quelle 29: Prof. Michaelsen: »Heilen mit der Kraft der Natur« 2017
Quelle 30: Giulia Enders: »Darm mit Charme« 2014
Quelle 31: Giulia Enders: »Darm mit Charme« 2014
Quelle 32: Uschi Eichinger, Kyra Hoffmann: »Der Burnout Irrtum« 2012
Quelle 33: Uschi Eichinger, Kyra Hoffmann: »Der Burnout Irrtum« 2012
Quelle 34: Dr. Nicolai Worm: »Heilkraft D« 2009
Quelle 35: Dr. Nicolai Worm: »Heilkraft D« 2009
Quelle 36: Gandini, S. / Sera, F. / Cattaruzza, M.S. et al.: »Meta-analysis of risk factors for cutaneous mela-noma: II Sun exposure.« Eur J Cancer 2005
Quelle 37: Dr. Nicolai Worm: »Heilkraft D« 2009
Quelle 38: Prof. Michael Holick: »Schützendes Sonnenlicht« deutsche Ausgabe 2005
Quelle 39: Prof. Michael Holick: »Schützendes Sonnenlicht« deutsche Ausgabe 2005
Quelle 40: Dr. Nicolai Worm: »Heilkraft D« 2009

III Reduktionsphase - Kill deinen Stress mental

Quelle 1: Henning Beck: »Hirnrissig – Die 20,5 größten Neuromythen und wie unser Gehirn wirklich denkt« 2016
Quelle 2: TK-Stressstudie 2016: https://www.tk.de/resource/blob/2026630/9154e4c71766c410dc859916aa798217/tk-stressstudie-2016-data.pdf
Quelle 3: In unseren Gedanken scheint es ähnlich abzulaufen, so die Theorie einiger Wissenschaftler. Ob es ein paar Prozent mehr oder weniger sind und wie genau diese ersten Studien sind, da machen wir mal ein Fragezeichen dahinter.
Quelle 4: Prof. Gerhard Roth: »Fühlen, Denken, Handeln: Wie das Gehirn unser Verhalten steuert« 2003
Quelle 5: https://www.manifestation-boost.de/muskeln-mental-trainieren-2-studien/
Quelle 6: Claus Bockmaier: History of Music and Musical Therapy – basic ideas and context«; Hochschule für Musik und Theater, München 2008
Quelle 7: Victor E. Frankl: »... trotzdem Ja zum Leben sagen« 2018
Quelle 8: Dr. Med. Lissa Rankin: »Mind over Medicine« 2014
Quelle 9: Quelle Levine, J.D et al.: »Analgesic Responses to Morhine and Placebo in Individuals with Postoperative Pain« Pain, Band 10 Nr. 3 (1981)
Quelle 10: Michael E. Wechsler et al.: »Active Albuterol or Placebo, Sham Acupuncture, or No Intervention in Asthma« New England Journal of Medicine, Band 365 (2011)
Quelle 11: Femke M. de Groot et al.: »Headache: Teh Placebo Effects in teh Control Groups in Randomized Clinical Trials; An Analysis of Systematic Reviews« Journal of Manipulative and Physiological Therapeutics, Band 34 (2011)
Quelle 12: Binder, H.J. et al: »Cimetidine in the Treatment of Duodenal Ulcer A Multicenter Double Blind Study« Gastroenterology, Band 74 (1978)
Quelle 13: Siegel, B.S.: »Love, Medicine & Miracles« 1986
Quelle 14: Schachter, S. / Singer, J. »Cognitive, Social and Physiological Determinants of Emotional State« Psychological Review, Band 69 (1962)
Quelle 15: https://de.wikipedia.org/wiki/Richard_Davidson

Quelle 16: Notebaert, K. / Creutzfeldt, P.: »Wie das Gehirn Spitzenleistungen bringt. 2016
Quelle 17: Hölzel, B.K. / Carmody, J. / Vangel, M. / Congleton, C / Yerramsetti, S.M. / Gard, T. / Lazar, S.W.: »Mindfulness practice leads to increases in regional brain gray matter density.« Psychiatry Research: Neuroimaging 2011
Quelle 18: Lazar, S.W. / Kerr, C.E. / Wasserman, R.H. / Gray, J.R. / Greve, D.N. / Treadway, M.T. / McGarvey, M. / Quinn, B.T. / Dusek, J.A. / Benson, H. / Rauch, S.L. / Moore, C.I. / Fischl, B.: »Meditation experience is is associated with increased cortical thickness.« Neuroreport 2005
Quelle 19: Lazar, S.W. / Kerr, C.E. / Wasserman, R.H. / Gray, J.R. / Greve, D.N. / Treadway, M.T. / McGarvey, M. / Quinn, B.T. / Dusek, J.A. / Benson, H. / Rauch, S.L. / Moore, C.I. / Fischl, B.: »Meditation experience is is associated with increased cortical thickness.« Neuroreport 2005
Quelle 20: Desbordes, G. / Negi, L.T. / Pace, T.W.W. / Wallace, B.A. / Raison, C.L. / Schwartz, E. L.: »Effects of mindful-attention and compassion meditation training on amygdala response to emotional stimuli in an ordinary, non-meditativ state.« Frontiers in Human Neuroscience 2012
Quelle 21: Desbordes, G. / Negi, L.T. / Pace, T.W.W. / Wallace, B.A. / Raison, C.L. / Schwartz, E. L. »Effects of mindful-attention and compassion meditation training on amygdala response to emotional stimuli in an ordinary, non-meditativ state.« Frontiers in Human Neuroscience 2012
Quelle 22: Notebaert, K. / Creutzfeldt, P.: »Wie das Gehirn Spitzenleistungen bringt.« 2016
Quellen 23: https://www.achtsamleben.at/forschung/strukturelle-und-funktionelle-veranderungen-durch-achtsamkeit-meditation/
Quellen 24: https://verksampsykologi.com/wp-content/uploads/2013/11/Khoury_2013_mindfulness-metaanalys.pdf
Quellen 25: Davidson, R. J., Kabat-Zinn, J., et al.: »Alterations in brain and immune function produced by mindfulness meditation.«Psychosomatic Medicine 2003
Quellen 24: Kabat-Zinn, J.: »Stressbewältigung durch die Praxis der Achtsamkeit« 1999
Quelle 25: Notebaert, K. / Creutzfeldt, P. »Wie das Gehirn Spitzenleistungen bringt.« 2016